# Combi-Bordaggregat

Schallgekapseltes Notstromaggregat von Nolden mit Hatz Motoren 12,5 bis 28 KVA. Motortypen 2 L, 3 L, 4 L 40 C mit Generatoren von 12,5 bis 28 KVA.

Elektrisch angetriebene Ballastpumpe 60 T/h, Kompressor 32 m²/h

Combi - Aggregat für Bunkerboot

ungekapselter Deutz-Motor, 4 Zyl. 37 KVA auf Schwingmetallelementen

Schalttafel aus der werfteigenen E-Meister-Werkstatt für Bordversorgung und alle Aggregate

DAF - Pumpenantriebsmotor

# Historisches vom Strom

## Schiffahrt auf Saale und Unstrut
## Personenschiffahrt - Güterschiffahrt

## Band VIII

# Historisches vom Strom

## Schiffahrt auf Saale und Unstrut
## Personenschiffahrt - Güterschiffahrt


**ISBN 3-924999-07-4**
**Druck: Merkur Druck GmbH, Duisburg**
**1. Auflage**

# Historisches vom Strom

## Schiffahrt auf Saale und Unstrut
## Personenschiffahrt - Güterschiffahrt

## Band VIII

**Verlag**
**Krüpfganz**
**Duisburg**

# Vorwort

Die vorliegende Publikation ist das Ergebnis einer nahezu 10jährigen Recherchetätigkeit zur Geschichte der Saaleschiffahrt. Sie ordnet sich in eine Reihe von Monographien ein, die deutsche und europäische Fluß-, Seen- und Küstengebiete "shiplovermäßig" abhandeln.
Herzstück der Arbeit ist die Erfassung aller auf der Saale und ihren Nebenflüssen beheimateten Dampf- und Motorschiffen mit ihren technischen Daten und Schicksalen. Bewußt wurden Themenbereiche wie die Entwicklung antriebsloser Fahrzeuge und Fähren sowie auch die Geschichte der Schiffervereine, Schifferschulen u. ä. nur relativ kurz oder überhaupt nicht erwähnt.
Das Buch erhebt in den Schiffsauflistungen keinen Anspruch auf Vollständigkeit. Sie wurden nach bestem Wissen und Gewissen erarbeitet, wobei Lücken und Irrtümer nicht ausgeschlossen sind. Die Autoren sind den Lesern für Ergänzungen und eventuell notwendige Berichtigungen dankbar.
"An der Saale hellem Strande" und eßbarer Saalefisch sind leider nur noch wehmütige Erinnerung der älteren Generation. Innerhalb der letzten 100 Jahre hat sich der Fluß erheblich gewandelt - leider nicht zum Besseren. Heute ist er infolge gewissenloser Vergewaltigung - insbesondere durch Großchemie, Landwirtschaft und durch viele kleine und große Anlieger ohne ausreichende Kläranlagen - zu einer stinkenden Kloake verkommen.
1861 ist das erste Dampfschiff eindeutig auf dem Fluß nachweisbar. Seitdem durchlief die Saaleschiffahrt im Fracht- und Passagierbereich Höhen und Tiefen, die oftmals eng mit den zeitgeschichtlichen Verhältnissen korrelierten. Nach dem Herbst 1989 können Fluß und Schiffahrt hoffen, aus dem jetzigen Tiefstand herauszukommen.
Redaktionsschluß war der 31. Dezember 1992. Die inzwischen bis zur Herausgabe des Buches erfolgten Entwicklungen und Absichten sind nicht erfaßt.
Ohne die tatkräftige und uneigennützige Unterstützung vieler in- und ausländischer Schiffsfreunde, ehemaliger Schiffseigner sowie Museen und Archive wäre die Erarbeitung dieser Monographie nicht möglich gewesen. Ihnen allen sei an dieser Stelle herzlich gedankt. Unser ganz besonderer Dank gilt den Herren Helmut Düntzsch (Riesa), Horst Golzsch (Leipzig), Dr. Günther Meyer (Berlin), Jürgen Richter (Schwerin), +Hans Rindt (Bischofsheim) und Gerhard Zietsch (Nienburg/S.).

Bernd Schwarz | Helmut Faist

# Inhaltsverzeichnis

# Abkürzungsverzeichnis

Schiffstypen

| | | |
|---|---|---|
| BD | = | Bugsierdampfschiff |
| BDS | = | Bereisungsdampfschiff (oder -boot) |
| BMS | = | Bereisungsmotorschiff (oder -boot) |
| BP | = | Bauprahm |
| DPi | = | Dampfpinasse |
| GDS | = | Güter-(Fracht)-Dampfschiff mit Schraubenantrieb |
| GMS | = | Güter-(Fracht)-Motorschiff mit Schraubenantrieb |
| MB | = | Motorbarkasse |
| MF | = | Motorfähre |
| MS | = | Motorschute |
| PDHR | = | Passagierdampfschiff mit Heckantrieb |
| PDR | = | Passagierdampfschiff mit Seitenradantrieb |
| PDS | = | Passagierdampfschiff (oder -boot) mit Schraubenantrieb |
| PMHR | = | Passagiermotorschiff mit Heckradantrieb |
| PMS | = | Passagiermotorschiff (oder -boot) mit Schraubenantrieb |
| SAB | = | Stromaufsichtsboot |
| SB | = | Stoßboot |
| Stubo | = | Sturmboot |
| ZDHR | = | Zug-(Schlepp)-Dampfschiff mit Heckradantrieb |
| ZDR | = | Zug-(Schlepp)-Dampfschiff mit Seitenradantrieb |
| ZDS | = | Zug-(Schlepp)-Dampfschiff mit Schraubenantrieb |
| ZMHR | = | Zug-(Schlepp)-Motorschiff mit Heckradantrieb |
| ZMS | = | Zug-(Schlepp)-Motorschiff mit Schraubenantrieb |

Bauwerften
Werftumbenennungen und Jahresangaben nur im Zusammenhang mit im Text genannten Schiffen;
nachfolgende Klammerangabe in Schiffsauflistungen = Bau-Nummer

| | |
|---|---|
| Abeking & Rasmussen: | Abeking & Rasmussen, Lemwerder |
| Aken: | VEB (K) Schiffswerft Aken |
| | VEB Schiffsreparaturwerften Berlin - Werft Aken/Elbe (1988) |
| | Deutsche Binnenwerften GmbH Berlin - Werft Aken/Elbe (1990) |
| Anker: | "Anker" Schiffswerft und Maschinenfabrik GmbH Boxhagen-Rummelsburg (1906) |
| | "Anker" Schiffswerft und Maschinenfabrik GmbH Berlin-Rummelsburg (1912) |
| | "Anker" Schiffswerft und Maschinenfabrik Berlin-Oberschöneweide (1931/36) |
| Bausch: | Fritz Bausch, Köln-Niehl |
| Berlin-Köpenick: | VEB Schiffswerft Berlin-Köpenick |
| Boizenburg: | Mahr und Co. Kommandit-Gesellschaft, Boizenburg (Elbe) (- 1938) |
| | Thomsen & Co. - Werft, Fahrzeug- und Maschinenfabrik G.m.b.H., Boizenburg (Elbe) (1938 -) |
| Buckau: | Maschinenfabrik und Schiffswerfte der Vereinigten Hamburg-Magdeburger Dampfschifffahrts-Compagnie zu Buckau bei Magdeburg |
| Bühnemann: | Bootswerft G. Bühnemann, Friedrichshagen |
| Cudell: | Cudell Motor-Compagnie mbH, Aachen |
| Dresden-Neustadt: | Otto Schlick, Maschinen- & Schiffbauanstalt, Dresden-Neustadt (1863 - 1872) |
| | Sächsische Dampfschiffs- & Maschinen-Bauanstalt, Dresden-Neustadt (1872 - 1884) |
| | Dampfschiffs- & Maschinenbauanstalt der Oesterreichischen Nordwest-Dampfschiffahrt-Gesellschaft, Dresden-Neustadt (1884 - 1899) |
| Elbewerften: | VEB Elbewerften Boizenburg/Roßlau, Werft Roßlau |
| Ernst: | Oswald Ernst Jacht- und Bootswerft, Berlin-Köpenick |
| Exquisitwerft: | Exquisitwerft Vierarm, Wildau |
| Fikkers: | L. G. Fikkers, Martenshoek (Niederlande) |
| Fleischhauer: | Wilhelm Fleischhauer, Dormagen-Zoons |
| Friedrich: | Bootsbauerei Karl Friedrich, Bad Kösen |
| | Bootsbauerei Johannes Friedrich, Bad Kösen (1928) |
| Hitzler: | J. G. Hitzler Schiffswerft und Maschinenfabrik, Lauenburg |
| Hitzler, Hamburg: | Theodor Hitzler, Hamburg |
| Holtz: | R. Holtz, Bootsbauerei und Maschinenfabrik, Oevelgönne (1883) |
| | Dampf-Boot & Maschinenfabrik R. Holtz, Harburg b. Hamburg (1896) |
| Höpner: | Ed. Höpner, Hamburg-Steinwärder |
| Howaldt: | Howaldtswerke AG, Kiel-Dietrichsdorf |
| Hülsekopf: | Jacht- und Bootswerft Rudi Hülsekopf, Templin |
| Jacobsen: | Neue Werft - J. Jacobsen GmbH, Kiel-Neumühlen |
| Jürgens: | Chr. Jürgens & Co., Hamburg |
| Kette: | KETTE, Deutsche Elbschiffahrts-Gesellschaft, Werft Übigau-Dresden |
| Klawitter: | J. W. Klawitter Schiffswerft und Maschinenfabrik, Danzig |
| Knarr: | J. F. Knarr & Sohn, Spandau |
| Koch: | Gustav Koch, Stettin |

| | |
|---|---|
| Kölz: | Motorbootswerft A. F. Kölz, Dresden |
| Königstein: | VEB Schiffswerft Königstein |
| Laubegast: | Neue Deutsch-Böhmische Elbeschiffahrt, Aktiengesellschaft<br>Abteilung Schiffswerft und Maschinenfabrik Dresden-Laubegast (1933)<br>VEB Schiffswerft Laubegast, Dresden (1976) |
| Möller & Holberg: | Stettiner AG für Schiffs- und Maschinenbau (vorm. Möller & Holberg), Grabow b. Stettin<br>Bau-Nr. entstammt der später aufgestellten durchgängigen Liste der Nachfolgewerft |
| Müggel-Spree: | VEB Müggel-Spree, Berlin-Grünau |
| Mukrena: | Schiffswerft Karl Grieseler, Magdeburg/Mukrena (1941)<br>Karl Grieseler Werft KG, Mukrena (1966)<br>VEB Schiffswerft Mukrena (1972) |
| Nobiskrug: | Werft Nobiskrug GmbH, Rendsburg |
| Nultsch: | Nultsch & Co., Nienburg/S. |
| Otto: | Schiffswerft Hermann Otto, Nienburg/S. (1931)<br>Robert Otto KG, Nienburg/S. (1972) |
| Pahl: | August Pahl Schiffswerft und Maschinenbau, Hamburg-Finkenwärder |
| Paucksch: | H. Paucksch AG / Abt. Schiffbau, Landsberg/Warthe |
| Reiherstieg: | Reiherstieg Schiffswerfte und Kesselschmiede, Hamburg |
| Remmers: | Heinrich Remmers, Hamburg / Generalvertrieb für Lloyd-Schiffsmotoren der Norddeutschen Automobil- u. Motoren AG, Bremen |
| Sachsenberg: | Gebr. Sachsenberg OHG, Roßlau (1865 - 1892)<br>Gebr. Sachsenberg GmbH, Roßlau (1892 - 1908)<br>Gebr. Sachsenberg AG, Roßlau (1908 - 1945) |
| Schildt: | Ernst Schildt, Halle/S. |
| Siebert: | Brandenburgische Bagger- und Schiffbau-Werft Karl Siebert, Berlin-Spandau |
| Teltow-Werft: | Teltow-Werft, Berlin-Zehlendorf |
| Treess: | Ferdinand E. Treess, Hamburg |
| Uebigau: | Dresdner Maschinenfabrik & Schiffswerft Uebigau Act.-Gesellschaft, Dresden |
| Wiemann: | Gebr. Wiemann, Brandenburg (Havel) |
| Wollheim: | Caesar Wollheim - Werft und Reederei, Cosel b. Breslau |
| Yachtwerft: | VEB Yachtwerft Berlin (- 1989)<br>Werft Berlin GmbH (1990 -) |
| Ziethmann: | Yacht- und Bootsbauerei Franz Ziethmann, Fürstenberg/Meckl. |

Technische Daten
Abmessungen

| | | | |
|---|---|---|---|
| $D_{Konst}$: | Konstruktionsdeplacement (t) | T,l: | Tiefgang, leer (m) |
| Lüa: | Länge über alles (m) | T,b: | Tiefgang, beladen (m) |
| Lpp: | Länge zwischen den Loten (m) | SH: | Seitenhöhe (m) |
| Büa: | Breite über alles (m) | FH: | Fixpunkthöhe (m) |
| BaSp: | Breite auf Spant (m) | Tf: | Tragfähigkeit (t) |
| T: | Tiefgang (m) | V: | Vermessung |

Antrieb

| | | | |
|---|---|---|---|
| BM: | Benzolmotor | mEK: | mit Einspritzkondensation |
| DM: | Dieselmotor | mOK: | mit Oberflächenkondensation |
| EM: | Expansionsmaschine | K: | Kessel |
| GDM: | Gegenkolbendieselmotor | HR: | Heckrad |
| GM: | Glühkopfmotor | S: | Schraube |
| OM: | Ottomotor | SR: | Seitenrad |
| PM: | Petrolmotor | R: | Ruder |
| mA: | mit Auspuff | v: | Geschwindigkeit (km/h) |

Die Antriebsleistung der Dampfmaschinen ist in indizierten Pferdestärken (PSi), die der Verbrennungsmotoren dagegen in effektiven Pferdestärken (PSe) angegeben. Hierbei gilt: 1 PS = 0,735 kW

Beispiel Dampfmaschine:
3z3fEMmOK/ 200 PSi: 3zylinder-3fach-Expansionsmaschine mit Oberflächenkondensation mit einer Leistung von 200 PSi

Beispiel Verbrennungsmotor:
2z2tGDM/Junkers - 2 HK 130/ 70 PSe: 2zylinder-2takt-Gegenkolbendieselmotor/ Bauart Junkers - Typ 2 HK 130 mit einer Leistung von 70 PSe

| | | | |
|---|---|---|---|
| Bes: | Anzahl Besatzung | BA: | Bauart |
| Pass: | Anzahl Passagiere | | |

## 1. Saale und Unstrut - geographische und hydrologische Gegebenheiten des Flußgebietes

Die Saale ist einer der größten und wichtigsten Nebenflüsse der Elbe. Sie liegt innerhalb des gesamten Einzugsgebietes der Elbe nach der Moldau (Vltava) hinsichtlich Lauflänge sowie Wasserführung auf dem zweiten Platz. In der Größe ihres Einzugsgebietes ist sie annähernd flächengleich mit der Havel.

Die Saale entspringt in einer Höhe von 728 m im Fichtelgebirge. Markant für jenes Gebirge ist die hydrologische Eigenart, daß von dort vier große Flüsse zu drei bedeutenden Stromgebieten fließen, der Main nach Westen zum Rhein, die Naab nach Süden zur Donau, die Eger (Ohře) nach Osten zur Elbe und die Saale nach Norden ebenfalls zum Elbstrom. Letzteren erreicht die Saale nach einer Wasserlauflänge von einst 427 km unweit des Städtchens Barby, wobei sie bis dahin eine Gefällhöhe von 678 m aufweist. Durch wasserbauliche Eingriffe des Menschen ist indessen die Flußlänge erheblich verkürzt worden, womit der vor rund hundert Jahren aufgemessene Fluß heute nach eigenen Ermittlungen nur noch eine Länge von 413 km hat.

Mehr als die Hälfte des Saalelaufes - bereits im frühen Mittelalter lateinisch als salas bzw. sala

**Bild 1.2: Saaleschleife an der Rudelsburg, 1964**
Foto: Faist

bezeichnet - liegen in einem gewundenen, engen Tal mit gelegentlichen Aufweitungen bis zu einem Kilometer Auenbreite. Der Quellfluß durchzieht dabei eine Gneisplatte, der Oberlauf schneidet sich dann bis Saalfeld tiefer in die Faltenstrukturen des Thüringer Schiefergebirges ein und zeigt im Durchbruchstal bei Jena steile Talränder des Muschelkalkes. Erst vor Naumburg, noch oberhalb der Mündung der Unstrut, treten die Berge vom Fluß zurück und das flache, breite Tal des Mittellaufes beginnt. Die Saale beschreibt hier große Mäander, besonders bei Merseburg, wo sich das Flußtal mit der bis zu zwei Kilometer breiten Elsteraue vereinigt. Erst ab Halle abwärts schnüren Felsen, roter Porphyr und Buntsandstein, den Unterlauf auf teilweise weniger als 200 m Talbreite ein. So zeigt sich das beeindruckende Durchbruchstal im Rotliegenden des Bergsattels von Rothenburg. Weiter abwärts bei Bernburg und bis Nienburg wechseln Steilufer mit allmählich ansteigenden Hängen ab, teils bestehend aus Buntsandstein, teils aus Kalk und Gips. Erst bei Calbe fließt die Saale in das weite Urstromtal der Elbe hinein. Aus den geologischen Verhältnissen lassen sich auch zahlreiche Felsriffe im Fluß erklären, das letzte nur 15 km oberhalb der Saalemündung.

Die Unstrut bringt den größten Zuwachs zum Einzugsgebiet der Saale und dazu einen relativ ausgeglichenen Abfluß. Ihre Quelle liegt in den Höhenzügen des Eichsfeldes, ihr Name wird bereits im 6. Jahrhundert als onestrude genannt, was als gewaltiges Sumpfland zu deuten ist. Die Länge der Unstrut beträgt 187 km, deutlich weniger als die wasserärmere Weiße Elster. Über die Zuflüsse Gera, unweit des 978 m hohen Schneekopfes am Rennsteig entspringend, und Helme als Vorfluter der Goldenen Aue entwässert die Unstrut die weite Landschaft zwischen Thüringer Wald, Eichsfeld und Harz. Der Fluß verläßt in der sog. Sachsenburger Pforte das thüringische Zentralbecken,

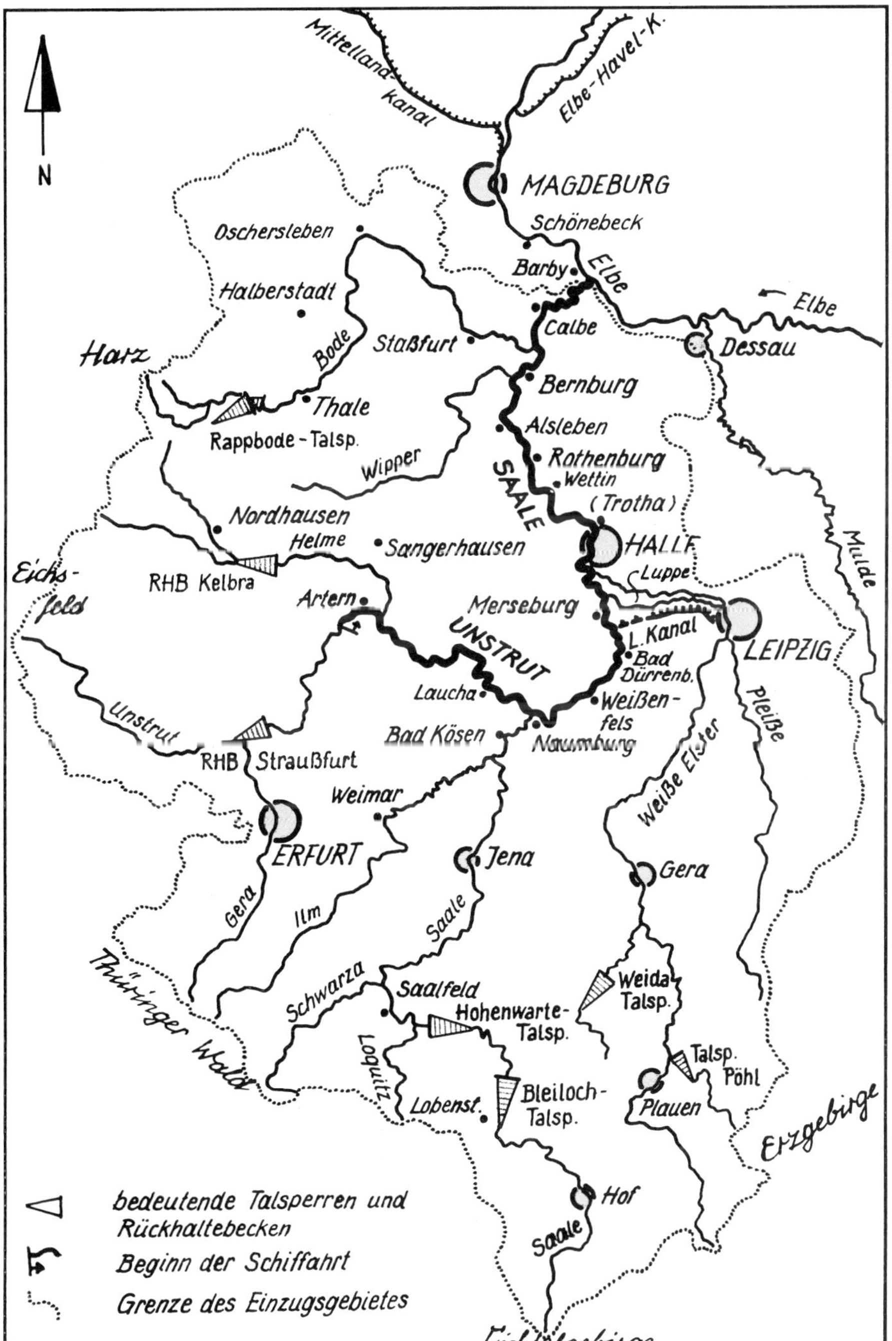


**Bild 1.1: Einzugsgebiet der Saale**
Zeichnung: Faist

**Bild 1.3:Saalewehr in Bad Kösen, 1964** Foto: Faist

strömt an Artern vorbei in einem mehrere Kilometer breiten Tal, um sich dann im unteren Laufdrittel zwischen steilen Berghängen (Buntsandstein und Muschelkalk) durchzuwinden.
Am südlichen Stadtrand von Halle mündet die 247 km lange Weiße Elster, deren Name sich aus dem slawischen "halstrow" ableitet. Von ihrer Quelle im Elstergebirge (Vogtländisches Bergland zwischen Fichtel- und Erzgebirge) entwickelt der Fluß ein relativ schmales Einzugsgebiet und greift darin mit seinem höchsten Punkt von 805 m bereits in das westliche Erzgebirge. Weiter fließt die Elster nordwärts durch Plauen, Gera und Leipzig. In der Messestadt mündet von rechts die Pleiße, ein im Unterlauf durch den Braunkohlentagebau des Leipzig-Bornaer Reviers in unserem Jahrhundert mehrfach verlegter und verschmutzter Fluß. Seit jeher bildet die Weiße Elster beim Durchfließen der tertiären Leipziger Tieflandsbucht mehrere Flußarme. Vergleichbar mit einem Delta mündet so, nach windungsreichen Läufen, die als Luppe bezeichnete Abspaltung 7 km eher in die Saale als die eigentliche Elster.
Die Bode erreicht als letzter großer Nebenfluß bei Nienburg die Saale. Sie ist einer der wasserreichsten Vorfluter des Harzes, beschreibt in der allgemein östlichen Laufrichtung einen großen Bogen nach Norden und mündet nach 169 km Länge. Als Kalte bzw. Warme Bode unterhalb des 1142 m hohen Granitmassives des Brockens entspringend, tritt der gefällestarke Oberlauf der Bode nach 64 km bei Thale aus den tiefen Schluchten des Harzberglandes heraus. Bis Oschersleben durchfließt die Bode ein hügeliges Vorland, um dann träge durch die flachgeneigte Niederung der Egeln-Staßfurter Talmulde zu strömen.

**Bild 1.4: Stromaufsichtsboot WETTIN in der Schleuse Planena** Foto: Faist

**Tabelle 1.1: Einzugsgebiete und Durchflüsse der Saale**

| Fluß | Pegel, Profil | $A_E$ km² | MQ m³/s | MHQ m³/s |
|---|---|---|---|---|
| Saale | | | | |
| | Blankenstein (Beginn Stausee Bleiloch) | 1.013 | 12 | 116 |
| | Kaulsdorf (Ausfluß aus Talsperre Hohenwarthe) | 1.665 | 16 | 82 |
| Loquitz | Mündung | 370 | 4 | 34 |
| Schwarza | Mündung | 507 | 6 | 60 |
| Saale | Camburg-Stöben | 3.977 | 31 | 135 |
| Ilm | Mündung | 1.024 | 6 | 42 |
| Saale | bis zur Mündung Unstrut | 5.106 | - | - |
| Unstrut | | | | |
| | Oldisleben | 4.174 | 18 | 74 |
| | Laucha | 6.218 | 30 | 103 |
| | Mündung | 6.364 | - | - |
| Saale | Naumburg-Grochlitz | 11.479 | 67 | 231 |
| Weiße Elster | | | | |
| | Zeitz | 2.504 | 17 | 156 |
| | Mündung | 5.100 | 26 | 150 |
| Saale | Halle-Trotha | 17.979 | 101 | 350 |
| Wipper | Mündung | 618 | 3 | 15 |
| Bode | Mündung | 3.287 | 15 | 60 |
| Saale | Calbe-Grizehne | 23.687 | 115 | 378 |
| | Mündung | 23.776 | - | - |
| Zum Vergleich: | | | | |
| Elbe | Barby | 94.060 | 558 | 2.058 |

Erläuterung der Abkürzungen:

$A_E$ oberirdisches Einzugsgebiet
MQ mittlerer Durchfluß
MHQ mittlerer höchster Durchfluß
} in langjährigem Zeitraum (gerundet)

Im Abflußgeschehen der Saale liegen extreme Unterschiede nahe beieinander, bedingt durch große regionale und zeitliche Differenzen im Niederschlagsdargebot einerseits und hohe Nutzensanforderungen an den Wasserschatz andererseits. Die an den Rändern des Saaleeinzugsgebietes befindlichen Gebirge - Oberharz, Thüringer Wald, westliches Erzgebirge - weisen die zwei- bis dreifachen jährlichen Niederschlagsmengen wie die tiefliegenden Becken oder Leeseiten der Höhenzüge (Regenschatten) auf. So stehen maximal die Werte von Brocken mit 1609 mm pro Jahr, Schmücke 1112 mm oder Schnarrtanne (bei Auerbach) 890 mm den Minima von Erfurt mit nur 528 mm pro Jahr, Artern 469 mm oder Halle 476 mm gegenüber.
In den niederschlagsarmen Gebieten wird der weitaus größte Teil der Jahressummen aus Regen und Schnee gar nicht abflußwirksam, sondern geht in Größenordnungen zwischen 400 und 480 mm in die unmittelbare Verdunstung und den Vegetationsbedarf ein. Das erklärt die bis zum Zehnfachen größeren Abflußbeiwerte, das ist das pro Flächeneinheit abfließende Wasser, von Gebirgsbächen gegenüber den Wasserläufen der Tiefländer. Winterliche Niederschläge werden oft mehrere Wochen oder Monate in den Höhenlagen in Schneehöhen von 100 - 200 cm (Rekordhöhen

**Bild 1.5: Fähre und Schloß Wettin** Foto: Faist

bis 310 cm im Oberharz) gespeichert, ehe sie mit dem Tauwetter Abfluß erzeugen. Auch die jahreszeitliche Verteilung der Niederschläge stimmt zwischen Hoch- und Tiefland nicht überein.
Die Gipfellagen von Harz und Thüringer Wald haben Monatsmaxima des Niederschlages im Dezember/Januar und Juni/Juli, die bis zu 180 % des Minimums vom April ausweisen. Dagegen liegt der durchschnittliche Regenhöchstwert in den Gebirgsvorländern und Tiefebenen allein im Juni, dabei bei etwa 250 % des niederschlagsarmen Monats Februar.
Die jahreszeitliche Ganglinie der Wasserstände und Durchflüsse an den Pegeln im Saalegebiet spiegelt mit einer gewissen zeitlichen Verzögerung den Gang der Niederschlagsprozesse wider. Einen zusätzlichen Einfluß auf die Wasserführung üben außerdem auch die Faktoren Grundwasser oder Verluste aus Verdunstung und neuerdings immer mehr aus dem Bedarf an Brauchwasser für die Industrie, Beregnungswasser für die Landwirtschaft

**Bild 1.6: Staumauer der Talsperre Bleiloch, 1978** **Foto: Faist**

sowie Trinkwasser für die Bevölkerung aus. Im langjährigen Durchschnitt sieht der Wasserstandsverlauf in der Saale so aus: höhere Pegelstände im hydrologischen Winterhalbjahr (1.11. bis 30.4.) als im Sommerhalbjahr (1.5. bis 31.10), höchstes Monatsmittel im März bzw. April und niedrigstes im September. Diesbezüglich kann man sich auf lange Erfahrungswerte berufen, denn an der Saale liegen "amtliche" Pegelablesungen vor seit 1821 in Halle, Wettin, Rothenburg und Alsleben. An der Unstrut datieren solche

**Bild 1.7: Rückhaltebecken Kelbra (Helme)** **Foto: Faist**

Aufzeichnungen für insgesamt 19 Pegelstationen ab 1853, einem Zeitpunkt, wo inzwischen an der schiffbaren Saale weitere 11 Pegel eingerichtet worden waren. Aus den Beobachtungsnotizen über viele Jahrzehnte wird ersichtlich, daß die Schwankungen mancherorts bis über 6 m betragen können, im Oberwasser der Stauwehre dagegen nur ein Drittel davon. Anhaltende sommerliche und herbstliche Trockenheit bringt überwiegend den Trend zu Niedrigwasser, Schneeschmelze im Frühjahr meist überall eine Hochwasserlage. Jedoch jede tatsächliche Witterungslage schafft im Detail und regional mehr oder weniger Unterschiede hervor. Das Sommerhochwasser 1954 liefert dazu ein markantes Beispiel: Allein aus dem Katastrophenhochwasser der Weißen Elster formierte sich ein überdurchschnittliches Saalehochwasser im Unterlauf. Der Scheitelwert von 580 cm (609 $m^3/s$) am Pegel Halle-Trotha am 13.7. ist zu 91 % auf den Zufluß von 554 $m^3/s$ aus Elster einschließlich Pleiße zurückzuführen, währenddessen der oberhalb gelegene Saalepegel Naumburg lediglich ein knappes Mittelwasser von 49 $m^3/s$ aufzuweisen hatte. Von entscheidender Bedeutung war hierbei die Funktion der Saaletalsperren, welche die Flutwelle aus dem

**Tabelle 1.2: Wasserstandsschwankungen an wichtigen Pegeln**

| Pegel | Lage oberhalb Mündg. | Nullpunkt | NNW | MNW | MW | MHW | HHW |
|---|---|---|---|---|---|---|---|
| | | | | Reihe 1976/85 | | | |
| | km | m NN | cm (Tag) | cm | cm | cm | cm (Tag) |
| Laucha (Unstrut) | 13 | 104,51 | 148 (19.9.1947) | 293 | 249 | 406 | 530 (12.2.1946) |
| Naumburg - Grochlitz | 157 | 98,21 | 121 (9.7.1934) | 168 | 235 | 444 | 576 (12.2.1946) |
| Halle-Trotha Unterpegel | 91 | 69,37 | 94 (11.7.1976) | 131 | 212 | 455 | 700 (15.3.1947) |
| Bernburg Oberpegel | 37 | 55,14 | 400 (9.8.1956) | 478 | 495 | 552 | 625 (17.3.1947) |
| Bernburg Unterpegel | 37 | 55,14 | 16 (20.6.1954) | 93 | 174 | 408 | 590 (16.3.1947) |
| Calbe-Grizehne | 18 | 49,39 | 112 (24.6.1934) | 210 | 306 | 560 | 748 (17.3.1947) |

NNW Niedrigster bekannter Wasserstand
MNW mittleres Niedrigwasser }
MW Mittelwasser } einer 10 Jahresreihe
MHW mittleres Hochwasser }
HHW höchster bekannter Wasserstand

Saaleoberlauf voll abfingen: Dem höchsten Zufluß von 250 $m^3/s$ stand eine gleichzeitige Abgabe von nur 5 $m^3/s$ entgegen, 96 Mio. $m^3$ Wasser wurden aufgefangen!
Der Wasserhaushalt im Einzugsgebiet der Saale ist einer der angespanntesten überhaupt in Mitteldeutschland, liegen doch besonders in den bevölkerungsreichen Räumen Halle und Leipzig zudem noch gigantische Industriestandorte. Für die komplexe Nutzung der Wasserresourcen sind im Saalegebiet, in Thüringen, Sachsen und Sachsen-Anhalt eine Reihe von Talsper-

**Bild 1.8: Ende der Saalekaskade mit der Staumauer Eichicht, 1964**
**Foto: Faist**

**Bild 1.9: Zusammenfluß von Saale (links) und Unstrut (rechts)** Foto: Faist

Für die natürliche Eignung eines Flusses zur Schiffbarkeit ist die Durchflußmenge pro Zeiteinheit nur der eine Hauptfaktor; der andere besteht im Gefälle des Flußbettes. Während die Saale oberhalb der Unstrutmündung durchweg mehr als 1‰ (d. h. 1 : 1000) besitzt, beträgt es im Durchschnitt von da bis zur Elbe nur 0,29‰ (1 : 3409). Die Saale gehorcht wie jeder andere Fluß den physikalischen Gesetzen der Hydraulik. Bei sonst gleichen Bedingungen im Flußbett erzeugt derselbe Durchfluß in verschiedenen Flußbettprofilen mit der Verkleinerung des Gefälles eine Vergrößerung des wasserführenden Querschnittes. Bei einer Abnahme des Gefälles 1‰ auf beispielsweise 0,2‰ nimmt die Durchflußfläche auf das 2,2 fache zu- ein enormer Faktor für den benötigten Platz jedes Schwimmgefäßes!
Von den großen Nebenflüssen der Saale zeigen die Unterläufe schwache und dementsprechend zur Schiffbarkeit tendierende Gefälleverhältnisse. So die Unstrutstrecke von kurz oberhalb Artern auf 71 km mit 0,31‰ (1 : 3241), die Weiße Elster ab eingangs Leipzig auf 49 km mit 0,59‰ und die Bode ab

ren, Speichern und Rückhaltebecken geschaffen worden. Heute zählt das Saalegebiet summarisch mit 0,8 Mrd. m³ (knapp ein Kubikkilometer!) den Hauptteil der verfügbaren Speicherkapazität aller Talsperren Mitteldeutschlands.
Im Oberlauf der Saale, in den Kreisen Lobenstein, Schleiz und Saalfeld, wird der Fluß fünfmal in einer Talsperrenkaskade gestaut, wobei die Stauräume am Bleiloch 215 Mio. m³ und in Hohenwarte 182 Mio. m³ betragen. Neben der Wasserkraftnutzung erfolgt hier eine gewollte Abflußsteuerung für die gesamte unterliegende Saale. Die 28 bzw. 27 km langen Stauseen sind auch dank der darauf verkehrenden Fahrgastschiffahrt bevorzugte Erholungsge-biete. Im breit gefächerten Niederschlagsgebiet der Unstrut dienen die Ohratalsperre im Kreis Gotha (17 Mio. m³) vorrangig der Trinkwasserversorgung und die Rückhaltebecken Straußfurt und Kelbra in den Kreisen Sömmerda bzw. Sangerhausen (24 und 36 Mio. m³) dem Hochwasserschutz. Im Elstergebiet unterliegen die Abflüsse der Beeinflussung durch größere Talsperren in weiteren Nebenflüssen, so die Anlagen Pöhl unweit von Plauen (63 Mio m³), Zeulenroda (28 Mio m³) sowie mehrere Flachlandspeicher entlang der Pleiße mit zusammen 32 Mio m³ Bewirtschaftungsstauraum. Schließlich üben die vier Talsperren des Bodesystems - Herzstück die 106 m hohe Rappbodestaumauer - mit insgesamt 126 Mio m³ Inhalt einen spürbaren Einfluß auf das Durchflußgeschehen der Bode aus.
In ihrer Gesamtheit tragen alle Speicher dazu bei, daß in der Gegenwart die früher außerordentlich hohe Schwankungsbreite der Wasserstände und Abflüsse im Saaleunterlauf nutzbringend für Territorium und Schiffahrt gewandelt wird: Garantie eines Mindestdurchflusses ab Naumburg von 22 m³/s, Brechung der Hochwasserscheitel z. B. auf höchstens 120 m³/s Abgabe aus der Saalekaskade. Vergleichsweise beliefen sich vor Inbetriebnahme der Saalekaskade die Werte auf: 7 m³/s in Naumburg (Sommer 1934 und auch 1893) und beim Katastrophenhochwasser vom November 1890 610 m³/s in Hohenwarthe.

**Bild 1.10: Wehrstau in Calbe, 1968** Foto: Faist

Oschersleben auf 56 km mit 0,37‰. Der Mensch hat diese von der Natur hervorgebrachten Fließgefälle durch den Einbau von Stauwehren teilweise in der Örtlichkeit noch weiter verflacht. Das wirtschaftliche Bedürfnis und lokale Interessenlagen spielen seit jeher auch entscheidend mit, um eine Flußstrecke für die Schiffahrt herzurichten.
Für die Entwicklung der Personenschiffahrt bestimmte vor allem das Interesse an Fahrten der Städter zu den landschaftlichen Schönheiten die entscheidende Rolle. Bis heute hat der Erholungswert der Täler von Saale und Unstrut, daran viele mittelalterliche Burgen und Orte mit Architekturdenkmälern, seine Anziehungskraft beibehalten.

## 2. Die Entwicklung der Schiffahrt auf Saale und Unstrut bis zur Einführung der Dampfkraft

Der Verkehr mit Booten oder Flößen im Saalegebiet wurde vermutlich seit der Zeit der Völkerwanderung oder noch eher betrieben. Im Heimatmuseum Bernburg befindet sich ein erster Beweis für den frühen Bootsverkehr: ein 6,50 m langer und 0,65 m breiter Einbaum, der 1906 bei Ausschachtungsarbeiten im Gerinne der Stadtmühle Alsleben gefunden wurde.

**Bild 2.1: Einbaum im Museum Schloß Bernburg, erste nachweisbare Schiffahrtsaktivität auf der Saale** Foto: Museum Bernburg

Der erste urkundliche Nachweis für die Schiffbarkeit der Saale stammt aus dem Jahre 981. Auf einer Reise nach Merseburg verstarb der Magdeburger Erzbischof Adalbert am 21. Mai 981 bei Korbetha. Dessen Leiche wurde zunächst nach Giebichenstein (Halle) gebracht, hier mit dem erzbischöflichen Ornat bekleidet und von dort per Schiff nach Magdeburg transportiert. Im Jahre 1012 wurde erneut ein Magdeburger Erzbischof, Tagino, zu Schiff befördert. Er hatte gemeinsam mit dem Kaiser Heinrich II. in Merseburg das Pfingstfest gefeiert, war aber zu krank, um zu Pferde in die Heimatstadt zurückzukehren. Deshalb wählte er die Schiffahrt von Merseburg nach Rothenburg, verstarb aber dort. Auch sein Leichnam wurde anschließend weiter auf dem Wasserweg nach Frohse an der Elbe transportiert.

Die nächste nachweisbare Saalebefahrung fand 1128 statt, diesmal aber bereits zu Handelszwecken. Bischof Otto von Bamberg war zu seiner zweiten Missionsreise nach Pommern unterwegs. Er kaufte in Halle, einer der bedeutendsten Handelsstädte an der deutschen Ostgrenze, große Mengen von Tuchen, Leinwand, Salz und Geräten. Das alles wollte er in Pommern verschenken, um die dortigen Stämme für den Übertritt zum christlichen Glauben geneigter zu machen. Der Transport der Güter auf Saale und Elbe erfolgte per Schiff bis Havelberg. Von dort wurden sie mit Wagen weitertransportiert. Der Anfang eines regelmäßigen Verkehrs ist in einem kaiserlichen Privileg für den Magdeburger Erzbischof Wichmann aus dem Jahre 1152 zu erblicken. Darin wird dem Kloster Neuwerk (damals am Stadtrand von Halle gelegen) die Erlaubnis erteilt, Salz mit einem Schiff zu transportieren und als Rückfracht Holz, das als Heizmaterial für die Hallische Pfännerei (Salzsiederei) diente, zu laden. Der Transport ging also nicht mit Flößen oder leichtgezimmerten Kähnen, die man nach der Talfahrt zerschlug, vonstatten, sondern man fuhr bereits mit Lasten bergwärts.

Die mittelalterliche Saalefahrt wird wohl infolge Flußsperren, Untiefen, Verzweigungen, Schleifen und Stromschnellen nicht problemlos gewesen sein. Im Vergleich mit anderen deutschen Flüssen war die Saale zur damaligen Zeit mit den kleinen Kähnen relativ gut befahrbar. Das mag streckenweise auch der Stauwirkung von Wehren zuzuschreiben sein, die zur Ausnutzung der Wasserkraft in Mühlengebäuden errichtet wurden. MARKMANN schreibt: *"das älteste deutsche Mühlenwehr soll immerhin bereits 941 bei Alsleben an der Saale gebaut worden sein"*. Dem bereits erwähnten Kloster Neuwerk wurde per 5. Juni 1121 das Mahlrecht am dortigen Mühlenstau verliehen. Auch am Kloster Gottesgnaden bei Calbe läßt sich schon 1150 ein Umgehungskanal um die Mühle nachweisen. Solche Flutrinnen oder Freigerinne dienten dem "Durchschleusen" der Schiffe, vorwiegend in der Talfahrt.

Die mehrfach in der Literatur gemachte Aussage, wonach bereits im Jahre 1366 hölzerne Schleusen in der Saale vorhanden gewesen sein sollen, muß bestritten bzw. richtig gedeutet werden. Schon DUESING schreibt 1906, daß er um die Erfindung der Kammerschleuse zur Mitte des 15. Jahrhunderts wisse, daß es sich hierbei nicht um richtige Schiffsschleusen, sondern *"Vielmehr um Flutrinnen oder Schiffsdurchlässe gehandelt (hat), wie sie sich neben den zahlreichen in der Saale vorhandenen Mühlenwehren so auch in Kalbe als für die geschichtlich nachgewiesene Schiffahrt notwendig herausgestellt hatten"*. Sehr wahrscheinlich überwanden anfangs die Schiffe gar nicht die Mühlenstaue, vielmehr mußten neben den Wehren die Transportgüter von einem Fahrzeug in das nächste umgeladen werden. Außerhalb der Mühlenbereiche wurden schon im 14. Jahrhundert die ersten größeren Stromregulierungsarbeiten durchgeführt. Man vereinigte mehrere Flußarme und versuchte auch stellenweise das Gefälle zu vermindern.

Das Ziel war dabei eine erhöhte Wassertiefe und Verringerung der Fließgeschwindigkeit, um die Bergfahrt zu erleichtern. An Stellen, wo sich die Saale in zwei Arme gabelte, wurde der jeweils kürzere und daher strömungsstärkere abgesperrt - aus heutiger Betrachtungsweise eine Kuriosität. Große Hochwässer, so in den Jahren 1408, 1465, 1491 veränderten indessen den Saalelauf erneut auf natürliche Weise und beschädigten die Stauschleusen.

Inzwischen hatten sich aber viele Gegebenheiten geändert. Die Entwicklung auf politischem, wirtschaftlichem und technischem Gebiet war vorangeschritten. Das 16. Jahrhundert brachte der Saaleschiffahrt einen erneuten Aufschwung. Am 21.Oktober 1530 erteilte Kaiser Karl V. dem Erzstift Magdeburg unter dem Erzbischof Albrecht das Privileg der freien Schiffahrt auf der Saale und zum einheitlichen Ausbau der Saale. Der Hauptgrund lag wieder in der Hallischen Salzproduktion. Durch die Schiffe wäre es möglich geworden, größere Mengen Salz kostengünstig abzusetzen und außerdem das für den Siedeprozeß benötigte Holz ohne großen Aufwand heranzuschaffen. Das Privileg erlaubte dem Erzbistum Magdeburg unter Kardinal Albrecht, die Saale auch außerhalb seines eigenen Gebietes regulieren zu dürfen. Geldmangel vereitelte allerdings diesen großzügigen Plan. Er wurde aber später von Erzbischof Sigismund wieder aufgenommen, der, nachdem schon ab 1545 am Unterlauf der Saale mit Arbeiten begonnen wurde, am 2. November 1559 mit den Fürsten Wolfgang, Joachim und Karl von Anhalt einen Vertrag über die sofortige Errichtung mehrerer Schleusen schloß. Nach dem Bau der Bernburger Schleuse (um 1560) wurde 1564 die in Calbe fertiggestellt. Im Jahre 1569 konnte dann die Schiffahrt eröffnet werden. Talwärts transportierte man auf Saale und Elbe bis Hamburg hauptsächlich Wolle, Federn, Hopfen, Salpeter, Erze, Öle, Salz und Getreide. Bergwärts dagegen wurden vorwiegend Fische, Butter, Käse, Honig, Wachs, Pfeffer, Ingwer und Metalle verschifft.

Fünf privilegierte Beamte, unter ihnen der Salzgraf zu Halle und der Vogt zu Calbe, ließen auf Grund einer Konzession 1571 vier Schiffe bauen, die u. a. Salz, Getreide und Mühlsteine beförderten. Das Unternehmen ging aber 1590 infolge der Baufälligkeit und Versandung der Schleusen wieder ein. Eine Hochwasserkatastrophe tat bei der Zerstörung der Wasserbauten ein übriges.

Gegen diese technischen Mängel erhob Fürst Johann I. von Anhalt Einspruch und verlangte auf Grund des Vertrages von 1559 die Unterhaltung der Schleusen. Am 10. Dezember 1605 wurde der alte Vertrag mit dem Zusatz erneuert, daß beide Parteien einheitlich höhere Schleusenabgaben erheben durften. Unmittelbar danach wurden die Schleusen in Calbe (1606) und

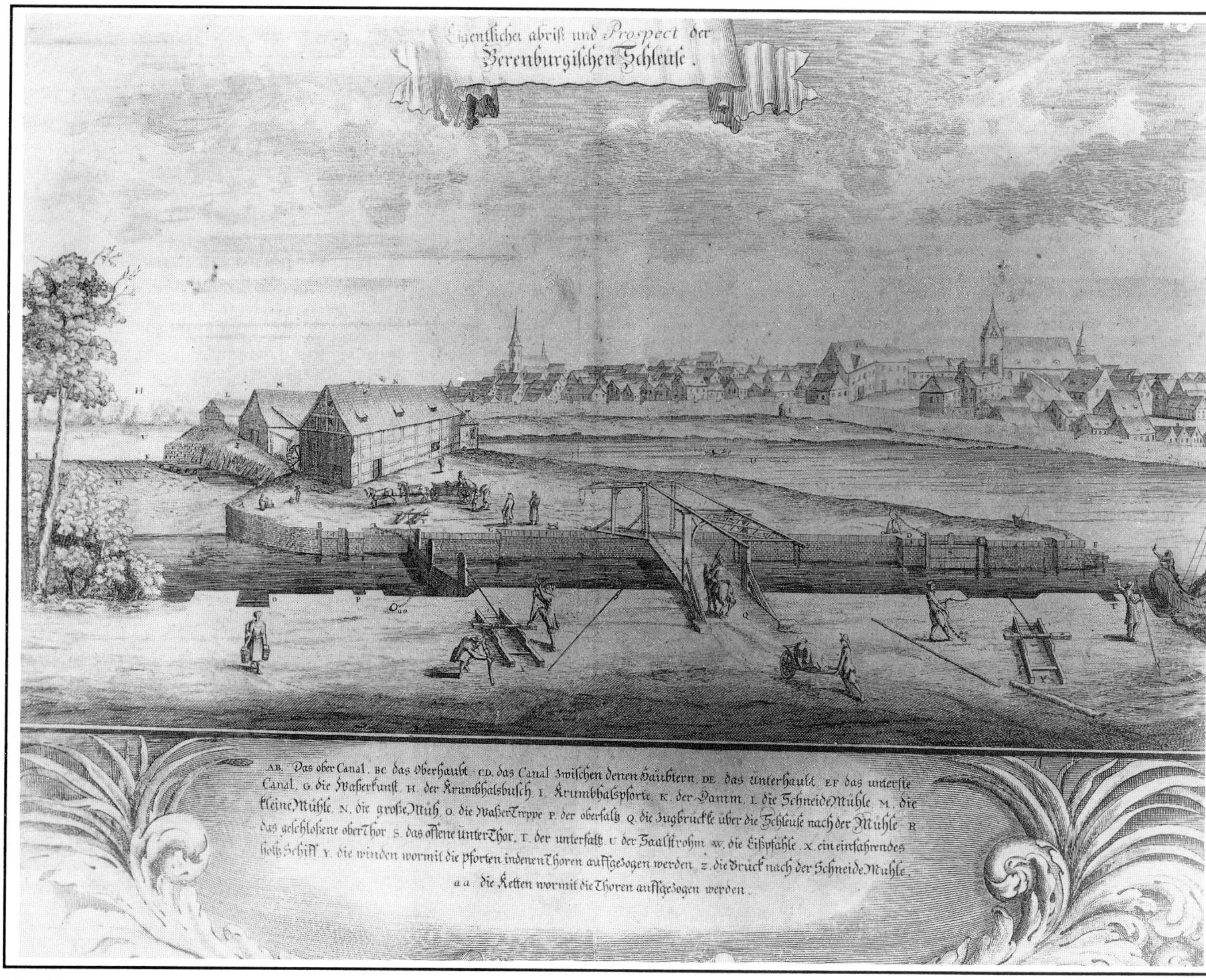


**Bild 2.2: Schleuse Bernburg nach 1700** Foto: Slg. Faist

Bernburg (1607) wiederhergestellt. Die Saaleschiffahrt, aber auch die Flößerei blühte wieder auf. Allerdings war dieser Aufschwung nur von kurzer Dauer, denn der Dreißigjährige Krieg (1618 - 1648) machte alles Neugeschaffene wieder zunichte.
Unmittelbar nach Friedensschluß veranlaßte August Herzog von Sachsen-Weißenfels die Wiedereröffnung der Saaleschiffahrt. Hierfür waren große Anstrengungen nötig, aber schon 1652 konnten die Schiffe wieder durchgängig fahren. Man dachte sogar schon an den Bau von Steinschleusen. Infolge von Einsprüchen der Städte Magdeburg und Leipzig, die in der Verbesserung der Saaleschiffahrt und dem damit verbundenen wirtschaftlichen Aufschwung der Stadt Halle eine Konkurrenz erblickten, aber auch auf Grund der Hochwasser- und Eisschäden an den Schleusen war die Schiffahrtstendenz rückläufig.
Im Westfälischen Frieden fiel das bisherige Erzbistum Magdeburg an das Kurfürstentum Brandenburg. Aber erst nach 1680 bildete sich eine Gesellschaft zur Wiederaufnahme der Saaleschiffahrt, die mit 20 Schiffen ihren Betrieb aufnahm. Die Art des Transportes, vornehmlich Salztonnen, war jedoch so umständlich und damit auch teuer, daß sie bald wieder einging. Man beförderte die Fracht - wie vor rund 200 Jahren - per Schiff von Wehr zu Wehr und lud sie dort jedesmal um.
Der entscheidende Durchbruch erfolgte im Jahre 1694. Am 13. Juli legte Kurfürst Friedrich III. von Brandenburg, der zur Einweihung der Universität in Halle weilte, persönlich den Grundstein zur steinernen Schleuse Trotha. In dieser solideren Bauweise wurden in jener Zeit sieben Schleusen erbaut: Gimritz, Trotha, Wettin, Rothenburg, Alsleben, Bernburg und Calbe.
Das Schiffahrtsprivileg erhielt vorerst die Rothenburgische Bergwerks-Gewerkschaft, später dann noch mehrere andere Unternehmen. Die Gewerkschaft war durch die Verteuerung des für sie notwendigen Grubenholzes in eine schwierige wirtschaftliche Situation geraten. Eine Möglichkeit zur Senkung des Holzpreises bestand im Ausschluß anderer Interessenten vom Holzmarkt. Da der Holztransport in größeren Mengen damals nur auf dem Wasserwege möglich war, ergab sich eine effektive Monopolisierung. Der Gewerkschaft wurde folgendes zugestanden:
- das ausschließliche Recht, gegen feste Frachtsätze Salz, Kohle und Holz für die Hallische Saline zu befördern;
- die sonstige Beförderung von Kohle und Holz jedem anderen zu verweigern bzw. dafür eine Abgabe zu erheben;
- eine mäßige Abgabe für die Beförderung aller anderer Waren zu erheben, die jedermann erlaubt war.

Der Schiffsverkehr nahm immer mehr zu. 1704 passierten 5 bis 6 Schiffe täglich Calbe bergwärts. 1716 beschwerte sich die Stadt Leipzig bei ihrem Landesherren über die *"nachtheilige neue Saaleschiffahrt und den Hallischen Schleusenbau"*.
Nicht unbedeutend war die Verschiffung von Wettiner Steinkohle, die im Salzwerk Staßfurt benötigt wurde. Ein Saalekahn trug damals 16 bis 18 Wispel (1 Wispel ≙ 14 Hektoliter) Steinkohle von Wettin berg- oder talwärts. Das fürstliche Bernburger Schiff DER BÄR konnte 1740 36 Wispel Hafer laden.
Gegen Ende des 18. Jahrhunderts tauchte das Kanalprojekt Calbe-Frohse erneut auf. Es wurde ebenso wie bereits 1721, von Preußen zur Umgehung sächsischer Zölle bei Barby vorgesehen, nicht realisiert.
Dagegen begann man mit der Schiffbarmachung der Unstrut. Thüringen hatte schon früh vergeblich Anschluß an das deutsche Wasserstraßennetz und damit an die See gesucht. Die thüringischen Fürsten orientierten dabei sowohl auf den Weg über die Werra zur Weser, als auch über die Gera - Unstrut - Saale zur Elbe.

**Bild 2.3: Königliche Saline in Halle mit Segelkähnen zum Salztransport um 1750** Foto: Museum Halle

Die älteste Nachricht über die Benutzung der Unstrut zur Schiffahrt enthält ein Lehnbrief vom 22. Mai 1612, der dem Naumburger Bürgermeister Sixtus Braun nebst seinen Erben u. a. auch ein Erbschiff auf Saale und Unstrut gewährt. Ob Bürgermeister Braun davon Gebrauch machte, blieb unbekannt.

Im 17. Jahrhundert scheiterten alle Versuche zur Herstellung eines Schiffahrtsweges im Unstrutgebiet letztendlich an der Ablehnung der sächsischen Kurfürsten, weil eine wirtschaftliche Schädigung der Stadt Leipzig durch Verlagerung bestehender Transportwege befürchtet wurde. Dagegen erließ 1700 Kurfürst Friedrich August I. ein Mandat für die Flößerei auf Unstrut und Gera, durch das die Pfännerschaft in Frankenhausen mit Holz versorgt wurde.

Erst Klagen der Bevölkerung über die Last der Kriegs- und Magazinfuhren während des Bayerischen Erbfolgekrieges im Jahre 1778 ließen bei Kurfürst Friedrich August III. den Entschluß zur Verbesserung der Verkehrsverhältnisse reifen. Am 31. Dezember 1778 erhielt der Maschinendirektor Mende den Auftrag, die Schiffbarmachung der oberen Saale zu prüfen. Im Juni 1788 übergab er dem sächsischen Minister Graf Wallwitz hierzu eine entsprechende Denkschrift. Nach weiteren Lokaluntersuchungen schlug er in einem Bericht vom 29. Juni 1789 dem Ministerium vor:

1. Die Schiffbarmachung der Unstrut von Artern bis zur Einmündung in die Saale und der Saale bis Weißenfels;
2. die Schiffbarmachung der Parthe von Leipzig nach Osten bis dahin, wo ein neuer bis an die Mulde zu führender Kanal beginnen kann, die Ausführung dieses Kanals selbst, und die Anlegung eines weiteren Kanals von der Mulde bei Wurzen bis zur Elbe bei Torgau;
   demnächst;
3. die Nachholung der Saalestrecke von Weißenfels über Merseburg bis zur Einmündung der Luppe und die Schiffbarmachung der letzteren bis Leipzig im Anschluß an den unter 2. bezeichneten Kanal.

Hierauf erhielt Mende am 19. Januar 1790 den Befehl, einen speziellen Bauplan zur Schiffbarmachung der Unstrut von Artern bis zur Einmündung in die Saale auszuarbeiten. Am 4. Dezember 1790 erteilte dann der Kurfürst den Befehl, die Schiffbarmachung der Unstrut von Bretleben bis Naumburg (74,5 km) und der unteren Saale von der Unstrutmündung bis Weißenfels in Angriff zu nehmen. Hierzu waren erst Einigungen mit Mühlenbesitzern, dann der Bau von Schleusen und Zugbrücken notwendig. Der Flußlauf mußte in einer solchen Breite beräumt werden, daß zwei Fahrzeuge aneinander vorbeifahren konnten. Im Frühjahr begannen mit 2000 Mann die Arbeiten unter der Oberleitung des geheimen Finanzrates Scheuchler. Die treibende Kraft war aber nach wie vor der Maschinendirektor Mende. Am 8. April 1795 konnte dann auf der Unstrut und auf der Saalestrecke bis Weißenfels die Schiffahrt eröffnet werden. Neben drei Saaleschleusen waren die wichtigsten damals ausgeführten Bauten die 12 Schiffsschleusen der Unstrut. In Bottendorf, wo die Bauleitung ihren Sitz hatte, entwickelte sich sofort eine rege Schiffbautätigkeit. Dort wurden Kähne für die notwendigen Materialtransporte gebaut.

Ende Juli 1795 besichtigte der Kurfürst von Sachsen die Anlagen von Weißenfels bis Artern. Die Gesamtkosten betrugen 528.750 Taler.

Am 3. Juli 1795 legte der erste Lastkahn an der Saline in Artern an, am 7. Januar 1796 dann die ersten beiden Kähne vor dem Wehr in Bretleben mit Hafer aus dem Weißenfelser Magazin für die im Amt Heldrungen liegende Kavallerie. In den nachfolgenden Jahren wurden in erster Linie landwirtschaftliche Produkte, Steine, aber auch Salz aus der Arterner Saline per Kahn transportiert.

Untersuchungen über die Schiffbarmachung der Saale unterhalb Weißenfels begannen schon 1792. Der "Navigationskondukteur" Schmidt bereiste in Begleitung des Schiffers Richter die betreffende Strecke. Auf Grund seiner Berichterstattung wurde am 27. März 1794 eine größere Bereisungskommission gebildet. Die nachfolgenden Kriegsjahre verhinderten aber die

Bild 2.4: Auf der Unstrut beheimateter Kaffenkahn vor dem 1. Weltkrieg

Foto: Slg. Dexheimer

Bild 2.5: Untere Einfahrt zur alten Schleuse Alsleben, 5.3.1937

Foto: Slg. Faist

**Bild 2.6: Kammer und Obertor der alten Schleuse Bernburg, 14.1.1937** Foto: Slg. Faist

Durchführung der Arbeiten. Erst nach 1813 nahm die Saaleschiffahrt einen neuen Aufschwung. Für den Ausbau der oberen Saale wurden zwischen 1816 und 1822 erhebliche Finanzmittel aufgewendet. Insgesamt wurden sieben Steinschleusen erbaut und auch umfangreiche Baggerungen durchgeführt. Am 24. März 1823 eröffnete der Oberpräsident der Provinz Sachsen, von Molz, feierlich den neuen Schiffahrtsweg, der nun die Unstrut von Artern ab mit dem unteren Saaleabschnitt ab Halle durchgängig für die Schiffahrt erschloß.

Sehr günstig wirkte sich die Aufhebung sämtlicher Zölle und des Magdeburger Zoll-, Stapel- und Umlagerechtes im preußischen Gebiet aus. Am 1. Februar 1827 wurden die Abgaben für die Schiffahrt und Flößerei preußischerseits durch die Schleusengebühren ersetzt.

Der anhaltinische Zoll wurde erst 1829 durch einen anhaltinisch-preußischen Vertrag in Schleusengeld umgewandelt, das aber weit höher bemessen war als an den preußischen Schleusen.

Die Hallische Kaufmannschaft begann sich jetzt verstärkt für die Saale als Transportweg zu interessieren. 1826 gründete sich ein Wirtschaftsverband "Komitee zur Beförderung des hallischen Handels". Dieser Vorstand erfüllte zunächst durch den Bau von Handkränen und Schuppen die hierfür notwendigen Voraussetzungen in Halle. Dann wurde ein regelmäßiger Verkehr, besonders nach Magdeburg und Hamburg aufgenommen. 1830 hatten bereits 61 große Frachtkähne die Fahrt Halle - Hamburg und umgekehrt gemacht. Die Transportleistung stieg so an, daß 1836 sogar ein neuer Packhof angelegt werden mußte. Allein 1856 passierten 2355 beladene und 702 leere Kähne die Schleuse Calbe.

Schiffahrtsgesellschaften traten zu diesem Zeitpunkt im Saale/Unstrut-Verkehr noch nicht auf. Einige Firmen besaßen eigene Kähne, wie z. B. J.G. Boltze, Salzmünde, der damit den von ihm gewonnenen Ton versandte. In der Mehrzahl waren es aber Privatschiffer. In Halle lagen Spedition und Umschlag in den Händen von Schiffsprokureuren.

Im Unstrutgebiet, das nach den Befreiungskriegen unter preußische Verwaltung gekommen war, konnte in der Folgezeit die Salzproduktion erheblich gesteigert werden, und damit stieg auch die jährliche Transportmenge stark an.

**Tab. 2.1: Schiffstransport von Arterner Salz (im Jahresdurchschnitt)**

| 1816/20 | 1821/30 | 1831/40 | 1841/50 | 1851/60 |
|---|---|---|---|---|
| 1400 t | 1600 t | 1800 t | 4500 t | 11000 t |

Vom Ende der 60er Jahre an ging der Schiffstransport des Salzes, der hauptsächlich in den Händen eines Alslebener Schiffahrtsunternehmers lag, ständig zurück. Der Grund hierfür lag in der 1866 eröffneten Eisenbahnstrekke Halle/S. - Kassel. Diese Situation verschärfte sich durch den 1879 erfolgten Anschluß Arterns ans Eisenbahnnetz.

Die Eisenbahn zog den gesamten Salztransport an sich. Am 1. Oktober 1889 wurde dann die Unstrut-Bahn Naumburg - Artern eröffnet, die die Schiffahrt nach einigen Jahren fast völlig zum Erliegen brachte. Viele Schiffseigner und Schiffer wanderten nach der unteren Saale und an die Elbe ab. In Nebra hatte sogar eine Schifferinnerung bestanden.

Man hatte zwar beizeiten Gedanken zur Verbesserung der Verkehrsmittel entwickelt, wie durch den bereits 1871 gegründeten Dampf- und Schleppschiffahrtsverein, trotzdem blieb es im wesentlichen bei den alten Schleppmethoden. Der Transport der Lastkähne vollzog sich damals stromauf durch Menschen und Pferde, die von dem seitlichen Leinpfad aus die Fahrzeuge zogen. Für einen Lastkahn mit Pferdezug brauchte man von Weißenfels bis Nebra drei und von Nebra bis Artern zwei Tage. Die Eisenbahn war an der Unstrut überlegen und trug den Sieg davon.

Die Dampfkraft hatte vorerst auf Saale und Unstrut noch nicht dauerhaften Einzug gehalten. Die Kähne, von denen ein Großteil eine Tragfähigkeit von ca. 60 t hatten, wurden in der Bergfahrt durch Segeln und Treideln fortbewegt. Dementsprechend waren sie mit Masten und Segeleinrichtungen ausgerüstet. Das Treideln geschah auf der Saale vorerst ausschließlich durch Menschen, die "Bomätscher". Die Treidelwege waren für den Betrieb mit Pferden noch nicht eingerichtet. Ein Saalekahn wurde von etwa 20 Mann gezogen, die von der Saalemündung bis Halle bei günstigem Wetter ca. 5 Tage brauchten.

Mit der Entwicklung der Eisenbahn nahm der Saaleverkehr, analog dem der Unstrut, außerordentlich ab. Ein weiterer Grund hierfür lag im Rückgang der Hallischen Salzproduktion. Ein Großteil des Hallischen Salzes war bis dahin in und um Berlin abgesetzt worden.

Der sich inzwischen stark entwickelnden Salzproduktion in Staßfurt und Schönebeck kam der Vorteil der kleineren Entfernung und damit der niedrigeren Frachtraten zugute. Allein zwischen 1861 und 1862 ging die Salzverfrachtung von 212 auf 76 Ladungen zurück.

Trotz des Rückganges des Frachtaufkommens wurden in den Folgejahren umfangreiche Wasserbauarbeiten durchgeführt. Größere Regulierungsarbeiten erfolgten bei Lettin, Wettin und Alsleben, nach 1870 Durchstiche bei Wörmlitz und Lettin, weiterhin Buhnenbauten, Felssprengungen und Baggerungen. 1879 wurde der erste Dampfbagger angeschafft.

Ensprechend der Vertiefung des Flusses wuchs auch die Größe der Kähne erheblich. 1873 war an der Saale nur ein Kahn mit einer Tragfähigkeit von über 185 t beheimatet. Dagegen gab es 1878 schon Kähne in folgenden Größenordnungen:

| | |
|---|---|
| 10 - 50 t: | 11 Kähne |
| 50 - 100 t: | 36 Kähne |
| 100 - 150 t: | 93 Kähne |
| 150 - 200 t: | 48 Kähne |
| 200 - 250 t: | 2 Kähne |
| Insgesamt: | 190 Kähne |

Weiterhin verkehrten auf der Saale unregelmäßig noch kleine offene Kähne, die sogenannten Zillen, die hauptsächlich aus Böhmen kamen. Infolge besonders niedriger Frachtkosten stellten sie eine starke Konkurrenz für die eingesessenen Schiffer dar.

1873 bis 1876 entstand mit einem Kostenaufwand von 250.000 M die Schleuse Trotha neu. Im gleichen Zeitraum wurde die Schleuse Gimritz verbreitert, für 18.000 M.

Zwischen 1876 und 1879 legte man ferner für die Strecke Halle - Alsleben einen Leinpfad für die Zugtiere an. In der Unstrut baute man von 1837 bis 1865 insgesamt elf Durchstiche auf der Strecke Bretleben - Nebra und führte damit eine Verkürzung des Flusses um 3,2 km herbei. Diese dienten, wie auch der 1857-65 erbaute 19,4 Km lange Flutkanal von unterhalb Bretleben bis Memleben, mehr der besseren Hochwasserabführung und der Melioration landwirtschaftlicher Anliegerflächen als der Schiffahrt. Schließlich setzte 1882 eine dritte Regulierungsetappe des Flusses ein, welche bis zur Jahrhundertwende die Schiffbarkeit verbesserte, nämlich durch Felssprengungen in der Flußsohle bei Memleben, Tieferlegungen von Schleusendrempeln, Höherlegungen von Brücken, Baggerungen und profilgemäßer Ausbau von verwilderten Flußstrecken.

Diese ganzen Verbesserungen konnten aber letztendlich nicht den entscheidenden Einfluß auf die Belebung der Schiffahrt haben. Auf anderen deutschen Flüssen hatte die Dampfkraft längst Einzug gehalten, und der Saalebereich konnte an der technischen Entwicklung nicht mehr vorbeigehen.

Vor dem ersten Weltkrieg wies die 242 km lange Wasserstraße Unstrut-Saale folgenden Ausbauzustand auf:

| | |
|---|---|
| - normale Flußbreite, Unstrut | 26 m |
| Saale bis zur Weißen Elster | 45 - 60 m |
| von der Elster bis Böllberg | 65 m |
| von Böllberg bis Alsleben | 75 m |
| von Alsleben bis Calbe | 55 - 90 m |
| unterhalb von Calbe | 56 m |
| - Tiefen bei Mittelwasser, Unstrut mindestens | 1,70 m |
| Saale bis Halle | 1,50 m |
| Sophienhafen bis Trotha | 1,90 m |
| Trotha bis Mündung | 2,25 m |
| - Tiefen bei niedrigstem Wasser, Unstrut | 0,80 m |
| Saale bis Weiße Elster | 0,70 m |
| von da bis Mündung | 0,94 m |

Die niedrigsten Fahrwassertiefen lagen teilweise nicht im Fluß selbst, sondern in den Einfahrten zu den Schleusen, wie z. B. in Weißenfels-Beuditz. Das war Anlaß zum Bau von zweiten Unterhäuptern, auch Fangschleusen genannt, mit der tieferen Flußsohle angepaßten Drempellagen. Im Jahr 1912 bestanden solche in Freyburg, Trotha, Wettin, Rothenburg und Alsleben.

**Tabelle 2.2: Schleusen an Unstrut und Saale (Stand 1898)**

| Ort | Fertig-stellung | Nutzabmessungen Länge 1) m | Breite m | Gefälle bei MW 2) m |
|---|---|---|---|---|
| Artern | 1794 | 50,76 | 5,65 | 1,64 |
| Ritteburg | 1794 | 50,76 | 5,65 | 1,14 |
| Schönewerda | 1794 | 50,76 | 5,65 | 1,13 |
| Roßleben | 1794 | 50,76 | 5,65 | 1,22 |
| Wendelstein | 1794 | 50,76 | 5,65 | 1,12 |
| Nebra | 1794 | 50,53 | 5,65 | 0,79 |
| Grabenmühle | 1794 | 50,53 | 5,65 | 0,63 |
| Karsdorf | 1793 | 50,79 | 5,65 | 0,70 |
| Tröbsdorf | 1794 | 50,80 | 5,65 | 0,76 |
| Laucha | 1794 | 50,68 | 5,65 | 1,41 |
| Zeddenbach | 1794 | 50,53 | 5,65 | 1,22 |
| Freyburg | 1794 | 50,67 | 5,65 | 1,91 |
| Oeblitz/Goseck | 1794 | 50,36 | 5,65 | 1,50 |
| Beuditz | 1794 | 50,25 | 5,65 | 1,10 |
| Brückenmühle (Weißenfels) | 1794 | 50,60 | 5,65 | 1,20 |
| Herrenmühle | 1822 | 52,73 | 5,65 | 1,90 |
| Dürrenberg | 1822 | 52,73 | 5,65 | 1,50 |
| Merseburg | 1822 | 52,73 | 5,65 | 1,40 |
| Meuschau | 1822 | 52,73 | 5,65 | 2,00 |
| Planena | 1820 | 52,73 | 5,65 | 1,40 |
| Böllberg | 1820 | 52,73 | 5,65 | 1,10 |
| Halle | 1820 | 52,73 | 5,65 | 1,25 |
| Gimritz | 1696/1835 | 56,50 | 6,12 | 0,94 |
| Trotha | 1696/1876 | 56,50 | 6,12 | 1,65 |
| Wettin | 1696/1865 | 56,50 | 6,12 | 1,40 |
| Rothenburg | 1696/1883 | 56,50 | 6,28 | 1,73 |
| Alsleben | 1696/1857 | 56,50 | 5,94/6,48 | 1,62 |
| Bernburg 3) | 1696/1890 | 56,15 | 6,10 | 2,20 |
| Calbe | 1695/1891 | 56,00 | 6,00/6,50 | 2,30 |

Anmerkungen:

1) Im Zustand 1912 wird die Nutzlänge der Schleusen auf der Strecke Artern-Weißenfels durchweg geringer angegeben, zwischen 47,22 u. 49,23 m. Dsgl. von Gimritz abwärts mit 53,29 m im Minimum.

2) Bei Hochwasser gingen an den meisten Staustufen die Gefälle auf wenige Zentimeter zurück, um dagegen bei Niedrigwasser bis zu 0,5 m in der Unstrut bzw. 1,2 m in der Saale über die o. g. Werte größer zu werden.

3) Danach umgebaut auf 67,62 x 6,56 m (Zustand 1912)

# 3. Der Ausbau der Saale für die Großschiffahrt

Alle bisher beschriebenen Baumaßnahmen haben keine vollwertige Anbindung der Schiffahrt auf der Saale an die der Elbe gebracht. Vielmehr war noch zu Anfang des 20. Jahrhunderts eine Abstufung in der Größe der eingesetzten Regelschiffe in drei Teile festzustellen:
Oberhalb von Halle konnten auf Saale und Unstrut lediglich Fahrzeuge des Types Finowmaß (mit Tragfähigkeiten von 250 t) verkehren, von Halle bis zur Saalemündung Schiffe des Saalemaßes (450 t) und schließlich auf der Elbe bereits damals Maßkähne von 650 bis 1000 t Ladefähigkeit. Die Bestrebungen, mit den leistungsfähigen Frachtschiffen der Elbe auch auf die Saale zu gelangen, nahmen erst im Zusammenhang mit dem Bau des Mittellandkanals konkrete Formen an.

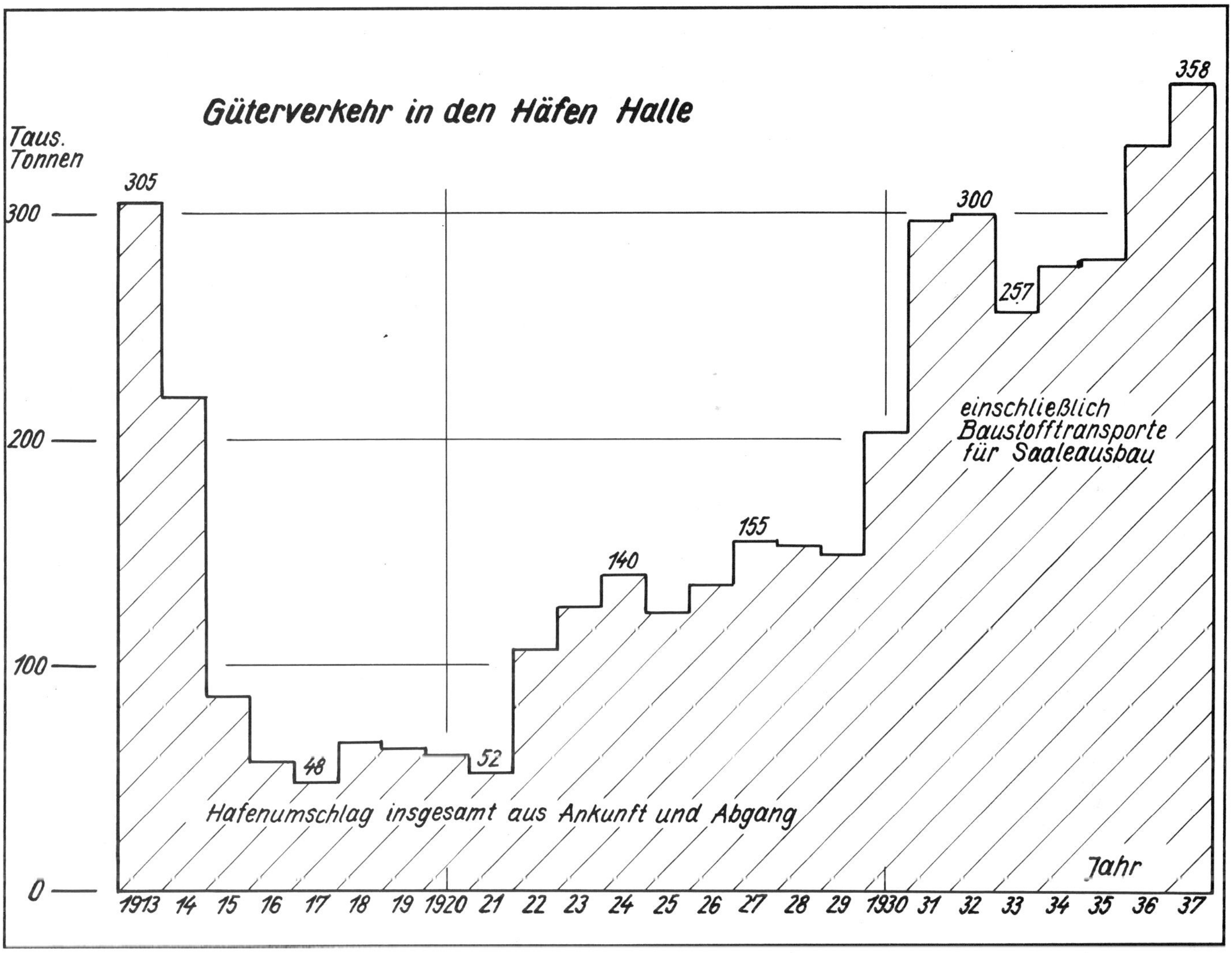


**Bild 3.1: Güterverkehr in den Häfen Halle** **Zeichnung: Faist**

## 3.1. Das Konzept des Mittellandkanals und seines Südflügels

Unter dem Begriff Mittellandkanal ist der durchgehende künstliche Schiffahrtsweg vom Rhein bis zur Elbe zu verstehen. Während in Preußen die norddeutschen Stromgebiete Elbe, Oder, Weichsel, Pregel und Memel bis zum Ende des 18. Jahrhunderts nach und nach durch Kanäle miteinander verbunden wurden, fehlte eine analoge Verbindung von der Elbe westwärts zu Weser, Ems und Rhein. Das wirtschaftliche Verlangen nach einer Kanalverbindung zwischen dem rheinisch-westfälischen Industriegebiet, allen voran der Steinkohlebergbau im Ruhrgebiet, und Berlin entsprach der Erkenntnis, Massengüter billiger per Schiff als auf dem Eisenbahnweg zu befördern. Feste Formen nahm der Plan einer Kanalwasserstraße vom Rhein bis zur Elbe erstmals im Jahr 1856 an, damals allerdings dem Stand der Technik entsprechend für das Bemessungsschiff von 350 t Tragfähigkeit.
Die Geschichte des Mittellandkanals ist eng verknüpft mit der Entwicklung der Industrie im Preußenstaat, der sich seit 1815 bis in das Rheinland erstreckte, und der Ausbildung der Monopole im 1871 gegründeten Deutschen Reich. In schier endlosen parlamentarischen Kämpfen stritten Befürworter und Gegner des Kanals um lokale und parteispezifische Interessen, um die technische Durchführbarkeit, um die Bewilligung von Geldmitteln, um Frachtvergleiche zur Eisenbahn und selbst um Nichtigkeiten. Doch der kühne wie auch vorausschauende Plan von Ingenieuren und Wirtschaftsexperten setzte sich durch.
1899 wurde der Dortmund-Ems-Kanal in Betrieb genommen, der Rhein-Herne-Kanal als Fortsetzung des ersteren westwärts bis zum Rheinhafen Duisburg-Ruhrort im Sommer 1914. Das erste Teilstück des eigentlichen Mittellandkanals vom Abzweig aus dem Dortmund-Ems-Kanal (bei Bevergern/Bergeshövede) bis zur Weser in Minden folgte im Februar 1915 und die Fortführung bis Hannover im Herbst 1916. Von der stürmischen Entwicklung der Schiffbautechnik gewissermaßen überrollt, mußten die zunächst für das 600-t-Schiff errichteten Kanalabschnitt auf das mittlerweile typische Fahr-

zeug von 1000 t erweitert werden. Die Vollendung des Mittellandkanals bis zur Elbe verzögerte sich dann, einerseits infolge der Auswirkungen des 1. Weltkrieges und andererseits wegen der Uneinigkeit über die weitere Linienführung. Aus den drei folgenden Trassenvorschlägen entstand die hier näher zu behandelnde Beziehung zur Saale.

Die sogenannte Nordlinie, enthalten in den Regierungslagen von 1899 bzw. 1901, wurde von Hannover in östlicher Richtung über Oebisfelde und im Tal der Ohre, die Elbe bei Glindenberg überschreitend, bis zum Elbe-Havel-Kanal bei Hohenwarthe gewählt. Dagegen bog die Südlinie lt. Entwurf von 1866 bzw. erneut 1912 von Hannover nach Südosten ab und schwenkte bei Braunschweig südlich in die Täler von Oker und Bode ab. Diese Linie überschritt mit einer Wasserspiegelkote von +79 m NN die niedrige Wasserscheide zwischen Weser und Elbe im Tal des Großen Grabens (westlich von Oschersleben), um dann mittels vier Schleusen am Südrand von Magdeburg das 36 m tiefere Niveau der Elbe zu erreichen. Mit diesem Plan ging der Gedanke eines Zweigkanals nach Staßfurt mit der Verlängerungsmöglichkeit zur Saale im Raum Bernburg einher. Für diese Südlinie traten insbesondere die Länder Anhalt, Sachsen, Thüringen und die Messestadt Leipzig ein.

Nach einem Vergleich aller betroffenen Länder im November 1920 einigte man sich auf eine Mittellinie, die von Oebisfelde bis zur Elbe nahezu identisch mit der einstigen Nordlinie ist. Damit trug man der kürzeren Kanalverbindung von West nach Ost Rechnung und brauchte die Elbe nicht, wie bei der Südlinie, auf 26 km Länge zu benutzen. Statt dessen sollte der Strom nördlich von Magdeburg mit einer 900 m langen Kanalbrücke überquert werden. Auch die um 14 m niedrigere Höhenlage der Scheitelstrecke des Kanals bildete einen Entscheidungsgrund gegen die Süd- und für die Mittellinie.

Der Grundgedanke aus der Südlinie, das Industriegebiet um Halle/Leipzig sowie die Salz- und Kalilagerstätten bei Staßfurt/Bernburg an den Mittellandkanal anzuschließen, wurde nicht aufgegeben, sondern variiert. Ein neuer Entwurf sah nunmehr die Kanalisierung der Saale von ihrer Mündung aufwärts bis Kreypau (südlich von Merseburg) für das 1000-t-Schiff vor. Ein erster Anschlußkanal von Kreypau ostwärts nach Leipzig sollte inbegriffen sein, ein zweiter von Bernburg nach Staßfurt-Leopoldshall folgen. Die zeitweilig bei Niedrigwasser unzureichenden Fahrwassertiefen auf der 43 km langen Elbestrecke von Saalhorn (Saalemündung) bis ausgangs Magdeburg (Abzweig der Kanalverbindung über das Schiffshebewerk Rothensee zum Mittellandkanal) wollte man mit Hilfe einer "verschärften Regulierung" des Flußbettes vergrößern: durch den Bau von weiteren Buhnen und Uferbefestigungen zur Verringerung der Strombreite, durch die Errichtung von zwei großen Talsperren im Saaleoberlauf für die Anreicherung niedriger Wasserführungen. Außerdem wurden in Magdeburg ein Stauwehr in der Elbe und eine Doppelschleuse geplant, um die örtlich schwierigen und seichten Fahrwasserverhältnisse über zwei Stromschnellen im dortigen Stadtgebiet zu beseitigen.

Inzwischen waren per Gesetz vom 29.7.1921 die meisten der bis dahin den Ländern gehörenden Wasserwege an die Reichswasserstraßenverwaltung übergegangen. Auch im gleichen Jahr einigte man sich über die Verteilung der Baukosten auf die einzelnen Länder zu einem Drittel und den deutschen Staat auf zwei Drittel. Schließlich legte der Staatsvertrag vom 24.6.1926 die Einzelheiten für den Weiterbau des Mittellandkanals und den anschließenden Bau des Südflügels fest. Als "Südflügel" bezeichnet man die Gesamtheit der verkehrswasserbaulichen Objekte an Saale, Elster-Saale-Kanal und im Elbeabschnitt südlich des Mittellandkanals bis stromauf zur Saalemündung.

Mit der Einweihung des Schiffshebewerkes Magdeburg-Rothensee am 30.10.1938 wurde der Mittellandkanal in Betrieb genommen, auf insgesamt rund 470 km von Duisburg-Ruhrort am Rhein bis zur Elbe. Zum gleichen Zeitpunkt liefen die Bauten am Südflügel auf Hochtouren, nicht zuletzt als Folge des sog. Arbeitsbeschaffungsprogrammes für die Millionen von Erwerbslosen Ende der zwanziger Jahre. Auf die damalige Basis der Reichsmark gerechnet, beliefen sich die Ausgaben für den Mittellandkanal und seine Zweigkanäle auf 1166 Mio RM. Hinzu kam die Summe von 160 Mio RM für den Südflügel, auf dessen einzelne Bauwerke nachfolgend näher eingegangen wird.

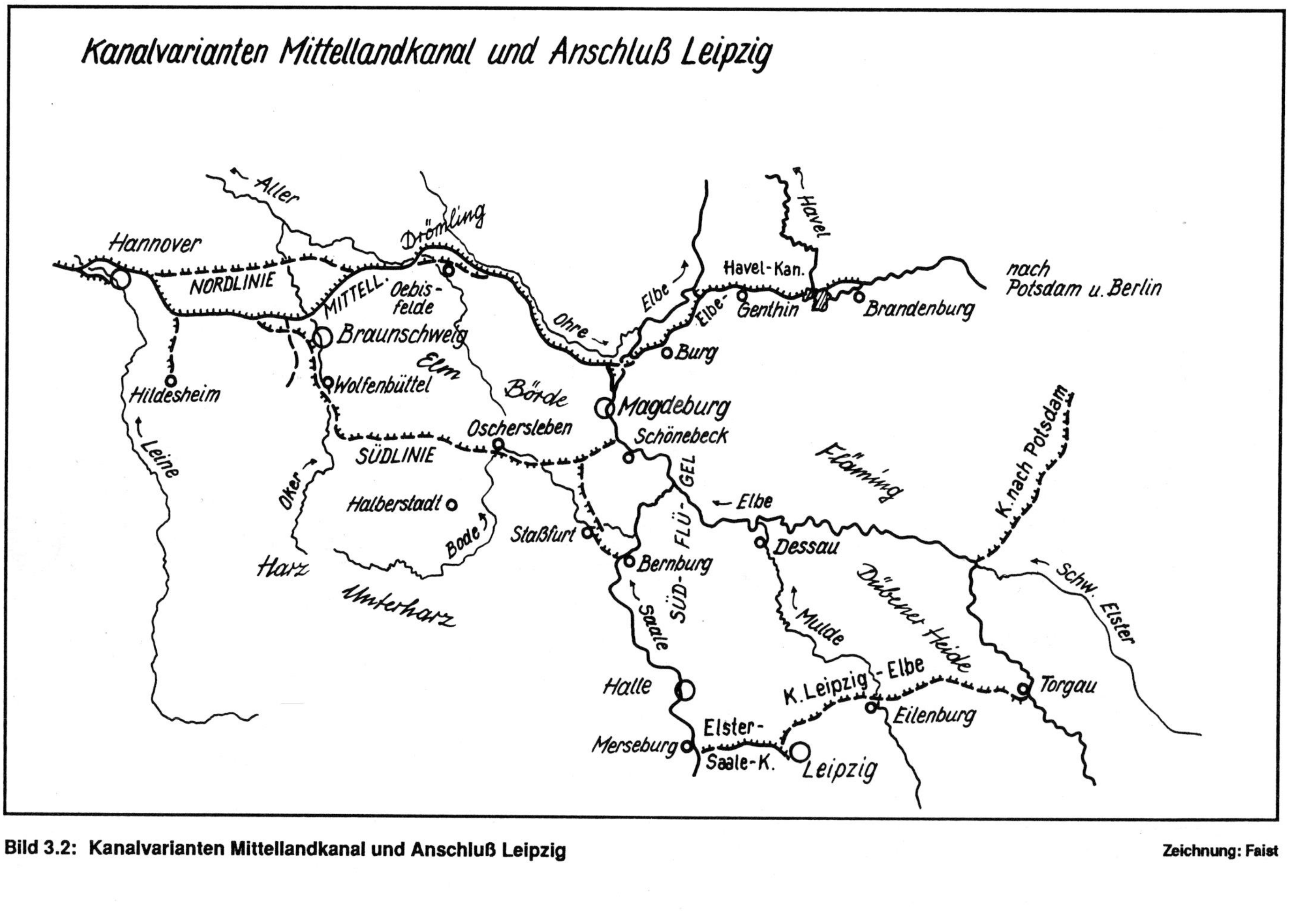


Bild 3.2: Kanalvarianten Mittellandkanal und Anschluß Leipzig — Zeichnung: Faist

## 3.2. Leipzigs Bestrebungen um den Anschluß an das Wasserstraßennetz

Die Handelsstadt Leipzig verdankte ihren Aufschwung zu einem großen Teil der durch sie hindurchführenden "Hohen Straße", einem leistungsfähigen Verkehrsweg des Mittelalters zwischen Frankfurt/Main, Erfurt, Strehla und der Lausitz in West-Ost-Richtung. Einen kräftigen Anstoß zum Überflügeln anderer Städte gab die vom Kaiser Maximilian 1497 erteilte Erlaubnis, jährlich drei Messen abhalten zu dürfen, und das 1507 verliehene Stapelrecht für einen Umkreis von 15 Meilen. Zwei Jahrhunderte später blickten die Leipziger besorgt auf das aufblühende Berlin, das im Ergebnis der preußischen Wasserstraßenpolitik einen großen Teil des Verkehrs nun auf sich zog. Im Zuge dieses Wettbewerbers stand Leipzig vor der Frage, ob die Stadt überhaupt einen Anschluß an die Binnenschiffahrt brauche oder nicht.
Ausgangs des 17. Jahrhunderts hatten die sächsischen Kurfürsten Johann Georg III. und Johann Georg IV. Pläne im Auge, von wasserbauerfahrenen Holländern Kanäle von Leipzig aus zu errichten. Persönliche Interessen, Ängste und Intrigen entschieden gegen diese Kanäle in westlicher Richtung zur Saale und ostwärts zur Elbe. Auch die vom Kurfürsten Friedrich August III. beabsichtigte Schiffbarmachung von Unstrut, Saale und Luppe (mit Weiterführung über Eilenburg nach Torgau) kam nicht zur Ausführung. Unter Friedrich IV. zu Sachsen wurde nur die bereits beschriebene Schiffbarmachung der Unstrut und Saale zwischen Artern und Merseburg ab 1791 in Angriff genommen. Jedoch die ebenfalls im Vorschlag des Ministeriums vom 29.6.1789 enthaltene *"Schiffbarmachung der Parthe von Leipzig nach Osten bis dahin, wo ein neuer, bis an die Mulde zu führender Canal beginnen kann, die Ausführung dieses Canals selbst und die Anlegung eines weiteren Canals von der Mulde bei Wurzen bis zur Elbe"* sowie die Herrichtung der Luppe bis Leipzig mit Anschluß an den weiteren Kanal unterblieben wiederum.
Erst Ende der fünfziger Jahre des 19. Jahrhunderts machte sich der Leipziger Dr. Karl Heine um einen Kanalanschluß verdient, auch im Zusammenhang mit seiner Einflußnahme um die Entwicklung der westlichen Stadtteile. Unter seinem Privatunternehmen, später von der Westend-Gesellschaft fortgeführt, entstand ab 1860 ein 2,5 km langer Kanal. Zunächst standen kommerzielle Interessen im Vordergrund, als auf dem kurzen Kanal und der anschließenden Elsterstrecke tatsächlich Frachtkähne mit 200 t Ladung eingesetzt wurden: Baustoffe sowie Auffüllmassen zur Aufhöhung von Industriegelände wurden hier längere Zeit transportiert. Aber weiterhin stand der Gedanke fest, diesen Kanal eines Tages bis zur Saale zu verlängern. Uneinigkeit zwischen der sächsischen Regierung und der Stadt Leipzig sowie deren Handelskammer ließen die Weiterführung des Kanals scheitern.
Ein *"sachverständiges Gutachten über den geeigneten Weg, einen Schiffahrtsverkehr für Leipzig zu ermöglichen"* führte 1871 zu drei Vorschlägen: dem Kanal Leipzig-Kreypau (Elster-Saale) mit 21,2 km Länge, dem weiteren Kanal zur Saale bei Beesen mit 30,0 km und einem Kanal zur Elbe bei Dessau-Wallwitzhafen mit 63,3 km. Die Kostenveranschlagung sprach für den ersten Vorschlag. Wegen der ungünstigen Lage der zweiten Variante im Überschwemmungstal der Elster wurde sie fortan ganz fallen gelassen, die dritte Variante dagegen noch abgewandelt. Hiernach sollte die Wasserstraße ab Leipzig in der Weißen Elster selbst bis 8 km vor deren Mündung geführt, Halle mit einem Stichkanal angeschlossen, und dann als Kanal über Köthen nach Aken zur Elbe geführt werden.
Auf Anregung des Rittergutsbesitzers Gontard aus Mockau kam dann in den 80er Jahren des vorigen Jahrhunderts wieder die Kanalverbindung vom Nordosten Leipzigs nach Torgau ins Gespräch. Leipzigs Oberbürgermeister Dr. Georgi beauftragte nach diesem Vorschlag die bekannte Ingenieurfirma Havestadt und Contag (Berlin) 1892 zu einem technischen sowie wirtschaftlichen Projekt. Die Firma kam zu dem interessanten Ergebnis: *"Der Stadt Leipzig nach zwei Richtungen hin leistungsfähige Wasserverbindungen zu schaffen, nach dem Saale-Gebiet, nach der unteren und oberen Elbe den Wasserweg zu öffnen, nicht nur einen Stichkanal nach Leipzig zu führen, sondern eine neue, durchgehende Wasserstraße zu schaffen, wie sie durch eine Vereinigung der beiden erwähnten Kanalprojekte von Torgau über*

**Bild 3.3: Hafen Leipzig, 1967** **Foto: Faist**

**Bild 3.4: Fertiger Kanalabschnitt an der Peripherie von Leipzig** Foto: Faist

*Leipzig nach Halle sich ergeben würde, das scheint uns das Erstrebenswerteste zu sein".* Die Gesamtlänge des Kanals projektierte man zu 80 km, wovon auf den Abschnitt Torgau-Eilenburg-Leipzig 55 km entfielen.
Havestadt und Contag erhielten 1899 nochmals vom Rat der Stadt Leipzig den Auftrag, Planungen für einen innerhalb der sächsischen Grenzen verlaufenden Kanal über Wurzen und Oschatz nach Riesa anzustellen. Für diesen 69 km langen Kanal ergab sich indessen mit 38 Mio M eine um fast 10 Mio M höhere Kostensumme.
Auf Initiative des Eilenburger Bürgermeisters Dr. Belian erfolgte im Dezember 1912 die Gründung des Kanalvereins Berlin-Leipzig. Bis Mitte der 30er Jahre setzte sich der als Sachbearbeiter der Landesplanung bekanntgewordene Leipziger Dr.-Ing. Mackowsky engagiert für dieses Kanalprojekt ein, wofür 1913 ein Entwurf ausgearbeitet wurde. Die gesamte Wasserstraße gliederte sich hiernach in vier Teile: den Kanal von den Leipziger Parthewiesen zur Mulde (20,5 km mit einer Schachtschleuse von 11 m Gefälle), die kanalisierte Mulde durch Eilenburg (5,8 km), den anschließenden Kanal bis zum Hafen Torgau (27,4 km mit drei Schleusen) und weiter elbeabwärts den Kanal von der Ortschaft Elster über Jüterbog nach Potsdam/Havel (79,8 km mit 7 Schleusen). Ein Jahr später hatte sich der Rat der Stadt Leipzig bereits für den Elster-Saale-Kanal entschieden, jedoch bei der Aufstellung des Stadterweiterungsplanes auch die Kanallinie nach Torgau für zweckmäßig erachtet. Der Kanalverein wurde ersucht, ein Ergänzungsprojekt aufstellen zu lassen, um die beiden Trassen miteinander zu verbinden. In der Trassenführung und Querschnittsbemessung vom ursprünglich 600 t-Schiff (65 m Länge, 8 m Breite, 1,75 m Tiefgang) auf das 1000 t-Schiff umprojektiert, sah die jetzt 61 km betragende Kanalstrecke bis Torgau folgende Bauwerke vor: 1 Hebewerk, 6 Schleusen, 5 Kanalbrücken, 7 Eisenbahnbrücken, 28 Straßenbrücken und 11 Düker. Die verkehrswirtschaftlichen Untersuchungen sprachen für einen gesamten Güterverkehr von 2,2 Mio t im Jahr, wovon 840 Tausend t als Empfang und 390 Tausend t als Versand in Leipzig errechnet wurden.
Die bis hierher ohne Ergebnis verlaufene Kanalgeschichte, beeinflußt auch von unternehmerischen und bodenspekulativen Bestrebungen, erhielt im Zuge des Mittellandkanal-Südflügels eine aktive Wende. Von 1920 bis 1924 sowie von 1927 bis 1933 erstellten die Kanalbauämter in Leipzig bzw. Halle die ausführungsreifen Projekte. Zwischen Juli 1933 und dem Jahr 1943 wurde der Elster-Saale-Kanal (auch Leipziger Kanal genannt) gebaut, jedoch nicht fertiggestellt. Die Linienführung darf noch heute als gelungen angesehen werden: Nach einer nur 1,5 km langen unteren Haltung (mit der Saale bei Kreypau verbunden) erfolgt der Aufstieg zur 16,9 km langen oberen Kanalhaltung. In der 0,6 km messenden Aufstiegstreppe waren zwei Schachtschleusen von je 85 x 12 m Nutzabmessungen und je 11 m Gefälle geplant. Am Ende des Kanals erstellte die Stadt Leipzig auf eigene Kosten ein Hafenbecken von 1000 x 90 m Fläche, dem ein weiteres Becken später folgen sollte. Eine Umschlagsleistung von anfangs 800 Tausend t und später 1387 Tausend t war für den Hafen Leipzig-Lindenau geplant.
Nach dem Ende des 2. Weltkrieges wandte sich das Dezernat Bau- und Verkehrswesen der Stadt Leipzig mit seiner Denkschrift vom 9.8.1948 an die Deutsche Wirtschaftskommission und beantragte die Fertigstellung des Kanals. Der Sächsische Landtag hatte bereits 1947 die Vollendung der Wasserstraße unterstützt, ihm folgte wenige Monate danach der Landtag von Sachsen-Anhalt nach vorangegangenen Entschließungen der Hallischen Stadtverordnetenversammlung. Das Resümee dieser Denkschrift kam zu den Feststellungen, daß nur 6 km Leipzig vom Meer trennen und der Kanal wertmäßig zu 72 % fertig sei und forderte, den Kanalanschluß wenigstens für das 200 t-Schiff der angrenzenden Saalestrecke bis Halle zu beenden.
Die Wasserstraßeninspektion Magdeburg nahm dann 1967 eine Bestands-aufnahme der Wasserstraße Saale plus Anschluß Leipzig vor. Nach dem damaligen Preisniveau wären noch 179 Mio M für die planmäßige Fertigstellung aufzuwenden gewesen, das entspricht 30 % des Anlagevermögens der gebauten Objekte. Schließlich erarbeiteten die Organe der Bezirke Halle und Leipzig in Zusammenwirken mit dem Bereich Binnenschiffahrt und Wasserstraßen des Verkehrsministeriums in den Jahren 1981/82 Vorlagen an den DDR-Ministerrat zur stärkeren Nutzung der Saale für den Wassertransport, unter Anbindung der Industriekomplexe im Dreieck Halle-Merseburg-Leipzig. Die Entscheidung: unökonomisch, nicht vollenden! Freigehalten wird allerdings die Trasse des Wasserweges von der Elbe bis nach Leipzig.

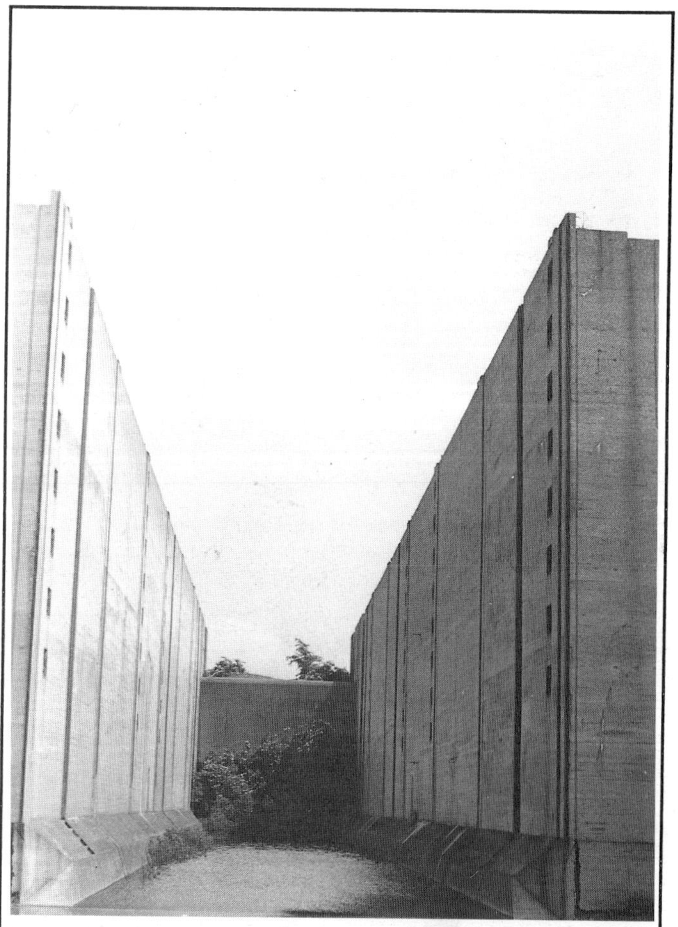

**Bild 3.5: Schleusentreppe Wüsteneutzsch mit unvollendeter Oberkammer, 1967** Foto: Faist

## 3.3. Die wasserbaulichen Objekte der neuen Wasserstraße

Ab 1926/27 erstellten die Kanalbauämter Merseburg, Halle und Bernburg im Auftrag der Elbstrombauverwaltung Magdeburg ganze Bände von Ausführungsprojekten. Dabei galt es, bei der Umkanalisierung der Saale mit dem erstrebenswerten Beibehalten der bisherigen festen Wehre folgende Richtlinien einzuhalten:

a) Das Regelschiff wurde in den Abmessungen von 80 m Länge, 9,2 m Breite und 2,00 m Tiefgang mit einer Ladefähigkeit von 1000 t festgelegt. Aber auch den bis 11 m breiten Elbeschiffen wollte man den Saaleverkehr nicht untersagen.
b) Dem Tiefenausbau legte man den sog. "Niedrigsten Ausbauwasserstand" (NAW) zugrunde. Dieser entspricht im Längsschnitt der außergewöhnlich niedrigen Wasserführung des Flusses von 15 $m^3$/s am Abzweig des Leipziger Kanals, unterhalb des Zuflusses der Elster 21 $m^3$/s und ab der Bodemündung 25 $m^3$/s.
c) Als Regelquerschnitt für die Saale galt ein Trapezprofil mit mindestens 30 m Sohlenbreite, 2,25 m Wassertiefe unter dem NAW und beiderseitige Uferböschungen mit 1:3 Neigung. Dabei war vorgesehen, die Ufer bis zum sog. höchsten schiffbaren Wasserstand (bei 300 bis 350 $m^3$/s) mit Steinandeckungen zu schützen.
d) Die Regelquerschnitte der Schleusen- und Umgehungskanäle entstanden in Anlehnung an den Mittellandkanal muldenförmig mit 16 m Sohlbreite, mindestens 36 m Wasserspiegelbreite und 3,50 m mittiger Tiefe.
e) In der Linienführung war ein kleinster Krümmungsradius von 500 m bestimmend, der ein zügiges Fahren der Schleppzüge und sicheres Begegnen der Fahrzeuge ermöglichen sollte.
f) Die eigenwillige Grundrißform der Saaleschleusen mit 105 m Nutzlänge, 20 m Kammerbreite und 12 m Torweite war ein Zugeständnis an örtlich beengte Platzverhältnisse. Sie sah das gleichzeitige Durchschleusen von einem 80 m Kahn plus dem 35 m-Schlepper vor.
Selbstverständlich achteten die Projektanten seinerzeit auch unter den Brücken auf weitere Pfeilerabstände und höhere Durchfahrtshöhen. Die Rücksicht auf viele örtliche Besonderheiten führte dazu, mit den zwei Umgehungskanälen in Halle und Merse-burg Verbesserungen sowohl für die Schifffahrt als auch für die Hochwasser-abführung anzustreben. Beide Umge-hungstrassen mit 4,7 km bzw. 3,9 km Länge hatten zum Ziel, mit jeweils nur einer Schleuse die alten Schleusen Gimritz, Halle-Stadt und Böllberg bzw. Meuschau und Rischmühle auf gestrecktem Weg zu umfahren.
Um allen Forderungen der Schiffahrt und von Anliegern gerecht zu werden, sahen die damaligen Ausbaupläne die Errichtung von 10 Schleusen einschließlich ihrer oberen und unteren Vorhäfen, 15 Brücken und 4 Wehren vor. Darüber hinaus galt es, 3 Brücken und 2 Wehre umzubauen sowie vielerorts Uferverlegungen vorzunehmen. Allein die Ausführung von 23 Flußdurchstichen, 5 längeren Schleusenkanälen sowie die 2 erwähnten Umgehungskanäle erforderten projektgemäß den größten Teil der Erdbewegungen im Gesamtumfang von über 11 Mio $m^3$.
Mit der projektierten Linienführung im Schiffahrtsweg von Kreypau bis zur Saalemündung verkürzte sich die alte Wasserstraßenlänge um 27 km auf 105 km. Interessant ist, daß die ursprünglichen Projektunterlagen von Trotha aufwärts Varianten zwischen drei und fünf Schleusen aufwiesen sowie zwischen Trotha und Saalhorn auch eine neue Staustufe in Nienburg vorgesehen war. Zugunsten einer Stauerhöhung in Calbe ließ man diese Stufe dann fallen, mußte dabei allerdings bei der bereits im Bau befindlichen Schleuse Bernburg eine Höhenveränderung des Unterdrempels vornehmen.
Der Elster-Saale-Kanal lehnte sich im Projekt den Prämissen der Saale an. Seine Wasserspiegelbreite war mit 34 bis 38 m und die Wassertiefe in der Mitte mit 3,5 (Einschnitt) bzw. 4,0 m (Auftrag) definiert worden. Der zweischiffig, d. h. mit Begegnungen befahrbare Kanal benutzt den hohen südlichen Talrand der Weißen Elster, überschreitet bei Günthersdorf und Dölzig drei Seitentäler mit Dämmen. Deren größter hat eine Höhe von 14 m und das Kanalprofil mußte dort, wo der Wasserspiegel höher als das Gelände bzw. das Grundwasser liegt, mit einer 40-60 cm starken Tonschale gedichtet werden. Abweichend von der Saale erhielten die beiden Schleusen bei Wüsteneutzsch die Projektmaße von 85 mal 12 m. Alle Schleusen an Saale und Leipziger Kanal waren in ihrer Betriebstechnik dafür ausgelegt, mindestens 4 Mio t Schiffsverkehr im Jahr zu bewältigen.
Im Sommer 1932 begannen die Bauarbeiten. Die Inbetriebnahme der neuen Wasserstraße bis Leipzig war für 1942 vorgesehen. In chronologischer Reihenfolge wurden folgende Objekte fertiggestellt:

1933 unterer Saaledurchstich Alsleben mit 0,5 km Länge
(Landzunge 0,3 km)
Saaledurchstich oberhalb Gröna mit 1,4 km Länge und
Laufverkürzung 0,8 km
Durchstich Latdorf (sog. Kalkrutsch) mit 0,8 km Länge

1934 Saaledurchstich Rumpin mit 1,1 km Länge und
Laufverkürzung 0,3 km
Doppeldurchstich Gnölbzig/Trebnitz mit 2,2 km Länge und
Verkürzung 0,6 km
oberer Durchstich Alsleben, mit unterem 1,2 km Länge und
Verkürzung 1,2 km
neue Straßenbrücke Bernburg (Marktbrücke), übergeben
am 31.12.1934

1935 Saaledurchstich Kreypau mit 0,8 km Länge und
Laufverkürzung 0,4 km
Doppeldurchstich Friedeburg mit 1,2 km Länge und
Laufverkürzung 0,7 km
Durchstich Saalhorn (vor Mündung in Elbe) mit 1,5 km Länge
und Verkürzung 0,9 km, frei für die Schiffahrt ab 11.9.1935
zwei Straßentunnel im Dölziger Damm des Leipziger Kanals
erstes Baulos von 3 km Länge im Leipziger Kanal
einschließlich drei Brücken

1936 Saaledurchstich Aderstedt mit 2,0 km Länge und
Laufverkürzung 1,2 km
Trockenbaggerung des Umgehungskanals Merseburg auf
3,5 km Länge
Verlegung der Kleinen Saale unterhalb des Kraftwerkes Wettin
Entlastungsüberlauf des Elster-Saale-Kanals zum
Zschampert-Bach

1937 Beide Sperrtore im Elster-Saale-Kanal
Beseitigung der Felsrutschungen in den Schleusenkanal
Rothenburg

**Bild 3.6: Arbeitsgemeinschaft Saaledurchstich** Foto: Beyer

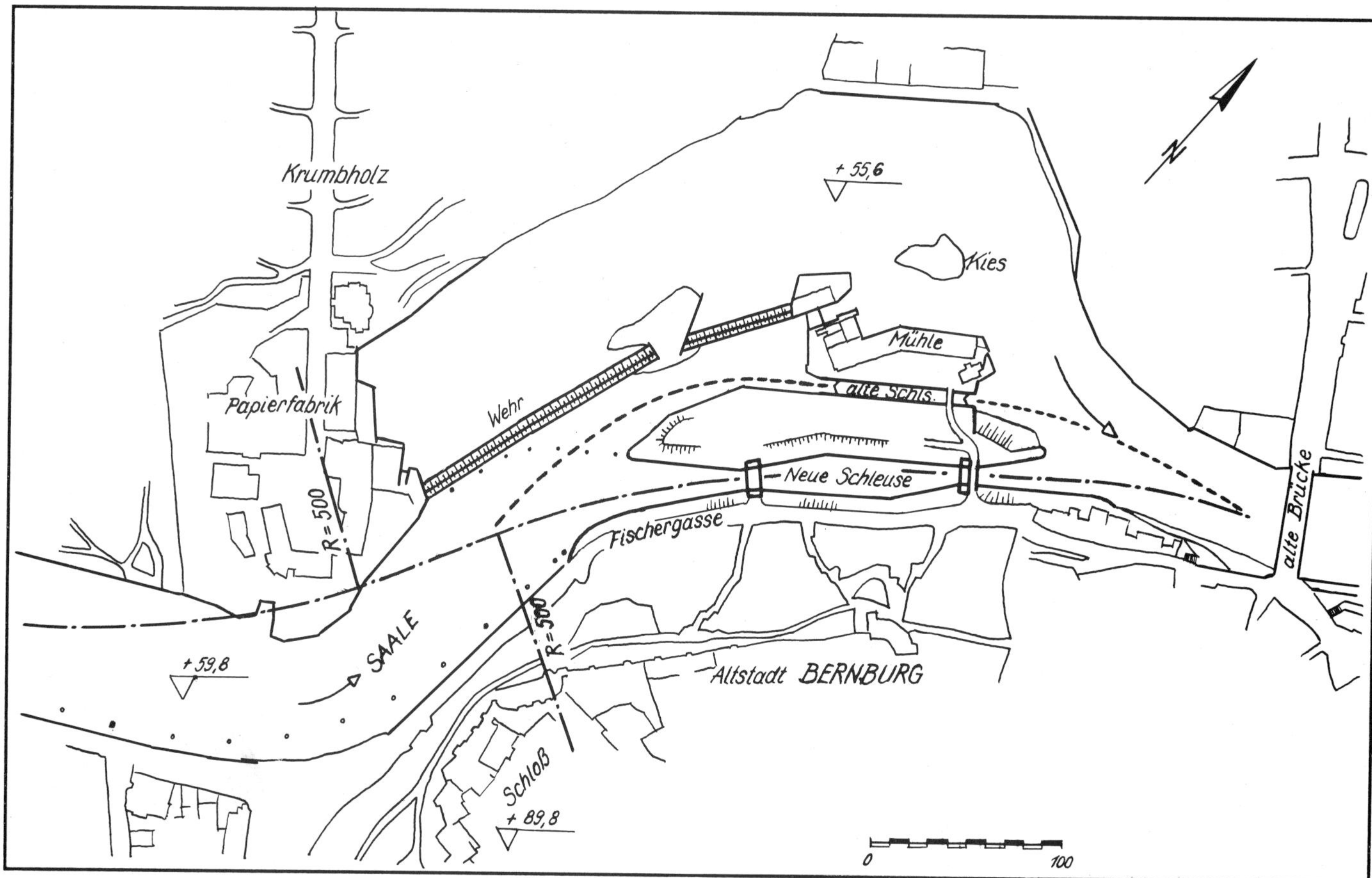


**Bild 3.7: Lageplan Schleusen Bernburg**

Zeichnung: Faist

1938 Schleuse Bernburg, Inbetriebnahme am 8.9.1938
Schleuse Rothenburg, endgültig in Betrieb 1940 (Bergrutsch)
Saaledurchstich Brucke mit 0,5 km Länge und Laufverkürzung 0,1 km
Doppeldurchstich Trebitz mit 2,2 km Länge und Laufverkürzung 0,2 km

1939 Schleuse Alsleben, Inbetriebnahme am 18.12.1939
Saaledurchstich Meuschau mit 1,1 km Länge und Laufverkürzung 0,2 km
Saaledurchstich Schkopau mit 1,0 km Länge und Laufverkürzung 0,4 km
Saaledurchstich Mücheln mit 0,7 km Länge und Laufverkürzung 0,5 km
restliche Beseitigung von 1 Mio m³ Rutschmassen im Oberkanal Rothenburg

1940 Durchstich Tippelskirchen (Calbe) mit 1,4 km Länge und Laufverkürzung 1,0 km
neue Reichsbahn- und Straßenbrücken Schkopau

1941 Schleuse Calbe, Inbetriebnahme am 15.6.1941
Ostkai des Leipziger Hafens mit 1 km Länge und 3 Silos
Wehr Calbe (beweglicher Dachwehr) betriebsbereit

1942/43 Einstellung der Baumaßnahmen.

Der Gesamtumfang bewegter bzw. eingebauter Massen in diesem Zeitraum ist wie folgt abgerechnet worden:
14,6 Mio m³ Erdaushub, 216,3 Tausend m³ Steinbefestigung, 137,8 Tausend m³ Beton und 5.900 t Stahl.
Zwischen 1933 und 1945 sind insgesamt 18 Flußdurchstiche und 6 weitere Bogenabschneidungen über die Schleusenanordnung hergestellt worden. Mit ihrer Gesamtlänge, in der Flußachse gemessen, von 20,6 + 9,0 = 29,6 km haben sie zu einer Verkürzung des Saaleflusses von 12,3 km und der Wasserstraße von sogar 15,6 km geführt.
Als größter Umschlagplatz an der neuen Wasserstraße war der Hafen Halle-Trotha bereits 1931 in Betrieb genommen worden, verwaltet von der Mitteldeutschen Hafen-AG. Das 700 m lange Hafenbecken bildete die zweite Etappe des Hafenbaus, nachdem zwischen 1924 und 1929 das rechte Saaleufer mit einer 600 m langen Spundwand ausgebaut worden war. Diesen Kai mit seinen Umschlagseinrichtungen und Lagergebäuden bewirtschaftete die Schlesische Dampfer Co.-Berliner Lloyd AG. Der damals 99,6 km oberhalb der Saalemündung gelegene Trothaer Hafen löste im Umschlag gar bald den 5 km weiter flußauf befindlichen Sophienhafen ab, welcher am dortigen 1895 eröffneten Becken auf insgesamt 600 m Kailänge bis zu 9 Krane und auch schon einen Bahnanschluß aufwies.
In den letzten Jahren des 2. Weltkrieges erlahmte die Bautätigkeit am Südflügel mehr und mehr. Eine Reihe von um- bzw. neugebauten Brücken über die Wasserstraße wurde bombardiert oder sinnlos gesprengt. Mit dem Einstellen der Bauarbeiten vor Kriegsende blieben die Schleusen in Merseburg und Wüsteneutzsch unvollendet, diejenigen in Planena, Halle (Umgehungskanal), Halle-Trotha wurden nicht in Bau genommen. Im windungsreichen Unterlauf unterblieb die Errichtung der kompletten Staustufe Klein-Rosenburg und das Baggern von fünf Durchstichen.
Ein Zusammenhang besteht zwischen den Baumaßnahmen am Südflügel und der Errichtung des Talsperrenkomplexes am Oberlauf der Saale.
Für die Anreicherung des Elbabflusses, den Hochwasserschutz und die Elektroenergieerzeugung wurden hier vier Talsperren konzipiert. Mit Zuschußwassermengen aus diesen Vorratsspeichern bis zu 60 m³/s sollte die Fahrwassertiefe beim niedrigsten Elbewasserstand von 1,25 m auf 1,70 m zwischen Saalemündung und Niegripp erhöht werden. Dafür erhielten die beiden Großspeicher Bleiloch und Hohenwarte Nutzinhalte von 180 + 166 = 346 Mio m³ und das restliche Volumen von 51 Mio m³ diente zum Auffangen von Hochwässern sowie als eiserner Bestand für das Druckgefälle zu den Kraftwerken.
Die Aktiengesellschaft "Obere Saale" verwirklichte von 1926 bis 1932 den Plan der Bleilochtalsperre und von 1936 bis 1942 den der Hohenwartetalsperre. Unterhalb der 65 m bzw. 75 m hohen Staumauern wurden die kleineren Ausgleichsbecken Burgkhammer mit 5,6 bzw. Eichicht mit 5,2 Mio m³ Inhalt zwischen 1930 und 1945 errichtet.

**Bild 3.8: Erste Rammarbeiten im Unterwasser der neuen Schleuse Bernburg, 27.9.1935** Foto: Archiv WSAA

**Bild 3.9: Einbau des Obertores und Portales in Bernburg, 26.3.1938** Foto: Archiv WSAA

**Bild 3.10: Erster Schleppzug in der neuen Schleuse Bernburg am 12.8.1938; im Vordergrund SAALECK nach Umbau zum Motorschlepper**

Foto: Archiv WSAA

**Bild 3.11: Blick auf die gesamte neue Schleuse in Bernburg, 7.1939**

Foto: Slg. Faist

**Bild 3.12: Saalewehr, Einfahrt zur alten und neuen Schleuse Bernburg, Sommer 1938** Foto: Slg. Faist

**Bild 3.13: Öffnen des Durchstiches Saalhorn am oberen Ende, 31.8.1935** Foto: Slg. Faist

**Bild 3.14: Schiffskollision mit dem Untertor in der neuen Schleuse Alsleben bei Hochwasser, 1.3.1940** Foto: Archiv WSAA

**Bild 3.15: Saalestau in Rothenburg, rechtsufrig Schleusen- und Mühlenkanäle, links unten Baubeginn für neuen Schleusenkanal am Felshang, 18.12.1935** Foto: Sig Faist

## 3.4 Saale und Unstrut heute

Die Bestandsaufnahme nach Beendigung des 2. Weltkrieges sah für die Saale zwielichtig aus: eine wertmäßig zu drei Viertel mit Neubauten versehene Wasserstraße und dennoch keine durchgehende Befahrbarkeit für das 1000-t-Schiff. Über die Saale-Wasserstraße waren dazu noch 16 Straßen- und 9 Eisenbahnbrücken zerstört, an der Unstrut 5 und 3. Versenkt lagen im Fluß 10 Kähne, ein Bereisungsdampfer und ein Bagger mit 6 Prähmen. Zwischen Halle und Bernburg konnte die Schiffahrt bereits Ende Mai 1945, von Bernburg bis zur Mündung erst im November desselben Jahres wieder aufgenommen werden.

Das Wasserstraßenamt Halle führte in vielen kleinen Schritten mit eigenen Kräften für die Instandsetzung und mit Baubetrieben für Investitionsobjekte den Saaleausbau fort. Unter der Bauaufsicht der Wasserstraßendirektion Magdeburg waren wichtige Ergebnisse:

- die Vollendung der Schleuse Wettin 1951 (Portale, Hubtore, Antriebsmaschinen)
- die Erhöhung des festen Überfallwehres in Calbe um 0,78 m (Stauwirkung dadurch bis Bernburg)
- der Durchstich der krümmungsstarken Saaleschleife Nienburg 1958 (750 m Länge und Flußverkürzung um 1520 m)
- der Saaledurchstich Plötzkau 1959 (840 m Länge und Verkürzung um 1900 m und die Flußbettregulierung bei Wirschleben).

Damit war der Weg für große Motorgüterschiffe und Kähne von der Elbe bis zum Hafen Trotha frei, auch wenn es noch Beschränkungen beim Tiefgang und ein Begegnungsverbot unterhalb von Calbe gab. Mit der Binnenwasserstraßenverkehrsordnung 1955 (BWVO) wurden von der Schleuse Trotha flußab erstmals Fahrzeugabmessungen von 55,00 m Länge und 8,20 m Breite (Odermaß) zugelassen, mit der BWVO 1964 solche von 67,00 x 8,20 m (Großplauer-Maß) und mit der BWVO 1974 Einzelfahrzeuge von 80,00 x 8,20 m und erstmals Schubverbände bis 91,00 x 8,20 m. Im Jahre 1957 belief sich der Anteil von Fahrzeugen (Durchschleusen in Calbe) des Saalemaßes noch auf 48 %, wogegen 15 % auf das Odermaß und erst 2 % auf das Plauermaß entfielen.

Der Durchstich Röpzig/Beesen (1250 m lang) wurde 1950/51 hergestellt und dient oberhalb von Halle der besseren Wasserabführung. Mehrere Zurückverlegungen von Ufern trugen zur Bogenabflachung bei, so in drei Krümmungen zwischen Calbe und Klein-Rosenburg zur Vergrößerung der früheren Radien von 150 bis 200 m auf mindestens 240 m (1970).

Schließlich wurden die festen Wehre saniert, Stück um Stück 1948 bis 1971. Das sind immerhin von Merseburg bis Calbe 18 Anlagen, davon allein im Stadtgebiet von Halle acht. Und die längsten Wehre, Alsleben wie auch Rothenburg, weisen beachtliche 190 bzw. 165 m auf! Beginnen mußte man mit dem Wehr Meuschau (Merseburg), daß beim Hochwasser 1947 Schaden nahm.

Völlig neu entstanden drei bewegliche Wehre, nicht allein im Schiffahrtsinteresse, sondern auch für die Hochwasserabführung und die Gewährleistung der industriellen Brauchwassernutzung (Chemiewerke Buna). 1973 konnte das zweifeldrige Segmentwehr Planena in Betrieb genommen werden, abweichend von den früheren Planungen angelegt. Die dortige Saaleschleife von über 3 km Länge wurde an der engsten Stelle von knapp 100 m mit dem neuen Wehrkanal durchstochen und damit das baufällige Wehr Hohenweiden entbehrlich. Im Stadtgebiet von Halle ging 1986 das Pulverweidenwehr in Betrieb, typengleich mit Planena. Zusammen mit dem vorangegangenen Profilausbau der Elisabeth-Saale (1977/78) bis zum verkürzten Gimritzer Wehr trägt es entscheidend zur besseren Hochwasserabführung durch die Stadt Halle bei. Diese Maßnahmen waren Bestandteil der verkehrsbaulichen Anbindung (Hochstraße, Brücken) von Halle-Neustadt. Der Vollständigkeit halber müssen hierzu auch der Neubau des Betonwehres Halle-Stadt 1968 und die Rekonstruktion der dortigen Kleinschleuse 1974 gezählt werden, beide von der Spannbetonkonstruktion der B 80 seit 1971 überspannt. Zuletzt konnte Ende 1986 das neue Wehr in Calbe (26 m weite Fischbauchklappe) übergeben werden. Mit ihm kann der Hochwasserspiegel gesenkt werden, was mit dem störanfälligen früheren Dachwehr (selbsttätig hydraulisch funktionierend) nicht mehr der Fall war.

Große Aufwendungen waren und sind für Baggerungen zur Aufrechterhaltung der Schiffahrtstiefen notwendig. In immer wiederkehrender Folge, besonders nach Hochwässern, werden besonders die Schleusenvorhäfen von abgesetzten Sand- und Schlammassen beeinträchtigt. Beispielsweise

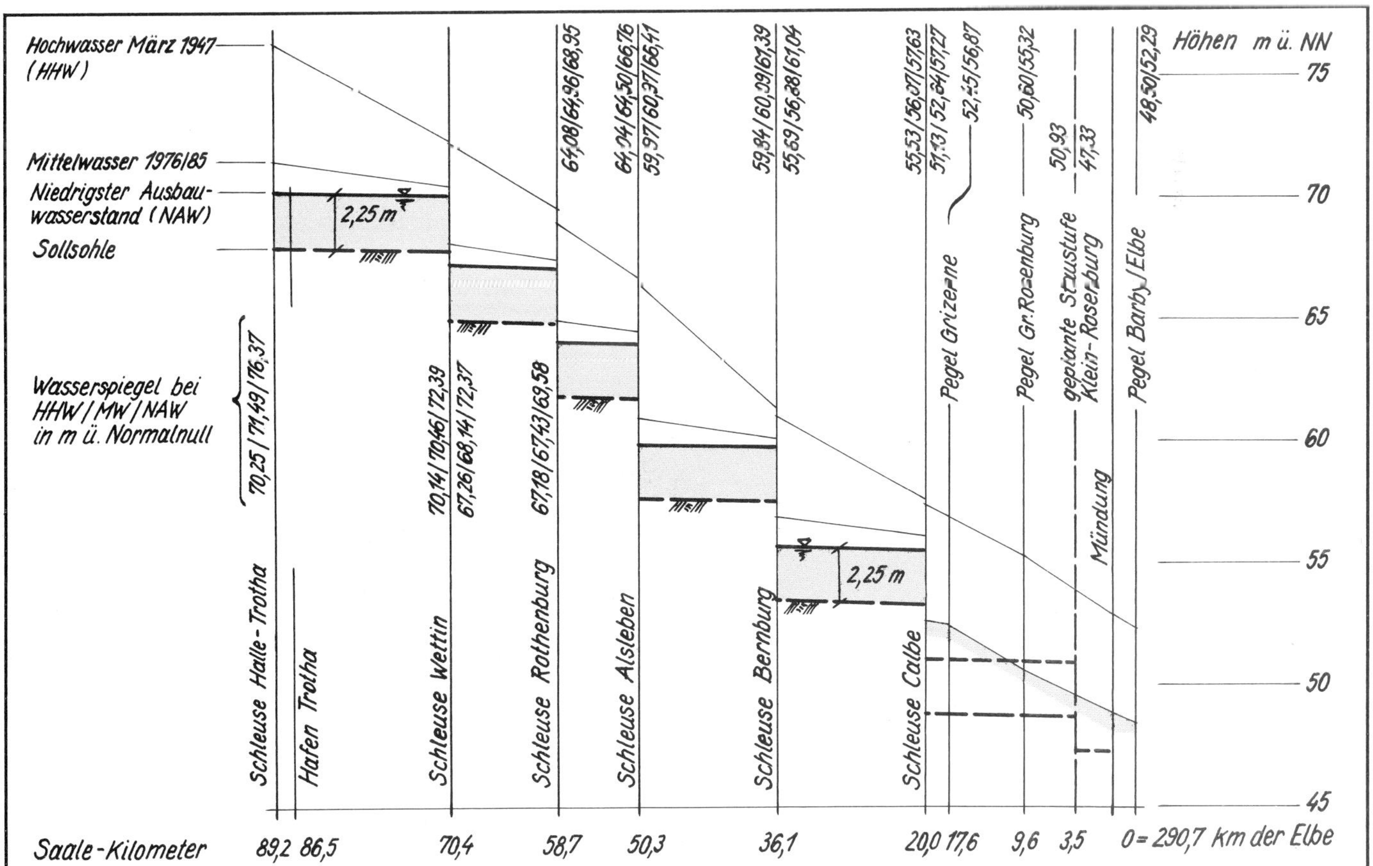


**Bild 3.16:** **Längsschnitt der kanalisierten (staugeregelten) Saale** Zeichnung: Faist

**Bild 3.17: Rekonstruierte Schleuse Halle-Stadt** Foto: Faist

belaufen sich seit 1980 die jährlich gebaggerten Mengen aus den Schleusenkanälen auf Summen zwischen 38 Tausend m³ (1987) und 108 Tausend m³ (1982). Selbstverständlich hat das Schlammproblem der Saale auch nachteilige Auswirkungen auf die Personenschiffahrt und den Freizeitwert des Flusses generell.

Keine bauliche, aber eine dennoch anzuerkennende Aktivität stellt die 1975 realisierte Neukilometrierung der Saale-Wasserstraße dar. Vor dem bestand die Kilometeranzeige aus der Hinterlassenschaft getrennter Angaben in Thüringen, Preußen und Herzogtum Anhalt und mit jedem Durchstich kam die Kilometrierung noch mehr in Konflikt mit der wahren Entfernung. Der Nullpunkt lag bis dahin an der Mündung der Ilm, die Schleuse Trotha bei km 92,2 und kurioserweise begann zwischen Nienburg und Calbe der Umsprung erneut von km 166,0 = km 0,0. Nunmehr beginnt die neue Einteilung mit km 0 (alt 27,2) an der Mündung in die Elbe und läuft flußaufwärts, km 36,1 in der Schleuse Bernburg, km 89,2 in der Trothaer Schleuse und endet mit km 124,6 oberhalb von Daspig. Damit sind jetzt Kilometertafeln und Schiffahrtsentfernungen im Einklang!

Im Zustand 1989, als Wasserstraße dem DDR-Ministerium für Verkehrswesen von der Mündung bis Daspig/Leuna zugehörig, ergaben sich folgende Nutzungsbedingungen für die Schiffahrt in drei charakteristischen Abschnitten:

a) Strecke Daspig bis Halle-Trotha, Schiffahrtsweg 34,0 km.
Staugeregelter Fluß mit 7 Kleinschleusen aus dem 19. Jahrhundert.
Größte zugelassene Schiffsabmessungen 41,5 x 5,1 m.
Tauchtiefen vom Unterdempel der Schleuse Meuschau bestimmt mit nur 100 cm bei Mittel- bzw. 50 cm bei Niedrigwasser.
Von dort bis Trotha bedeutend besser mit 170 cm bei MW bzw. 130 cm MNW, aber von zeitweiligen Schlammablagerungen in den Schleusengräben beeinträchtigt.

b) Strecke Trotha bis Calbe, Schiffahrtsweg 66,5 km.
Gut ausgebaute Stauhaltung mit 5 Großschleusen des "Südflügels"
Größte zugelassene Schiffe 80,0 x 8,2 m, Schubverbände bis 91,0 m.
Tauchtiefen mindestens 140 cm, bei Mittelwasser 185 cm.
Krümmungsradien an wenigen Stellen noch bei ca. 300 m.

c) Strecke Calbe bis Mündung, Schiffahrtsweg 20,0 km.
Freifließender Fluß mit 18 Bögen und zwei Stromschnellen.
Größte zugelassene Schiffe wie unter b), jedoch im Einbahnverkehr.
Tauchtiefen stark schwankend, von 195 cm bei Mittelwasser bis auf 60 cm bei extremem Niedrigwasser zurückgehend.
Krümmungsradius örtlich nur 220 m bei Flußbreiten 55 bis 60 m.

Je nach Wasserstand und aktuell gepeilten Tiefen werden für die Saale täglich Tauchtiefen festgesetzt, die ebenso wie auf der Elbe innerhalb festgelegter Strecken verbindlich für alle Schiffsgefäße sind. Aus der langjährigen Statistik (1971-85) wird ersichtlich, daß im Jahresdurchschnitt auf der Saale an 121 Tagen mit mindestens 200 cm Tiefgang gefahren werden kann, andererseits an 43 Tagen mit weniger als 120 cm. Und bei Überschreitung des höchsten schiffbaren Wasserstandes (am Trothaer Unterpegel 440 cm) muß die Schiffahrt wegen zu niedriger Brückendurchfahrten, starker Strömung sowie einsetzender Ausuferung eingestellt werden. Das ist durchschnittlich an 9 Tagen im Jahr der Fall, beim Frühjahrs-Hochwasser 1988 allerdings waren es 27 Tage.

Alle heutigen Regulierungsmaßnahmen entlang der Saale folgen dem Grundkonzept der 30er Jahre, fügen sich aber im Detail neueren Erkenntnissen. So sind die auszubauenden Uferlinien kartenmäßig genau festgelegt worden, nachdem 1974 die Profile sowohl schiffahrtstechnisch als auch abflußbezogen neu bemessen wurden. Die neuen Uferabstände zeigen eine größere Übereinstimmung mit den natürlichen Bedingungen eines staugeregelten Flusses; in jeder Haltung nimmt flußabwärts die Breite zu (an der Sohle von 32 bis maximal 100 m). Selbstverständlich war auch der Strukturwandel in der Schiffahrt zu berücksichtigen. Im Ergebnis von Versuchsfahrten mit Dreier-Schubverbänden (drei Prahme zu je 32,5 Länge und ein Schubschiff) erlaubt die neue BWVO 1990 zwischen Trotha und Calbe Verbandslängen bis zu 125 m.

Während die Saale von Halle bis zur Unstrut nach wie vor schiffbar ist, trifft das für die Unstrut selbst nicht mehr zu. Die Rechtsträgerschaft ging zum 1.1.1954 vom Wasserstraßenamt Halle auf die Wasserwirtschaftsdirektion

**Bild 3.18: Hydraulisches Dachwehr Calbe, 1968 für Reparatur trockengelegt** Foto: Faist

**Bild 3.19: Einfahrt zur Schleuse Oeblitz, 1989** Foto: Faist

über, da die Güterschiffahrt inzwischen auf der Unstrut bedeutungslos geworden war. Der durchgehende Schleusenbetrieb auf der Unstrut war bis etwa 1970 gesichert, danach verschlammten mehrere Kammern nach Hochwässern und das Freyburger Wehr brach durch. Anfang der 70er Jahre sind dann in Freyburg das Wehr geschliffen, die Schleuse zugeschüttet und später oberhalb ein steingefülltes Fahrgastschiff als provisorische Stauschwelle quer versenkt worden. Das bedeutete auch für größere Sportboote das Aus zum Befahren der Unstrut. Um 1988/89 erfolgten Überlegungen seitens der Wasserwirtschaftsdirektion Halle, daß nach 1990 im Kreis Nebra ein durchgängiger Ausbau des Flusses erfolgen soll. Einerseits sieht die Vorlage eine schadlose Abführung von Hochwassermengen bis 150 m³/s vor, andererseits sollen von Freyburg an aufwärts wieder vier Staustufen in Betrieb genommen werden. Wehre und Schleusen haben dann das Befahren mit einer technischen Flotte für Instandhaltungsarbeiten und mit Sportbooten zu garantieren. Eine Art Renaissance für die Unstrut?

Der Ausblick auf die zukünftige Gestaltung des 20 km langen Saale-Unterlaufes, gewissermaßen die zu enge Eingangstür zur Saale-Wasserstraße, läßt noch viele Varianten offen. Einer Ausführung nach dem Konzept des Südflügels stehen auch begründete Argumente entgegen. So könnte eine Teilkanalisierung der Elbe von der Saale bis zum Elbe-Havel-Kanal (Niegripp) auch neue Aspekte für die unterste Saalehaltung setzen. Statt der projektierten Staustufe bei Klein-Rosenburg wäre dann besser der Einstau der Saale bis Calbe durch die Elbestaustufe Barby gerechtfertigt.
Und ohne den Aufstau dieser Strecke wären die früher geplanten drei großen Durchstiche überhaupt nicht von Vorteil. Im Gegenteil - das Unterwasser und folglich die Einfahrttiefe an der Schleuse Calbe würde bedrohlich absinken. Das wiederum führte bekanntlich früher zum zwingenden Bau von Fangschleusen (zweite Untertore) an der alten Schleuse Trotha und Schleuse Rothenburg.
Die ständig steigenden Gütertransporte durch den VEB Binnenreederei - im Jahre 1988 erstmals die 20 Mio t-Grenze überschreitend - vollzogen sich abseits der Saale auf den Hauptrelationen Elbe und nach Berlin. Nach wie vor stellt der Gütertransport auf dem Wasser die energiesparsamste Form aller Verkehrsarten dar und ist besonders ökonomisch für Massengüter und Bauelemente. Bei einer sinnvollen Planung der Verkehrsströme auf Straße, Schiene und Wasser wird auf die Saale auch zukünftig ein Anteil abfallen. Mit der am 3. Oktober 1990 vollzogenen Einheit Deutschlands stehen die Chancen für den Erhalt und den Ausbau der nunmehr dem Bund unterstehenden Wasserstraßen wieder besser.
Die Wasserstraße Saale gehört mit der zum gleichen Tage wirksamen Neuorganisation zum Wasser- und Schiffahrtsamt Magdeburg, einem der sechs neuen Unterbehörden der Wasser- und Schiffahrtsdirektion Ost mit Sitz in Berlin.
Die Verkehrswegeplanung des Bundesministers für Verkehr setzt bis zur Jahrtausendwende die Priorität in den Umbau der Wasserstraßenverbindung Hannover-Magdeburg-Berlin für das 2000 t tragende Großmotorgüterschiff. Ein Ausbau der Elbe und Saale als Südachsen des Wasserstraßenkreuzes bei Magdeburg wird sich logischerweise daran anschließen - eine hoffnungsvolle Herausforderung an die Wirtschaftsexperten der Binnenschiffahrt, die Ingenieure des Verkehrswasserbaues und die Ökologen wie auch Landschaftsgestalter.

**Bild 3.20: Schleusenkammer Artern, Zustand 1988** Foto: Faist

**Bild 3.21: Schleuse Wendelstein (Unstrut), 1969** Foto: Faist

Bild 3.22: Stemmtor vor der verlandeten Unstrutschleuse Laucha, Zustand 1988 Foto: Faist

Bild 3.23: Fangschleuse und Wehrdurchbruch Freyburg (Unstrut), 1969 Foto: Faist

Bild 3.24: Schleuse Freyburg im Januar 1993. Die vor 2 Jahrzehnten zugeschüttete Kammer wird wieder ausgegraben. Foto: Weise

Bild 3.25: Schleuse Artern im Mai 1992. Neu eingebaute Hubtore im Ober- und Unterhaupt. Foto: Weise

Bild 3.26: Schleuse Ritteburg 1992. Nahezu unverändert geblieben Foto: Weise

# 4. Güterschiffahrt

## 4.1. Die ersten Schleppdampfer auf Saale und Unstrut

Die Wiege der Dampfschiffahrt liegt zwar in Nordamerika, aber in Europa entwickelte sich England bald zum führenden Land bei der Einführung der Dampfkraft in der Schiffahrt. Dort wurden Schiffe und vor allem Dampfmaschinen gebaut, die in vielen europäischen Ländern den Verkehr auf den Wasserstraßen revolutionierten.
Die ersten Dampfschiffe, die auf deutschen Flüssen erschienen, waren demzufolge auch englische. Im Juni 1816 befuhren der Küstendampfer THE DEFIANCE den Rhein und die THE LADY OF THE LAKE die Elbe zwischen Hamburg und Cuxhaven. Zu gleicher Zeit entstand unter Leitung eines Engländers in Pichelsdorf bei Berlin das erste deutsche Dampfschiff PRINZESSIN CHARLOTTE VON PREUSSEN. Im Jahr darauf wurde dann mit der DIE WESER schon das erste Weserdampfschiff geschaffen. Auf den ostdeutschen Gewässern hielt die Dampfkraft erst rund 10 Jahre später Einzug. Mit der Maschine des früher zwischen Berlin und Hamburg verkehrenden Dampfers BLÜCHER wurde 1826 der Neubau KRONPRINZESSIN ELISABETH ausgerüstet, der auf der Oder verkehrte. Auf der Weichsel erschienen 1827 die ebenfalls in England gebauten Dampfer VICTORY und KSIAZE KSAWERY. Im Jahr darauf wurde mit der COPERNICUS das erste ostpreußische Dampfschiff in Fahrt gebracht.
Die Elbe wurde in ihrem Unterlauf zwar schon relativ frühzeitig durch Dampfschiffe befahren, aber in ihrem Mittel- und Oberlauf hatte diese neue Art der Fortbewegung noch keinen Einzug gehalten. Obwohl es schon frühe Projekte hierfür gab, wurde das erste sächsische Dampfboot erst 1833/34 gebaut. Der Dresdner Zuckersiedereibesitzer Calberla wollte es zur Beförderung von Rohzucker für seine Raffinerie benutzen. Der hölzerne Heckraddampfer unternahm 1835 einige Reisen zwischen Dresden und Hamburg. Im gleichen Jahr soll er aber aus wirtschaftlichen Gründen außer Betrieb genommen worden sein. Über seinen Verbleib ist nichts bekannt.

Während über die Eröffnung der Dampfschiffahrt auf den anderen deutschen Flüssen z. T. recht genaue Angaben verfügbar sind, die meistens auch durch Bilder illustriert werden, liegt die erste Fahrt eines Dampfers auf der Saale im Dunkeln. Einige Quellen geben an, daß 1836 erstmals ein Dampfschiff die Saale befahren haben soll. ULRICH schreibt: *"so befuhr im Jahre 1836 zum ersten Male ein Raddampfer die Saale, der aber zu großen Tiefgang hatte und nur bei hohem Wasserstande fahren konnte."* Im Konzept zu diesem Beitrag [1)] schreibt er abweichend: *"derselbe hatte aber zu großen Tiefgang und konnte nur bei hohem Wasserstande fahren. Er mußte deshalb nochmals umgebaut werden."* Weder in einer Hallischen, Bernburger noch in einer Calbeschen Zeitung des Jahres 1836 findet sich ein Hinweis auf dieses angebliche Dampfschiff. Oberhalb Magdeburgs war außer dem Calberla'schen Dampfboot bis zu diesem Zeitpunkt kein Dampfer beheimatet, weshalb ein Bau speziell für die Saale wenig wahrscheinlich ist. Ob dieses Schiff tatsächlich existiert hat, erscheint nach der vorliegenden Quellenlage zweifelhaft. Eine Aussage hierzu kann sich nur im Spekulativen bewegen.
Das erste auf der Saale beheimatete Dampfschiff läßt sich erst 1861 einwandfrei nachweisen, also zu einem Zeitpunkt, zu dem fast auf allen anderen deutschen Flüssen schon Dampfer fuhren. Der Hallenser Friedrich Pape, "Schiffs-Procureur und Schiffs-Eigner, Agent der Schlesischen Land- und Wasser-Transport-Versicherungs-Gesellschaft", hatte das Schraubendampfboot VICTORIA bauen lassen.
Das Schiff traf am 18. Oktober 1861 in Halle ein. Angeblich wollten drei andere Hallische Unternehmer die Ergebnisse abwarten, um bei positivem Ausgang auch Dampfschiffe in Fahrt zu bringen. Die "Hallische Zeitung" vom 17. Oktober 1861 kündigte für das Frühjahr 1862 sogar vier Saaledampfer an, woraus allerdings nichts wurde. Auch die Königlich Preußische Wasserbauinspektion in Halle wurde vor neue Probleme gestellt. Dort hatte man bis zu diesem Zeitpunkt noch nie ein Dampfschiff eichen müssen. Im November 1861 mußte man nun spezielle Instrumente hierfür anschaffen.
Die ersten Frachtfahrten sind 1862 nachweisbar. Die VICTORIA wurde vermutlich zum Schleppen von Frachtkähnen eingesetzt. Im März 1862 brachte sie eine Ladung Guano von Hamburg nach Halle, während im Sommer die ersten Passagierfahrten stattfanden. Ende des Jahres starb Friedrich Pape. Seine Witwe führte das Schiffahrtsgeschäft noch einige Zeit weiter. Im April 1863 beförderte die VICTORIA eine Ladung Schiefer von Hamburg nach Halle und im Mai ging es talwärts mit einer Weizenladung nach Hamburg. Dort ist die VICTORIA dann vermutlich auch verkauft worden.
Von der 1863 in Halle in Fahrt gebrachten FORTUNA ist nicht bekannt, ob sie auch in der Frachtfahrt Beschäftigung fand. Gleiches gilt für das zwischen 1872 und 1875 auf oberer Saale und Unstrut nachweisbare Leutzsche Dampfboot.
Nachdem am 25. Juni 1869 der Central-Verein für Hebung der Deutschen Fluß- und Kanalschifffahrt in Berlin gegründet worden war, bildete sich 1870 in Halle der Verein zur Hebung der Saale- und Unstrut-Schifffahrt.
Seit 1873 wurde die Kettenschiffahrt auf der Saale betrieben, was aber vorerst keine weiteren Inbetriebnahmen anderer Dampfschiffe im Güterverkehr nach sich zog.
Erst für 1881 gibt der "Jahres-Bericht der Handelskammer für Halle a.d.S." an: *"... auch eine englische Gesellschaft* (neben der KETTE - d. Verf.) *plant eine Besetzung der Saale mit Dampfern für einen regelmäßigen Verkehr mit Hamburg."* Hier blieb es bei der Absicht, auch ist über diese englische Gesellschaft nichts weiter bekannt. In den letzten Jahrzehnten des 19. Jahrhunderts waren viele Engländer im Schiffahrtswesen anderer europäischer Länder, u. a. auch Deutschlands tätig. Die bekannte "Berliner Krahngesellschaft" von 1882 war z. B. eine britische Gründung.
1884 wurde die Elbe & Saale-Dampfschleppschifffahrts-Gesellschaft in Alsleben gegründet, die aber vorerst keine Dampfschiffe auf die Saale brachte.
Bis auf die Pape'sche VICTORIA waren alle Schiffe, die zum Schleppeinsatz herangezogen wurden, Passagierdampfer. Für deren Eigner stellten diese Arbeiten einen zusätzlichen Erwerbszweig dar.
Infolge der ab 1885 stark expandierenden mitteldeutschen Wirtschaft wurden dann um die Jahrhundertwende in Halle größere Frachtdampferunternehmen gegründet, die von nun an einen Eilverkehr nach Hamburg und auch über Berlin nach Stettin eröffneten.

---

1) im Besitz von Frau Brigitte Haberland, Alsleben

— 700 —

Eine Lustfahrt mit Dampfboot „Victoria"
nach Bad am Neu-Ragoczy und Salzmünde

findet bei günstigem Wetter Sonntag den 15. Juni c. statt. Abfahrt von Halle präcise 10 Uhr Vormittags, Einsteigeplatz auf der Schleuse bei Herrn Elitzsch.
Die Retourfahrt geht gegen Abend wieder vor sich.
Billete hierzu, für Tour und Retour, à Stück 10 Sgr., für eine Person gültig (Kinder zahlen die Hälfte), sind vorher in meinem Comptoir, Klausthorstraße Nr. 16, zu haben.
Zur geneigten Betheiligung hieran ladet ergebenst ein
Halle a. S. **Friedrich Pape.**

**Bild 4.1: Anzeige für das erste auf der Saale nachweisbar beheimatete Dampfschiff; 1862** Quelle: Hallisches Tageblatt

## 4.2. Kettenschiffahrt

Die Kettenschiffahrt spielte im Güterverkehr auf der Saale ab 1873 bzw. 1884 eine wichtige Rolle. [1]
Am 26. Juni 1864 erhielt die Vereinigte Hamburg-Magdeburger Dampfschifffahrts-Compagnie die Konzession für die Kettenschiffahrt auf der Elbe. Es dauerte dann noch bis zum 15. August 1866, an dem der erste Kettendampfer seine Probefahrten zwischen dem Neustädter Hafen in Magdeburg und Buckau aufnahm. Im Jahre 1869 wurde die Kette stromabwärts bis Ferchland verlängert. Man hatte inzwischen auch schon drei Kettendampfer in Fahrt gebracht. Schon wenige Jahre später erfolgten im Saale-Unstrut-Gebiet die ersten Überlegungen, Frachtkähne in gleicher Art und Weise zu schleppen. Allerdings erwog man, statt der Ketten- eventuell die Drahtseilschiffahrt einzuführen. Im Jahre 1871 wurde in Artern ein "Dampf- und Schleppschifffahrtsverein auf Saale und Unstrut" gegründet. Getragen wurde er von an der Unstrut ansässigen Geschäftsleuten und Fabrikanten, u. a. aus der Zucker- und Baustoffindustrie. Man beabsichtigte, zunächst auf der Strecke von Oeblitz-Schleuse bis zur Freyburger Schleuse eine Dampfschleppschiffahrt an Drahtseil oder Kette einzurichten. Man rief zur Zeichnung von Aktien auf. Schließlich konnte das Kommitee der Königlichen Regierung in Merseburg mitteilen, daß das Aktienkapital seit 2. April 1871 gesichert und gezeichnet sei. Von Regierungsseite stand man diesem Vorhaben sehr positiv gegenüber, erhoffte man sich doch dadurch eine Belebung der Wirtschaft. Aus dem geplanten Unternehmen wurde dann aber schließlich doch nichts. Es sollte noch 10 Jahre dauern, ehe die Dampfkraft in der gewerblichen Güterschiffahrt auch auf der Unstrut Einzug hielt.
Zur gleichen Zeit verfaßte der Königliche Baumeister Julius v. Opel aus Merseburg eine "Denkschrift die Einführung der Drahtseil-Schifffahrt auf der Saale betreffend". Seine Vorstellungen betrafen nicht eine kleine Flußstrekke, wie die der Arterner Gesellschaft, sondern die Saale von Halle bis zur Mündung. Der Verfasser erkannte die Notwendigkeit, das Schleppen der Kähne durch Zugknechte und -tiere auch auf der Saale abzuschaffen, da diese Methode inzwischen überholt war. Seiner Ansicht nach kam nur eine Ketten- oder Drahtseilschiffahrt in Frage, da für Seitenrad- und Schraubendampfer die Schleusen zu schmal bzw. der Fluß durch Stromschnellen zu flach sei. Konkret schlug v. Opel die Einführung der Drahtseilschiffahrt vor. Er kam zu dem Ergebnis, daß zwischen Halle und Saalhorn insgesamt fünf Seilzugschiffe zu stationieren seien. Die Schleppzüge, die aus 2 - 5 Schiffen bestehen sollten, wären dann bei jedem Flußabschnitt vom nächsten Dampfer übernommen worden. Die Antriebsleistung der Seilzugschlepper sollte 20 PSi, eventuell auch 40 PSi betragen. Für eine Fahrt von der Saalemündung bis Halle veranschlagte er je nach Jahreszeit 3 bis 4 Tage. Zur Verwirklichung auch dieser Idee kam es nicht, da u. a. hierfür die finanziell potenten Partner fehlten.
1872 war die Kette auf der Elbstrecke talwärts inzwischen bis Wittenberge verlängert worden, bergwärts war die Strecke Buckau - Schmilka seit 1871 durchgängig befahrbar. Im Herbst 1873 wurde auch die Saale an die Kettenschiffahrt angeschlossen, allerdings vorerst nur auf 21 km bis Calbe. Man sah in den sieben Schleusen zwischen Halle und Calbe, sowie in durch das Fahrwasser bedingten Schwierigkeiten, zu große Probleme für die Weiterführung bis Halle. Zwar drängten die anhaltinische Regierung und die Handelskammer Halle auf eine Verlängerung, aber es änderte sich vorerst nichts. Im Gegensatz zur anhaltinischen schätzte man auf Seiten der preußischen Regierung die Weiterführung anders ein. Man hielt das Unternehmen erst nach dem Bau des geplanten Elster-Saale-Kanals und damit dem Anschluß Leipzigs an die Kette für wirtschaftlich. Die Hallische Handelskammer wendete sich energisch gegen diese Auffassung, da mit dem baldigen Beginn des Kanalbaus nicht zu rechnen war.
Im Jahre 1881 erklärte man sich bereit, die Kettenschiffahrt erst einmal versuchsweise bis Halle weiterzuführen. Diese Zusage geschah unter der Bedingung, daß die Kette bei Unrentabilität wieder entfernt werden dürfte. Es blieb allerdings vorerst bei der Absicht, da die Mittel für die hierfür notwendigen Wasserbauarbeiten über einen zu langen Zeitraum verteilt waren.
Inzwischen hatten sich auch die Eigentumsverhältnisse in der Elbe-Ketten-

---

1) ausführliche Darstellung der Entwicklung und Technik vgl. Zesewitz, Düntzsch, Grötschel "Kettenschiffahrt" Berlin 1987

**Bild 4.2: Kettendampfer vor der Schleuse Bernburg** Foto: Slg. Stephan

Bild 4.3: Mittelschiff des Kettendampfers SAALE No. 4 nach 1903 Foto: Slg. Düntzsch

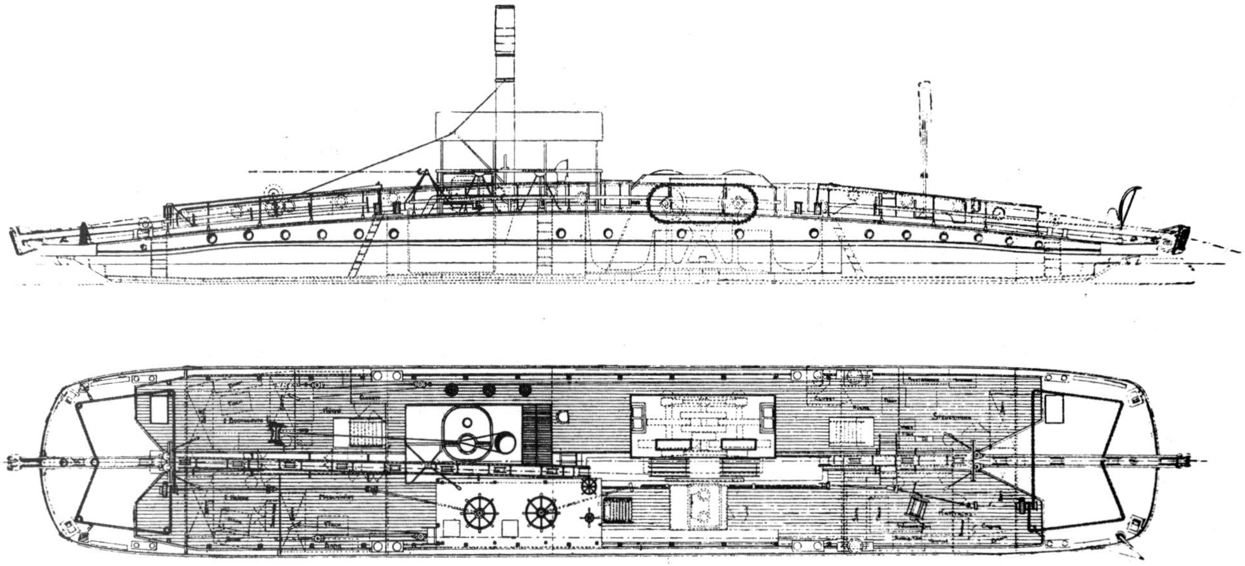

Bild 4.4: Kettendampfer SAALE No. 6, Generalplan Quelle: Sympher

schiffahrt geändert. Ab 1. Januar 1882 hatte die am 13. September 1881 gegründete KETTE Deutsche Elbschifffahrts-Gesellschaft, Dresden die gesamte Kettenschiffahrt auf der Elbe in der Hand.
Die Anfang 1884 gegründete Elbe & Saale-Dampfschleppschifffahrts-Gesellschaft, Alsleben, rief die KETTE allerdings sofort auf den Plan. Man befürchtete von dieser Seite eine starke Konkurrenz, eigentlich weniger für den Saaleverkehr, mehr dagegen für die untere Elbe, die durch die neue Gesellschaft auch bedient werden sollte. ZESEWITZ u. a. schreiben hierzu: *"Offensichtlich glaubte sie* (die KETTE - d. Verf.) *ihre Interessen auf der Elbe am besten geschützt, wenn sie den Saale-Verkehr völlig an sich riß."*
Unter den neuen wirtschaftlichen Zwängen dauerte es dann allerdings nur noch wenige Monate, bis man mit der Weiterführung begann.
Technische Schwierigkeiten, die sich beim Legen der Kette durch die Schleusen ergaben, wurden schnell bewältigt. Entsprechende Versuche an der Schleuse Calbe gingen positiv aus.
Bis zum 15. September 1884 war die Kette bis Alsleben gelegt, am 10. Oktober dann bis zu ihrem Endpunkt Halle. Vorerst kamen drei Kettendampfer für die Fahrten bis Halle zum Einsatz.
Zwischen 1885 und 1890 wurden die Bedingungen für die Kettenschleppzüge durch Verbreiterung der Schleusen Calbe, Bernburg und Alsleben verbessert. Die Fahrwasserverhältnisse wirkten sich aber trotzdem vielfach hemmend auf die gesamte Schiffahrt und damit auch auf die Schleppzüge der KETTE aus.
Bis 1903 wurden drei weitere Kettendampfer als Ersatz- und Erweiterungsbauten in Dienst gestellt. Bald darauf erfolgte wieder eine Änderung in den Besitzverhältnissen. Die KETTE ging in den am 12. Dezember 1903 gegründeten Vereinigten Elbeschiffahrts-Gesellschaften, Dresden (VEG) auf.
Mit der Zeit hatte die Kettenschiffahrt ihren festen Platz auf der Saale gewonnen, auch wenn ihr Frachtvolumen, entgegen dem bei anderen Saale-Reedereien, nicht stieg. Die endgültige Ablösung kündigte sich schon lange vor dem 1. Weltkrieg an. An den Gesamteinnahmen der KETTE bzw. VEG kam die Saalestrecke nie über 2,5 % hinaus. So gesehen war das Verhältnis der Investitionen zum Ertrag sehr schlecht.
Der 1914 ausgebrochene Weltkrieg schädigte die gesamte Saaleschiffahrt stark. Besonders betroffen waren die an die Kette gebundenen Kettendampfer. Die Wirren der Nachkriegszeit und der Inflation führten keine positiven Änderungen herbei. Man entschloß sich schließlich die Kettenschiffahrt auf der Saale aufzugeben. Sie wurde am 1. September 1921 eingestellt. Im November des gleichen Jahres wurde die Kette aus dem Flußbett herausgenommen. Damit endete eine inzwischen für den Saalebereich überholte Schleppmethode.

**Tab. 4.1 Kettendampfer auf der Saale (ergänzt nach Zesewitz/Düntzsch/Grötschel)**

| Name | Baujahr | Bauwerft | Lüa | Lpp | Büa | BaSp | T,l | T,b | SH | Antrieb |
|---|---|---|---|---|---|---|---|---|---|---|
| SAALE -> SAALE No. 1 | 1871 | Dresden-Neustadt (18) | - | 33,60 | - | 5,80 | 0,54 | 0,69 | - | 1 2z1fEM/ ca. 90-100 PSi 1 K/ 5 atü |
| SAALE No. 2 | 1869 | Buckau (57) | 32,15 | 31,52 | 4,84 | 4,66 | - | - | - | 1 2z1fEM/ ca. 95 PSi 1 K/ 8 atü |
| SAALE No. 3 | 1882 | Dresden-Neustadt (135) | 34,28 | 31,70 | 5,28 | 5,00 | 0,65 | 0,87 | - | 1 2z1fEM/ ca. 80-100 PSi 1 K/ 7 atü |
| SAALE No. 4 | 1897 | Kette (293) | 38,23 | 35,40 | 5,96 | 5,80 | 0,63 | 0,77 | 2,20 | 1 2z1fEM/ ca. 100 PSi 1 K/ 10 atü |
| SAALE No. 5 | 1902 | Kette (367) | 36,00 | 33,52 | 5,95 | 5,80 | 0,70 | 0,84 | 2,20 | 1 2z2fEM/ ca. 100 PSi 1 K/ 10 atü |
| SAALE No. 6 | 1903 | Kette (389) | 36,00 | 33,52 | 5,95 | 5,80 | 0,68 | 0,82 | 2,20 | 1 2z2fEM/ ca. 100 PSi 1 K/ 10 atü |

**SAALE -> SAALE No. 1**
Neubau No. VI für Kettenschleppschiffahrt der Oberelbe zu Dresden; 30.7.1871 in Dienst; ab 1873 auf Saale, SAALE; 1882 KETTE; 1884 SAALE No. 1; 1902 außer Dienst; Maschine und Kessel in Übigau entfernt, Schiffskörper an H. Prassner, Pirna; 1924 Gustav Boden, Posta; Ponton für Greifbagger; Verbleib ?

**SAALE No. 2**
ursprünglich für Brahe bestimmt als No. 3 für Vereinigte Hamburg-Magdeburger Dampfschifffahrts-Compagnie, Magdeburg in Fahrt; 1882 KETTE, No. 5; ab 1884 auf Saale, SAALE No. 2; 1904 VEG; 1924 außer Dienst; Schiffskörper zu Dampfwindenschiff VEG M umgebaut; 4.1930 NNVE, Hamburg, NNVE H; Verbleib ?

**SAALE No. 3**
Neubau No. 3 für Berliner Krahn-Gesellschaft, Berlin; 16.6.1882 in Dienst; 1884 KETTE, SAALE No. 3; 1904 VEG; 1924 außer Dienst, Schiffskörper zu Dampfwindenschiff VEG N umgebaut; 4.1930 NNVE, Hamburg, NNVE G; Verbleib ?

**SAALE No. 4**
Neubau für KETTE; 1904 VEG; 4.1930 NNVE, Hamburg, NNVE 7; 1933 außer Dienst; Maschine und Kessel entfernt; Schiffskörper an Hantusch & Richter, Pirna als Wohnschiff; Verbleib ?

**SAALE No. 5**
Neubau für KETTE; 1904 VEG; 4.1930 NNVE, NNVE 8; 1933 außer Dienst; Maschine und Kessel entfernt, Schiffskörper an Gustav Boden, Posta; Verbleib ?

**SAALE No. 6**
Neubau für KETTE; 1904 VEG; 4.1930 NNVE, Hamburg, NNVE 9; 16.1.1945 durch Bombentreffer in Magdeburg-Zollelbe gesunken; 1946 gehoben und abgewrackt.

## 4.3 Elbe & Saale-Dampfschleppschifffahrts-Gesellschaft, Alsleben

Im Jahre 1884 wurde die erste auf der Saale beheimatete Dampfergesellschaft gegründet, die aber für den eigentlichen Saaleverkehr nur eine untergeordnete bzw. indirekte Bedeutung erlangen sollte.
In der Elbschiffahrt hatte bei zahlreichen Privatschiffern zunehmende Unzufriedenheit mit den durch ihre Vormachtstellung im Schleppgeschäft ermöglichten und begünstigten Praktiken der KETTE am 5. Mai 1883 zur Errichtung der Dampfschleppschifffahrts-Gesellschaft vereinigter Schiffer in Dresden geführt. Trotz der von der KETTE gegen die Aktionäre und Schleppkunden des neuen Unternehmens ausgeübten Repressalien vermochte es sich mit seinen ab Herbst des Gründungsjahres nacheinander in Betrieb kommenden Radschleppdampfern von damals modernster Bauart erfolgreich gegen die starke Konkurrenz von KETTE und Österreichischer Nordwest-Dampfschifffahrts-Gesellschaft zu behaupten.
Die günstige Entwicklung des von der Privatschiffahrt getragenen neuen Schleppunternehmens auf der Elbe dürfte in Saaleschifferkreisen den Gedanken geweckt oder zumindest gefördert haben, eine ähnliche Gesellschaft ins Leben zu rufen.
Anfang 1884 wurde von Hamburger Speditionsfirmen gemeinsam mit Hallischen Kolonialwaren-Großhändlern die Elbe & Saale-Dampfschleppschifffahrts-Gesellschaft mit Sitz im kleinen Saalestädtchen Alsleben gegründet. Die Gesellschaft hatte ein Aktienkapital von 400.000 M.
Die erste ordentliche Generalversammlung der neugegründeten Reederei fand am 31. Januar 1885 im Alslebener Gasthof "Deutsches Haus" statt. Nach Lage der Dinge in der Saaleschiffahrt mußte sie ihre Hauptbeschäftigung im Elbeverkehr finden. Nicht zuletzt als Reaktion auf die neugegründete Gesellschaft dehnte die KETTE ihr Fahrtgebiet bis Halle aus. Es war abzusehen, daß sie ihre beherrschende Stellung im Schleppverkehr zu Berg auch in Zukunft behaupten würde.
Trotz des Sitzes in Alsleben lag der Schwerpunkt des Unternehmens in Hamburg, wie auch das Hauptfahrtgebiet die Elbe zwischen Magdeburg und Hamburg war.
Die Reederei beteiligte Schiffer aller Saalestationen mit kleinen Anteilen. Deren Kähne wurden in einer bestimmten Reihenfolge durch die Gesellschaft abgefertigt. Die Mitgliedsschiffer brauchten nicht mehr selbst auf offenem Markt Ladung zu suchen. Die Vertretung in Halle/S. lag in den Händen der Prokureurfirma Wilhelm Röder, die zum damaligen Zeitpunkt bei dem von Halle ausgehenden Verkehr eine wichtige Rolle spielte.
Die neue Gesellschaft mußte zur Erhaltung ihrer durch den Saaleverkehr allein voraussichtlich nicht genügend gesicherten Existenz naturgemäß bestrebt sein, einen gewissen Anteil des bergwärtigen, von Hamburg und Magdeburg ausgehenden Schleppverkehrs der Konkurrenz zu entreißen und mit wirtschaftlichen Betriebsmitteln zu befördern. Dafür kamen nur Radschleppdampfer zeitgemäßer Bauart in Frage, für die von Gebr. Sachsenberg in Roßlau offenbar das günstigste Angebot unterbreitet werden konnte. Die Werft lieferte noch im Jahre 1884 die beiden Dampfer ALSLEBEN und NIENBURG.
Die Saaleschleusen konnten von Schiffen dieser Abmessungen nicht passiert werden. Der erste Schleppdampfer, der auch von seinen Abmessungen her auf der Saale verkehren konnte, wurde dann aber 1885 gebaut. Dieses dritte von den Elbe & Saale-Schiffern in Roßlau bestellte Schiff war der Heckradschleppdampfer HALLE, der ebenfalls einen ganz wichtigen Fortschritt der Dampftechnik im Flußschiffbau markiert, nämlich die Anwendung der dem fortgeschrittensten Stand des Dampfmaschinenbaues entsprechenden Dreifach-Expansionsmaschine.
Die Betriebsmittel der Elbe & Saale-Schiffer vermehrten sich 1886 um den Seitenraddampfer WETTIN, der von dem Lauenburger Schiffer Heinrich Burmester bei Gebr. Sachsenberg bestellt war. Er entsprach in der Bauart der Maschinenanlage den Dampfern ALSLEBEN und NIENBURG.
Im Jahre 1887 baute die Sachsenberg-Werft den kleinen Heckraddampfer PRITZERBE. Der Schleppverkehr auf der Saale spielte aber nach wie vor eine völlig untergeordnete Rolle. Die HALLE, die auch im Berlin-Verkehr auf der Havel zum Einsatz kam, wurde schon 1888 wieder verkauft, da das dortige Ladungsangebot rückläufig war.
Als die KETTE ab 1890/91 begann, den Kettenschiffahrtsbetrieb zwischen Hamburg und Magdeburg mit dem Ziel der völligen Einstellung allmählich einzuschränken und als Ersatz die neuen Radschleppdampfer AKEN, MAGDEBURG und DRESDEN in Dienst stellte, könnte diese vorübergehende Lücke im Schleppkraftangebot auf der Strecke unterhalb Wittenberge bzw. Magdeburg die Elbe & Saale-Dampfschleppschifffahrts-Gesellschaft veranlaßt haben, in den Jahren 1891 und 1893 je einen großen Seitenradschleppdampfer von je 600 PSi bauen zu lassen, um an diesem Geschäft mit teilzuhaben. Diese Schiffe kamen als TANGERMÜNDE und SCHOENEBECK in Fahrt.
Zum Bugsieren der Kähne und der am Verkehr zwischen den Seeschiffen und den Lagerschuppen dienenden Schuten unterhielt die Gesellschaft im Hamburger Hafen die Bugsierdampfer PICADOR und CAMPEADOR.
Am 5. Dezember 1893 wurde die Reederei von der Dampfschleppschifffahrts-Gesellschaft Vereinigter Schiffer, Dresden für 610.000 M aufgekauft, die sich dann ab Februar 1894 Dampfschleppschiffahrts-Gesellschaft Vereinigter Elbe- und Saale-Schiffer, Dresden nannte. Auch diese Reederei betätigte sich kaum auf der Saale, bis sie schließlich im Jahre 1900 aus diesem Fahrtgebiet völlig ausschied.

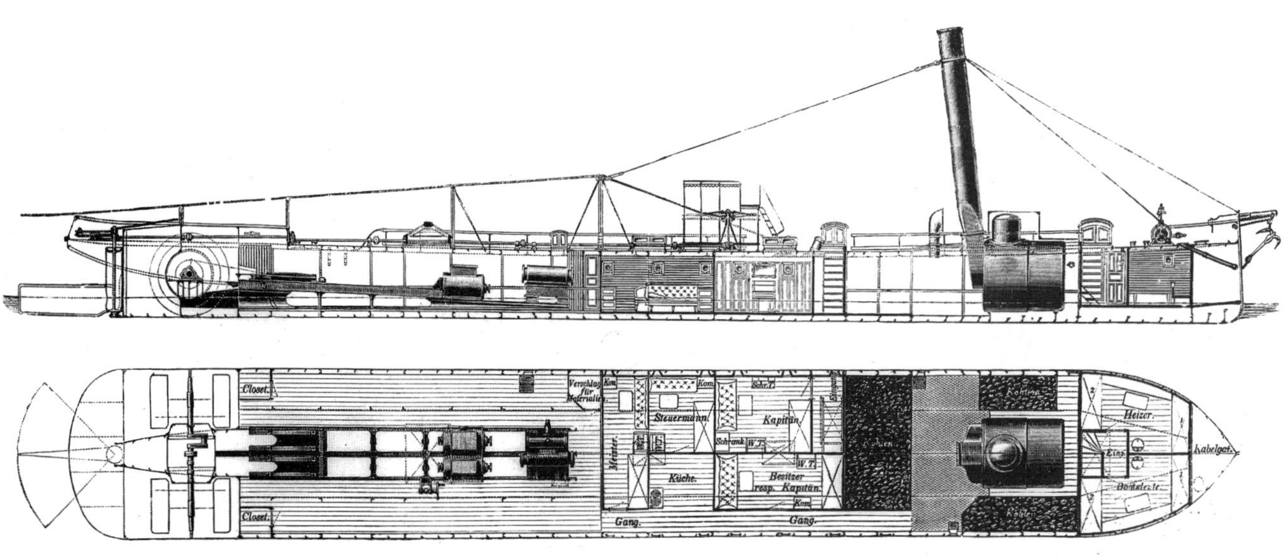


**4.5: Heckraddampfer PRITZERBE, Generalplan**

Quelle: Kat. Sachsenberg 1901

**HALLE**
Typ: ZDHR / Bj: 1885 / Werft: Sachsenberg (175)
Lpp: 47,60 / BaSp: 5,80 / T: 0,86 / SH: 2,30 / Tf: 227
Antrieb: 1 3z3fEMmEK/ 300 PSi; 1 K/ 10,5 atü; 2 HR; 1 R
Bes: - / BA: Stahl
Neubau für Elbe & Saale-DG, Alsleben; Spitzname: BACHMÜLLER (nach Bachmühle, Alsleben); 1888 an unbekannten Eigner; 1897 Schmeil & Friedrich, Hamburg, SCHMEIL & FRIEDRICH I; 4.3.1899 Otto Benz, Havelberg, CARL; 1924 Helling, Breslau, OTTO; Verbleib ?

**PRITZERBE**
Typ: ZDHR / Bj: 1887 / Werft: Sachsenberg (208)
Lpp: 40,80 / BaSp: 5,80 / T: 0,68 / SH: 2,20
Antrieb: 1 2z2fEMmEK/ 180-200 PSi; 1 K/ 7 atü; 2 HR; 1 R
Bes: - / BA: Stahl
Neubau für Elbe & Saale-DG, Alsleben; Spitzname: PREGELMÜLLER (nach Pregelmühle, Alsleben); 12.1887 Fahrtaufnahme mit Schleppzug bis Halle/S.; 1897 Fermum, Spandau; 30.10.1924 Franz Burow, Havelberg; 1926 Hugo Lenius, Landsberg/Warthe, ATLAS, Heimatort später Stettin; nach 1945 Sowjetische Oderschiffahrt AG, RION; 1952 DSU, Heimatort Magdeburg; 1957 DBR; vor 1960 abgewrackt

**Tab. 4.2 Seitenradschlepp- und Bugsierdampfer der Elbe- und Saale-Dampfschleppschifffahrts-Gesellschaft**

| Typ | Name | Baujahr | Bauwerft | Lpp | BüR | BaSp | T,l | SH | Antrieb |
|---|---|---|---|---|---|---|---|---|---|
| ZDR | ALSLEBEN | 1884 | Sachsenberg (144) | 59,25 | 12,61 | 6,02 | 0,74 | 2,30 | 1 2z2fEM/ 280 PSi |
| ZDR | NIENBURG | 1884 | Sachsenberg (145) | 59,25 | 12,61 | 6,02 | 0,74 | 2,30 | 1 2z2fEM/ 280 PSi |
| ZDR | WETTIN | 1886 | Sachsenberg (196) | 63,21 | 14,17 | 6,73 | 0,70 | 2,40 | 1 2z2fEM/ 544 PSi |
| ZDR | TANGERMÜNDE | 1891 | Möller & Holberg (395) | 61,00 | 15,60 | 7,78 | 1,15 | 2,80 | 1 3z3fEM/ 650 PSi |
| ZDR | SCHOENEBECK | 1893 | Möller & Holberg (423) | 65,00 | 15,90 | 8,15 | 0,95 | 2,50 | 1 3z3fEM/ 650 PSi |
| BD | PICADOR | 1885 | Ch. Jürgens, Hamburg | 14,00 | - | 3,50 | - | 1,70 | 1 2z1fEM/ 55 PSi |
| BD | CAMPEADOR | 1887 | Ch. Jürgens, Hamburg | 17,85 | - | 4,65 | 2,40 | - | 1 2z1fEM/ 130 PSi |

**ALSLEBEN**
Neubau für Elbe-Saale-DG, Alsleben; 1894 VEuSS; 1904 VEG; 1905 Lagerschiff VEG XX; 1922 noch vorhanden; Verbleib ?

**NIENBURG**
Neubau für Elbe-Saale-DG, Alsleben; 1894 VEuSS; 1904 VEG; 1905 Lagerschiff VEG XXI; Verbleib ?

**WETTIN**
Neubau für Elbe-Saale-DG, Alsleben; 1894 VEuSS; 1904 VEG; 1926 VEG 2; 1930 NNVE, Hamburg, NNVE 16; 1938 abgewrackt

**TANGERMÜNDE**
Neubau für Elbe-Saale-DG, Alsleben; 1894 VEuSS; 1904 VEG; 1913 Dampfkohlengreifer VEG T; Verbleib ?

**SCHOENEBECK**
Neubau für Elbe-Saale-DG, Alsleben; 1894 VEuSS, 1904 VEG, 1926 VEG 7; 1930 NNVE, Hamburg, NNVE 26; 1945 abgewrackt

**PICADOR**
Neubau für Elbe-Saale-DG, Alsleben; ca. 1893 verkauft; Verbleib ?

**CAMPEADOR**
Neubau für Elbe-Saale-DG, Alsleben; 1894 VEuSS; 1904 VEG; 1927 Huth & Straatmann, Bremen; Verbleib ?

## 4.4 August Mann, Halle/S.
## - Hallesche Dampfschiffahrts-Gesellschaft, Hamburg - Neue Deutsch-Böhmische Elbschiffahrts AG, Dresden

Die Firma Mann wurde schon 1818 als J. G. Mann & Söhne in Schönebeck gegründet. 1830 verlegte der damalige Inhaber das Geschäft nach Halle/S., um es hier als Getreide-, Kommissions-, Speditions-, Kohlen- und Produktengeschäft weiter zu betreiben. Es entwickelte sich bald zu einem der größten und bedeutendsten Geschäfte Halles. Im Jahre 1869 übernahm der dritte Sohn des Firmengründers das Geschäft und änderte die Firmenbezeichnung auf seinen Namen August Mann um. 1894 starb August Mann. Seine Witwe führte das Geschäft in eingeschränkter Form weiter, bis 1898 der neu eingetretene Mitinhaber Paul Wilhelmi die Leitung übernahm. Wilhelmi gestaltete die Firma gründlich um. Da sich das Geschäft auf dem Getreide-, Kohlen- und Baustoffsektor nicht günstig entwickelte, ließ er es kurzerhand fallen und wandte sich dafür voll der Spedition, Lagerung und Kommission zu. Sofort gründete er innerhalb seiner Firma eine Abteilung für Güterschiffahrt. Der unbefriedigende Zustand der damaligen Saaleschiffahrt ließ ihn auf diesem Gebiet eine Zukunft für seine Firma erhoffen. Auf seine Veranlassung wurde Anfang 1899 die Rhederei der Saaleschiffer e.G.m. b.H. gegründet, der er als Vorstandsmitglied angehörte. Aus verschiedenen Gründen kam es 1900/01 zu einer Lösung der Geschäftsbeziehungen zwischen der Firma August Mann und der Rhederei der Saaleschiffer. Die einstigen Geschäftspartner wurden zu scharfen Konkurrenten. Wilhelmi verschaffte seinem Unternehmen in kurzer Zeit genügend Kahnraum, um in der Auseinandersetzung bestehen zu können. Er ging sogar noch einen Schritt weiter und bestellte gemeinsam mit der Hamburger Reederei Meyn zwei Eilfrachtdampfer. Damit kamen erstmals Frachtdampfer auf die Saale,

**Bild 4.6: Eilfrachtdampfer HALLE (links) und LEIPZIG vor den Speichern der Firma Mann in Halle** Foto: Slg. Schröder

**Bild 4.7: Eilfrachtdampfer der Firma Mann im Unterwasser der Schleuse Bernburg** Foto: Slg. Stephan

**Bild 4.8: Flagge der Halleschen Dampfschiffahrts-Gesellschaft, Hamburg**

**Bild 4.9: Eilfrachtdampfer ERFURT ex SACHSEN der NDBE in Magdeburg unterwegs zur Saale** **Foto: Museum Schönebeck**

die im Gegensatz zur ehemaligen Elbe & Saale-Dampfschleppschifffahrts-Gesellschaft, ausschließlich dem Verkehr von und nach Saalestationen, hauptsächlich Halle, dienten. Die beiden Dampfer wurden unter den Namen HALLE und LEIPZIG in Fahrt gebracht. August Mann bediente mit diesen Schiffen ausschließlich den Eilverkehr mit Hamburg, der für die Saaleschiffahrt die wichtigste Strecke darstellte. Obwohl die Infahrtsetzung der beiden Dampfer von den Schifferkreisen zuerst mit großen Zweifeln bedacht wurde, rentierte sich der Einsatz doch so, daß Wilhelmi mit der SACHSEN einen weiteren Dampfer in Auftrag gab.

Der Rhederei der Saaleschiffer blieb nur die Charterung von Dampfern übrig, um August Mann in diesem hart geführten Wettbewerb nicht zu unterliegen. Inzwischen war der Hamburger Anteilseigner Meyn schon 1903 wieder ausgeschieden.

1906 vergrößerte sich die Firma durch Pachtung des fiskalischen Sophienhafens in Halle. Ihr schlossen sich immer mehr Schiffer an, während der Mitgliederbestand der Rhederei der Saaleschiffer nahezu konstant blieb. Auf Veranlassung der Firma August Mann wurde 1906 ein Verein auf Gegenseitigkeit, der sogenannte Germania-Verband mit Sitz in Nienburg, gegründet, in dem sich die angeschlossenen Schiffer zusammenfanden. Die Firma expandierte weiter, so daß im gleichen Jahr ein weiterer Eilfrachtdampfer in Auftrag gegeben werden konnte. Anfang 1907 wurde das Schiff als THUERINGEN in Dienst gestellt. Es sollte allerdings der letzte Mann-Dampfer sein. Zu diesem Zeitpunkt konnte August Mann über vier Eilfrachtdampfer und ca. 100 angeschlossene Schleppkähne verfügen. 1910 eröffnete man dann noch einen Eilverkehr nach Berlin.

Eine Änderung im gesamten Firmengefüge brachte das Jahr 1913. Paul Wilhelmi veräußerte den größten Teil der Schiffahrtsabteilung. Der Mittelelbische Speditionsverein übernahm den Güterumschlag in Richtung Hamburg. Die diesem Unternehmen nahestehende Hamburger Firma OHG Lorenz & Schmidt führte auf dieser Strecke den Schiffsverkehr weiter und kaufte auch die vier Dampfer. Das Fahrtgebiet blieb dasselbe und auch deshalb nannte sich die neue Reederei Hallesche Dampfschiffahrts-Gesellschaft mbH, die ihren Hauptsitz allerdings in Hamburg hatten. August Mann beschränkte sich auf den inzwischen bis Stettin ausgedehnten Eilkahnverkehr über Berlin. Dampf- oder Motorschiffe brachte diese Firma nicht wieder in Fahrt.

Die Hallesche Dampfschiffahrts-Gesellschaft bestand indes nur kurze Zeit. 1916 wurden die Schiffe, offensichtlich im Zusammenhang mit dem starken Frachtrückgang auf der Relation Halle/S. - Hamburg infolge des 1. Weltkrieges, an die Neue Deutsch-Böhmische Elbschiffahrts AG, Dresden (NDBE) verkauft. Die durch die Kriegsereignisse eingetretenen Umstände wirkten sich auf den Konzentrationsprozeß der Elbschiffahrt und der angrenzenden Flußgebiete wahrscheinlich fördernd aus. Das Fahrgebiet der Schiffe blieb aber nach wie vor die Saale.

Die NDBE richtete sich im Hallischen Sophienhafen ein und übernahm einen Teil der dortigen Anlagen. Die SACHSEN wurde in ERFURT umbenannt, da die Reederei schon ein Schiff dieses Namens in Fahrt hatte.

Mit dem 1939 ausbrechenden 2. Weltkrieg begann sich das Ende auch dieses Unternehmens abzuzeichnen. Alle Schiffe befuhren zwar noch bis in den Krieg hinein die Saale im Linienverkehr, nach 1945 waren sie aber weitverstreut. Eine NDBE gab es auf der Saale nicht mehr.

**Bild 4.10: Schleppdampfer HELGOLAND (1906 als ELSA bei J. W. Klawitter, Danzig gebaut) wurde durch die NDBE bevorzugt im Saaleverkehr eingesetzt** **Foto: Museum Schönebeck**

**HALLE**
Typ: GDS / Bj: 1901 / Werft: Koch
Lüa: 51,50 / Büa: 6,02 / T,l: 0,70 / T,b: 1,92 / SH: 2,50 / Tf: 264 (1901); 280 (19..)
Antrieb: 2 2z2fEM/ 2 x 110 = 220 PSi; 1 K; 2 S; 1 R
Bes: / BA: Stahl
Neubau für August Mann, Halle/S. und Fa. Meyn, Hamburg; 5.2.1914 Halle'sche Dampfschiffahrts-Gesellschaft m.b.H., Hamburg-Halle/S. (OHG Lorenz & Schmidt, Hamburg), Heimatort Halle/S.; 16.5.1916 NDBE, Dresden, Heimatort Hamburg; 10.12.1921 Heimatort Magdeburg; 1945 an UdSSR; Verbleib ?

**LEIPZIG**
Typ: GDS --> GMS / Bj: 1902 / Werft: Koch
Lüa: 51,52 / Büa: 6,04 / T,l: 0,70 / T,b: 1,92 / SH: ca. 2,50 / Tf: 272 (1902)
Antrieb: 2 2z2fEM/ 2 x 110 = 220 PSi (1902); 1 K/ 10,5 atü; 2 6z4tDM/Deutz - / 2 x 120 = 240 PSi (1939); 2 S; 1 R
Bes: / BA: Stahl
Schicksal -->HALLE; 1939 GMS; 1945 Heimatort Hamburg; 1950 abgewrackt

**SACHSEN --> ERFURT**
Typ: GDS / Bj: 1903 / Werft: Paucksch (7)
Lüa: 51,00 / Lpp: 48,40 / Büa: 6,00 / T,l: 0,70 / T,b: 1,62 / SH: 2,30 / Tf: 250,4 (1903)
Antrieb: 2 2z2fEM/ 2 x 100 - 120 = 240 PSi; 1 K/ 10 atü; 2 S; 1 R
Bes: / BA: Stahl, Holz
Neubau für August Mann, Halle/S.; weiteres Schicksal --> HALLE; 1920 ERFURT; 1953 Johann Kneisch, Bingen; abgewrackt

**THUERINGEN**
Typ: GDS / Bj: 1906 / Werft: Paucksch (18)
Lüa: 51,50 / Büa: 6,02 / T,l: 0,70 / T,b: 1,92 / Tf: 350 (1907); 310 (19....)
Antrieb: 2 2z3fEM/115 + 135 = 250 PSi; 1 K; 2 S; 1 R
Bes: / BA: Stahl, Holz
Neubau für August Mann, Halle/S.; weiteres Schicksal --> HALLE; 1949 DSU; 1957 DBR; 1961 abgewrackt

## 4.5 Rhederei der Saaleschiffer eGmbH, Halle/S. - Hamburg

Die "Rhederei der Saaleschiffer e.G.m.b.H. zu Halle/S." war eine Gründung der Firma August Mann, Halle/S. Anfang 1899 schlossen sich unter ihrer Führung 25 "wilde" Saaleschiffer zu einer Genossenschaft zusammen, die den Zweck verfolgte, durch geschlossenes Auftreten nach außen den Mitgliedern lohnende Frachten zu sichern. Dabei lebte der schon 1829 in der Rheinschiffahrt aufgetauchte genossenschaftliche Gedanke wieder auf.
Zwischen der "Rhederei" und dem Frachtkontor der Vereinigten Elbe- und Saaleschiffer drohte ein harter Konkurrenzkampf. Soweit kam es dann aber nicht, da man sich vorher einigte. Das Frachtkontor hatte seit seiner Einrichtung 1894 ungünstig gearbeitet, weshalb man nach Auftreten eines zusätzlichen Unternehmens mit weiteren Verlusten rechnen mußte. Die Vereinigten Elbe- und Saaleschiffer verließen daraufhin den Saalebereich. Die Angestellten ihrer Hamburger Saale-Abteilung und das Hallische Frachtkontor wurden von der "Rhederei" übernommen, ebenso die für sie bis dahin arbeitenden Schiffer. Weitere Schiffer schlossen sich an, so daß die Genossenschaft im Jahre 1900 125 Mitglieder zählte. Dadurch hatte die Firma August Mann mit der "Rhederei" im Gefolge die beherrschende Stellung in der Saaleschiffahrt eingenommen.
1900 kam es aus verschiedenen Gründen zu einer Trennung von der Firma August Mann. Die "Rhederei" trat jetzt in enge Verbindung zum Hallischen Speditions-Verein. Zwischen A. Mann und seiner ehemals eigenen Gründung entwickelte sich ein harter Konkurrenzkampf. Die "Rhederei" hatte ihren Kontrahenten dabei offensichtlich völlig unterschätzt, da man ursprünglich annahm, daß er nach Entzug des Frachtraumes aus dem Saalegeschäft ausscheiden müßte. Das Gegenteil trat ein. Es ging sogar soweit, daß eine Reihe von Schiffern die "Rhederei" wieder verließen und sich der Firma Mann anschlossen.
August Mann blieb gegenüber seinem Konkurrenten weiterhin in der Offensive, indem er 1901 schon seine ersten Frachtdampfer einstellte.
Während August Mann fast ungehindert expandierte, versuchte die "Rhederei" durch allerlei Provisorien nicht erdrückt zu werden. Ihre finanzielle Potenz war noch nicht so entwickelt, daß sie ebenfalls Frachtdampfer in Auftrag geben konnte. Man mußte vorerst noch Dampfer-Tonnage chartern.

In den folgenden Jahren entwickelte sich der Frachtverkehr, nach wie vor im harten Konkurrenzkampf mit der Firma Mann, entsprechend des Frachtangebotes, aber auch der hydrologischen Gegebenheiten. So brachte das Jahr 1903 eine hohe Rate in der Zuckerverfrachtung, im folgenden Jahr mußten dagegen Verluste infolge lang anhaltender Trockenheit und eines damit niedrigen Wasserstandes der Saale hingenommen werden.
1906 kamen soziale Probleme zum offenen Ausbruch. Anfang des Jahres fand ein dreiwöchiger Hafenarbeiterstreik statt, im Herbst ein fünfwöchiger Streik der Schiffsbesatzungen. Hier forderten Berufsgruppen eine Verbesserung ihrer Arbeits- und Lebensbedingungen, die schwere körperliche Arbeit zu verrichten hatten, dabei aber z. T. schlechter entlohnt wurden als andere.

Bild 4.11: Flaggen und Schornsteinmarke der R.d.S.S.

**Bild 4.12: Steuerstand des Eilfrachtdampfers ALSLEBEN mit Schiffern und ihren Familienangehörigen** Foto: Museum Schönebeck

Die Situation der "Rhederei" hatte sich inzwischen stabilisiert. Ihr Hauptfahrtgebiet war der Verkehr mit Hamburg, daneben wurde auch Schiffsverkehr mit Lübeck, den Märkischen Wasserstraßen und der Oder unterhalten. Hieran änderte sich bis 1945 nichts.

1908 konnte dann aber auch endlich der erste Eilfrachtdampfer bei Caesar Wollheim in Cosel in Auftrag gegeben werden. Mit diesem Schiff, das Anfang 1907 als WETTIN in Fahrt kam, begann die "Rhederei" gegenüber August Mann aufzuholen. Infolge der finanziellen Lage brachte die Bezahlung der WETTIN und auch der weiteren Wollheim-Bauten Probleme mit sich. Die Werft mußte mehrmals ihre Forderungen einklagen, auch wurden die Dampfer öfters verpfändet. Das waren zur damaligen Zeit allerdings durchaus gängige Praktiken.

Das Jahr 1908 brachte schlechte Erträge in der Rohzuckerverfrachtung, dafür konnten aber überdurchschnittlich viele Zwiebeln verschifft werden. Hieraus ist zu ersehen, daß landwirtschaftliche Produkte eine relativ große Rolle in der Saaleschiffahrt spielten.

1909 trat dann mit der ALSLEBEN der zweite Eilfrachtdampfer zur "Rhederei". Auch dieses Schiff war, ebenso wie die WETTIN, nach einem bekannten Schifferort an der Saale benannt. Die ALSLEBEN wurde in Alsleben natürlich festlich empfangen. Die Bürger waren stolz, daß ein Dampfschiff den Namen ihres Städtchens auf deutschen Wasserstraßen führte. Am 28. September fand auf Einladung des Vorstandes eine Probefahrt von Alsleben aus statt. Unter Böllerschüssen und Klängen der Stadtkapelle fuhr der Dampfer mit Vertretern der Stadt, der "Rhederei" und einiger älterer Saaleschiffer bis unterhalb der Rothenburger Schleuse und zurück.

Das Jahr 1912 brachte erneut Arbeitskämpfe. Die Hallischen Hafenarbeiter begannen am 1. Mai einen sechswöchigen Streik.

Im gleichen Jahr änderte sich auch die Rechtsform des Unternehmens. Die bisherige Genossenschaft

**Bild 4.13: ALSLEBEN nach dem Umbau zum Motorfrachtschiff** Foto: Museum Schönebeck

Bild 4.14: Eilfrachtdampfer NIENBURG

Foto: Museum Schönebeck

Bild 4.15: Eilfrachtdampfer BERNBURG fuhr für die Rhederei der Saaleschiffer zeitweise in Charter

Foto: Museum Schönebeck

**Bild 4.16: Eilfrachtdampfer MERSEBURG** Foto: Museum Schönebeck

wurde in eine Aktiengesellschaft umgewandelt. Der Grund hierfür lag in der mangelnden Finanzkraft der "Rhederei". Bis 1912 standen ihr nur die Genossenschaftsanteile zur Verfügung, die aber nicht beliebig erhöht werden konnten. Für weitere Dampferbauten waren also kaum Mittel vorhanden. Nach der Umwandlung in eine AG belief sich das Aktionkapital auf 235.000 M gegenüber ca. 50.000 M eingezahlter Genossenschaftsanteile. Dem Unternehmen boten sich hierdurch neue Möglichkeiten, die auch bald genutzt wurden.

Inzwischen hatte man also zwei eigene Eilfrachtdampfer für den Hamburg-Dienst eingestellt, trotzdem war man nach wie vor auf angemietete Tonnage angewiesen. Es waren dies die beiden Frachtdampfer CALBE (1906/ J. G. Hitzler, Lauenburg) und BERNBURG (1902/ Gustav Koch, Stettin) der Hamburger Reederei Gebr. Meyn, einer Firma die u. a. auch in der Saalefahrt tätig war.

Vollständig auf eigene Füße konnte die "Rhederei" sich dann 1913 stellen, als zwei weitere Dampfer-Bauten zur Flotte stießen. Die Eilfrachtdampfer NIENBURG, wiederum nach einem Schifferort an der Saale benannt, und MERSEBURG wurde im Oktober übernommen und sofort in Fahrt gesetzt.

Dabei begann das Jahr 1913 wiederum mit Arbeitskämpfen. Am 15. Februar begann ein Streik der Schiffsbesatzungen, so daß die Schiffahrtseröffnung erst am 7. Mai erfolgen konnte. Die Rhederei der Saaleschiffer AG hatte sich inzwischen konsolidiert. Die Dividenden betrugen bis 1914 zwischen 5 und 10 %. Einen Einbruch brachte der 1. Weltkrieg, nicht nur für die "Rhederei", sondern für alle im Schiffsfrachtverkehr ab Halle/S. tätigen Firmen. Ein Großteil der verschifften Güter ging im Im- und Export über Hamburg. Durch die Blockade der deutschen Küsten brach der Seeverkehr fast völlig zusammen, was sich entsprechend auf die Binnenschiffahrt auswirkte.

Mit dem Jahr 1919 begann sich der Saaleverkehr langsam zu erholen, ohne allerdings vorerst seinen früheren Umfang wieder zu erreichen. Man profitierte von amerikanischen Lebensmittellieferungen, die über Hamburg ins Binnenland verschifft wurden. Das waren vornehmlich Weizenmehl, Speck und Schmalz, sowie Reis, Bohnen und Erbsen. Bald kamen dann auch die ersten Rohstoffladungen für die heimische Industrie, wie z. B. Wolle, Gerbstoffe, Häute, Schwefel, Zellstoff usw. hinzu. Der Talverkehr konzentrierte

**Bild 4.17: Schlepper SAALECK vor 1936 mit Dampfantrieb** Foto: Museum Schönebeck

**Bild 4.18: Motorfrachtschiff WEISSENFELS unterwegs von Hamburg nach Halle** **Foto: Museum Schönebeck**

sich hauptsächlich auf die Braunkohlenbrikettverschiffung.
Nachdem 1921 die Vereinigten Elbeschiffahrts-Gesellschaften, Dresden (VEG) ihre Kettenschiffahrt auf der Saalestrecke eingestellt hatten, wurde dieser Strombereich nur noch durch zwei Gesellschaften regelmäßig bedient, die "Rhederei" und die NDBE. Hinsichtlich der Schleppkapazitäten war damit ein Vakuum entstanden. Ein Großteil der der "Rhederei" angeschlossenen Kähne war von den Kettendampfern bergwärts geschleppt worden. In diese Lücke sprang die Gesellschaft, indem sie mit der RUDELSBURG ein kurzfristig zum Schleppdampfer umgebautes Passagierschiff erwarb.
Die Deutsche Reichsbahn-Gesellschaft (DRG) versuchte in den 20er Jahren u. a. durch Ausnahmetarife soviel wie möglich Frachtvolumen der Binnenschiffahrt zu entziehen, um ihre eigene Position hierdurch zu stärken. Darunter hatte die gesamte deutsche Binnenschiffahrt, und damit auch der Saaleverkehr, zu leiden. Die DRG war dabei in mancher Beziehung im Vorteil. So waren die Beförderungszeiten viel kürzer, auch war man von Natureinflüssen, die sich auf den Schiffsverkehr nachteilig auswirkten, wie Hoch- bzw. Niedrigwasser oder auch Eisgang, nicht betroffen.
Die nachfolgenden Jahre brachten der "Rhederei" gute Gewinne, das Vorkriegstransportvolumen wurde wieder erreicht.
Die meisten der im Elbverkehr mit dem Endpunkt Hamburg tätigen Schiffahrtsgesellschaften hatten dort neben Filialen bzw. Kontoren, Lagerhäusern usw. auch schwimmende Betriebsmittel. Die "Rhederei" besaß nur ein solches Fahrzeug, nämlich die 1924 erbaute Motorbarkasse SAALESCHIFFAHRT.
1925 konnte ein zweiter Schleppdampfer unter dem Namen SAALECK in Fahrt gebracht werden. Seit der Indienststellung der MERSEBURG vor 12 Jahren war das der erste Neubau eines größeren Schiffes. Die SAALECK hatte eine Antriebsleistung von 280 PSi, die "Notlösung" RUDELSBURG dagegen nur 165 PSi.
Nach wie vor hatte man unter der Tarifpolitik der DRG zu leiden. Die Erträge waren von Jahr zu Jahr zwar wechselhaft, trotzdem konnte man 1926 das erste Motorfrachtschiff in Fahrt bringen. Es war die bei J. G. Hitzler, Lauenburg gebaute WEISSENFELS. Zu dieser bekannten Werft entwickelten sich in den darauffolgenden Jahren engere Beziehungen. Das neue Schiff wurde in seinem Heimatort, aber auch schon vorher an der gesamten Saalestrecke wieder herzlich begrüßt. Festlich bekränzt und beflaggt kam es in Halle an.
1928 konnte mit der GIEBICHENSTEIN ein dritter Schleppdampfer in Fahrt gebracht werden. Der Neubau war etwas kleiner als die SAALECK ausgelegt und hatte auch eine etwas geringere Antriebsleistung. Die "Rhederei" verfügte inzwischen also über drei Schleppdampfer, die alle nach an der

**Bild 4.19: Schleppdampfer GIEBICHENSTEIN** **Foto: Museum Schönebeck**

**Bild 4.20: Motorfrachtschiff LEUNA, der letzte Neubau für die R.d.S.S.** **Foto: Museum Schönebeck**

Rhederei der Saale-Schiffer
Aktien-Gesellschaft

AKTIE

Lit. B. №38 über

Eintausend Mark

Der Inhaber dieser Aktie ist an der Rhederei der Saale-Schiffer, Aktien-Gesellschaft zu Halle a. d. S., mit dem Betrage von

EINTAUSEND REICHSMARK

nach Maßgabe ihres Gesellschaftsvertrages beteiligt.

Halle a. d. S., den 1. Januar 1913.

Rhederei der Saale-Schiffer
Aktien-Gesellschaft.

Der Aufsichtsrat: Der Vorstand:

Eingetragen Seite 16 des Aktien-Registers.

Saale liegenden Burgen benannt wurden.

Die Ende der 20er Jahre ausgebrochene Weltwirtschaftskrise, verbunden mit Firmenzusammenbrüchen, Arbeitslosigkeit usw., wirkte sich bis in die 30er Jahre hinein auch negativ auf die Saaleschiffahrt aus.

Inzwischen entsprach der Schlepper RUDELSBURG nicht mehr den Erwartungen. Man verkaufte ihn Anfang 1932. Im selben Jahr wurde mit einer umfangreichen Modernisierung der Eilfrachtdampfer und Schlepper begonnen. Als erstes Schiff wurde die ALSLEBEN auf Motorantrieb umgerüstet. Dem folgten 1936 die SAALECK, 1937 die NIENBURG und schließlich 1939 noch die MERSEBURG. Nach diesen Umbauten von Dampf- zu Motorschiffen wurde 1938 das letzte Schiff der Gesellschaft in Auftrag gegeben. Anfang 1939 kam das Motorfrachtschiff LEUNA zur Ablieferung.

Der am 1. September 1939 ausbrechende 2. Weltkrieg leitete faktisch den Niedergang des Unternehmens ein. Vorerst blieben noch alle Schiffe in Fahrt. Lediglich die WEISSENFELS mußte an die Kriegsmarine abgegeben werden. Von weiteren Beschlagnahmen und auch Kriegsschäden blieben die Dampfer und Motorschiffe der "Rhederei" verschont.

Bei Kriegsende befanden sich LEUNA in Hamburg, WETTIN, ALSLEBEN, NIENBURG, MERSEBURG, SAALECK und GIEBICHENSTEIN in Halle. Die in Halle liegenden Schiffe wurden nacheinander auf der Grieseler-Werft in Mukrena überholt und dann als Reparationsleistung an die Sowjetunion abgeliefert. Die LEUNA wurde von der Hamburger Filiale bis 1959 weiterbetrieben. Die "Rhederei" bestand nach 1945 sowohl in der Sowjetischen Besatzungszone, als auch in den Westzonen weiter. In der Sowjetischen Besatzungszone, aus der dann 1949 die DDR hervorging, hatte man zwar keine Schiffe mit Eigenantrieb mehr in Fahrt, aber Frachtkähne fuhren nach wie vor für das nun recht klein gewordene Unternehmen. Um 1958 verschwand der letzte Frachtkahn der "Rhederei" von den Wasserstraßen der DDR.

**Bild 4.21: Aktie der Rhederei der Saaleschiffer AG** **Foto: Slg. Schwarz**

**WETTIN**
Typ: GDS / Bj: 1906/07 / Werft: Wollheim (187)
Lüa: 51,36 / Büa: 6,00 / BaSp: 5,92 / T,l: 0,70 / T,b: 1,70 / SH: 2,50 / Tf: 265 (1907); 286,5 (1936)
Antrieb: 2 2z2fEM/ 2 x 110 = 220 PSi; 1 K; 2 S; 1 R; v: 18
Bes: 5 / BA: Stahl
Neubau für R.d.S.S.; 2.1907 Stapellauf; 1945 nach Generalüberholung an UdSSR; Verbleib ?

**ALSLEBEN**
Typ: GDS --> GMS / Bj: 1909 / Werft: Wollheim (278)
Lüa: 51,04 / Büa: 5,92 / T,l: 0,74 / T,b: 1,92 / SH: 2,70 / Tf: 298 (1909); 282 (1919); 321 (1924); 363 (1932)
Antrieb: 2 3z3fEM/ 2 x 150 = 300 PSi (1909); 1 K/ 15 atü;
2 .z.tDM/Deutz - /2 x 110 = 220 PSe(1932); 2 S; 1 R; v: 18
Bes: 5 / BA: Stahl
Neubau für R.d.S.S.; 8.1909 abgeliefert; 1. Weltkrieg bei Kaiserlicher Marine, Lagerschiff Minendepot Friedrichsort; 1932 Motorantrieb bei Hitzler, Lauenburg; 1945 nach Generalreparatur an UdSSR; Verbleib ?

**NIENBURG**
Typ: GDS --> GMS / Bj: 1913 / Werft: Wollheim (418)
Lüa: 51,55 / Büa: 6,00 / BaSp: 5,94 / T,l: 0,74 / T,b: 2,00 / SH: 2,70 /Tf: 325,4 (1913); 326 (1926); 325 (1933); 370,6 (1937)
Antrieb: 1 3z3fEMmOK/ 250 PSi (1913); 1 K; 1 6z.tDM/ 300 PSe (1937); 1 S; 1 R; v: 18
Bes: 5 / BA: Stahl
Neubau für R.d.S.S.; 15.9.1913 Stapellauf; 8.10.1913 Ablieferung; 1937 Motorantrieb bei Hitzler, Lauenburg; 1945 an UdSSR; Verbleib ?

**MERSEBURG**
Typ: GDS --> GMS / Bj: 1913 / Werft: Wollheim (419)
Lüa: 51,48 / Büa: 6,00 / BaSp: 5,94 / T,l: 0,74 / T,b: 2,00 / SH: 2,70 / Tf: 317,3 (1913); 319,3 (1933)
Antrieb: 1 3z3fEMmOK/ ca. 250 PSi; 1 K/ 15 atü, 1 6z.tDM/ 300 PSe (1939); 1 S; 1 R; v: 18
Bes: / BA: Stahl
Neubau für R.d.S.S.; 10.9.1913 Stapellauf; 29.10.1913 Ablieferung; 1939 Motorantrieb bei Hitzler, Lauenburg; 1945 an UdSSR; Verbleib ?

**RUDELSBURG**
Typ: (PDS --> ) ZDS / Bj: 1907 / Werft: Klawitter (329)
Lüa: 25,00 / Büa: 5,50 / T: 1,00 / Tf: 97 (1922)
Antrieb: 1 3z3fEM/ 165 PSi; 1 K; 1 S; 1 R; v: 17,5
Bes: / BA: Stahl
Neubau PDS BIENE für "Weichsel" Danziger Dampfschiffahrt und Seebad AG, Danzig; 19.. ZDS; Frühjahr 1922 R.d.S.S., RUDELSBURG; 2.1.1932 Oskar Sikorski, Tamsel (Bez. Landsberg/Warthe); Verbleib ?

**SAALECK**
Typ: ZDS --> ZMS / Bj: 1925 / Werft: Wiemann (219)
Lüa: 38,60 / Büa: 5,85 / T: ca. 1,00 / SH: 2,00 / Tf: 55 (1925)
Antrieb: 1 3z3fEM/ 280 PSi (1925); 1 K; 1 .z.tDM/ MAN - ./300 PSe (1936); 1 S; 1 R; v: 20
Bes: / BA: Stahl
Neubau für R.d.S.S.; Sommer 1925 Ablieferung; 1936 Motorantrieb bei Bauwerft (EM 1952 in ZDS ANDREAS); 1945 an UdSSR; Verbleib ?

**WEISSENFELS**
Typ: GMS / Bj: 1926 / Werft: Hitzler (426)
Lüa: 51,67 / Büa: 6,03 / T,l: 0,56 / T,b: 1,80 / SH: 2,30 / Tf: 397 (1926); 381,3 (1936)
Antrieb: 1 .z.tDM/MAN - ./160 PSe; 1 S; 1 R; v: 20
Bes: / BA: Stahl
Neubau für R.d.S.S.; Herbst 1926 Ablieferung; 1940 KM für "Seelöwe", Landeprahm 0 8 Pmot; 25.6.1942 Transportabt. Speer, MW 105; 5.1945 in Nordnorwegen, vermutlich Ende 1946 nach Deutschland; Verbleib ?

**GIEBICHENSTEIN**
Typ: ZDS / Bj: 1928 / Werft: Wiemann (240)
Lüa: 32,89 / Büa: 5,88 / T: ca. 1 / SH: 2,00 / Tf: 42,4 (1928)
Antrieb: 1 3z3fEM/ 225 PSi; 1 K; 1 S; 1 R; v: 20
Bes: 5 / BA: Stahl
Neubau für R.d.S.S.; 5.1929 Stapellauf; Sommer 1929 Ablieferung; 1945 an UdSSR; Verbleib ?

**LEUNA**
Typ: GMS / Bj: 1938 / Werft: Hitzler (491)
Lüa: 53,50 / Büa: 5,96 / T,b: 2,01 / SH: 2,50 / Tf: 376 (1939)
Antrieb: 1 .z.tDM/MAN - RH 342 SU/ 300 PSe; 1 S; 1 R
Bes: / BA: Stahl
Neubau für R.d.S.S.; 1.1939 Ablieferung; 5.1945 in Hamburg, Einsatz für dortige Filiale; 5.11.1959 Franz u. Lutz Kaatz, Kutenhausen (Krs. Minden), LUTZ; 8.12.1970 Stoffer Snippe, Nordhorn, VECHTE; 1988 in Fahrt

**SAALESCHIFFAHRT**
Typ: MB / Bj. 1924 / Werft: Hitzler, Hamburg
Lüa: 16,04 / Büa: 3,81 / Tf: 29
Antrieb: 1 .z.tM/ 24 PSe; 1 S; 1 R
Bes: ca. 2 / BA: Stahl
Neubau für R.d.S.S.; Verkehrsfahrzeug in Hamburg; 11.12.1956 Th. Lexau, Hamburg, BERND II; 15.1.1961 H.C.W. Schüder, Hamburg, H.C.W. SCHÜDER SÖHNE IV; Umbau zu ZMS; 30.10.1973 Vereinigte Hamburger Ewerführereien, Hamburg, MANDUS; 30.10.1983 VHE Verkehrsgesellschaft Hafen und Elbe, Hamburg, TRITON; 1984 in Hamburg abgewrackt

## 4.6 Offene Handelsgesellschaft Schütze & Henkel, Halle/S.

Hermann Schütze und Robert Henkel, zwei Angehörige der Firma August Mann, gaben zu Beginn des Jahres 1908 einen Schleppdampfer in Auftrag. Dabei blieben sie aber vorerst Angehörige ihrer alten Firma. Offenbar war die zum damaligen Zeitpunkt sehr an der Gründung dieses Unternehmens interessiert.

H. Schütze und R. Henkel konnten Anfang Juni 1908 ihr auf den Namen GERMANIA getauftes Schiff übernehmen. Sie beabsichtigten, es während der Sommermonate im Hallischen Passagierverkehr einzusetzen, während in den anderen Jahreszeiten hauptsächlich auf den Strecken nach Hamburg und Berlin geschleppt werden sollte. Die GERMANIA fuhr über die folgenden Jahre einen Gewinn ein, der die Eigner an Expansion denken ließ. Damit leiteten die beiden Gesellschafter, ohne es zu ahnen, das Ende ihres kleinen Unternehmens ein.

1910 wurden zwei kleine Eilfrachtdampfer bestellt. Die beiden Schiffe, die die Namen SAXONIA und BORUSSIA erhielten, stellten in den ersten Monaten des Jahres 1911 in Dienst. Die Reederei eröffnete mit ihnen einen Eilverkehr Halle - Berlin - Stettin. Damit wurde sie zum Vorläufer des späteren Eilkahnverkehrs der Firma August Mann. Desweiteren übernahm bzw. vermittelte sie Frachtgeschäfte aller Art. Hierfür hatte sie z. B. im Jahre 1914 ca. 40 "wilde" Schiffer an der Hand.

Das Eröffnungsjahr der neuen Strecke verlief für das Unternehmen allerdings sehr ungünstig. Infolge anhaltender Trockenheit und damit niedriger Wasserstände lagen die Dampfer lange Zeit fest. Ausnahmetarife der Eisenbahnen taten ein übriges. Der erhoffte Gewinn blieb aus, und um zu überleben, mußte Schütze & Henkel Hypotheken aufnehmen. Im Herbst wandte man sich an den Preußischen Staatsminister für Öffentliche Arbeiten mit der Bitte um Unterstützung. Der Minister akzeptierte die angeführten Gründe und veranlaßte die teilweise Rückzahlung von Schleusengeldern.

Die Reederei ging trotzdem finanziell angeschlagen in das Jahr 1912, das aber auch wieder eine lange Trockenperiode brachte. Die Schiffe mußten öfters verpfändet werden.

Die OHG Schütze & Henkel erholte sich von den Mißerfolgen der Jahre 1911/12 nicht wieder. Nachdem sich August Mann ab 1913 voll auf den Stettin-Verkehr konzentrierte, kam es zu einem ruinösen Ratenkampf, den Schütze & Henkel infolge seiner desolaten Finanzlage verlieren mußte. Im Sommer 1916 wurde die Reederei aufgelöst. Die Schiffe wechselten durch Verkauf und Zwangsversteigerungen in andere Hände.

**Bild 4.22: Doppelschraubenschlepper GERMANIA bei der Werftübernahme in Landsberg/ Warthe** Foto: Wehlmann/Zinke

**GERMANIA**
Typ: ZDS / PDS / Bj: 1908 / Werft: Paucksch (24)
Lüa: 41,00 / Lpp: 39,00 / Büa: 6,02 / BaSp: 5,80 / T: 1,10 (10 t Kohle); 1,65 (60 t Kohle) / SH: 2,20 / Tf: 67 (1908)
Antrieb: 2 3z3fEMmEK/ 2 x 210 = 420 PSi; 1 K/ 14 atü; 2 S; 1 R
Bes: 3 / Pass: 280 / BA: Stahl
Neubau für Schütze & Henkel, Halle/S.; 6.1908 abgeliefert; 9.6.1917 Friedrich Schmeil u. Franz Böge, Hamburg; 1. Weltkrieg FECH, Moseleinsatz; 9.6.1919 A. Kirsten, Hamburg; 20.8.1919 F. Schmeil, Hamburg; 17.10.1919 August Dames, Hamburg; 31.5.1920 Wihelm Berger, Duisburg-Ruhrort, vermutl. RHEINLAND; später van Holt, Duisburg; 1920 Spandauer Dampfergenossenschaft, Spandau, MARGARETHE; 1937 J. Aßmann, Reichwalde/Oder; 1940 ARKONA; 1941 Kesselexplosion (3 Tote); 1944 wieder in Fahrt; 1945 an UdSSR; Verbleib ?

**SAXONIA**
Typ: GDS / Bj: 1911 / Werft: Paucksch
Lüa: 47,00 / Büa: 5,60 / SH: 2,50 / Tf: 303,4 (1911)
Antrieb: 1 3z3fEM/150 PSi; 1 K; 1.S; 1 R
Bes:   / BA: Stahl
Neubau für Schütze & Henkel, Halle/S.; Anfang 1911 abgeliefert; 1. Weltkrieg FECH, Schiffahrtsgruppe Ost; 2.2.1917 OHG Schulze & Co., Magdeburg; 11.11.1918 NNFG, Hamburg, RATHENOW; 1.3.1930 NNVE, Hamburg; nach 1945 "der deutschen Wirtschaft bis auf weiteres entzogen" (BSR Hamburg); Verbleib ?

**BORUSSIA**
Typ: GDS / Bj: 1911 / Werft: Paucksch
Lüa: 47,00 / Büa: 5,60 / SH: 2,50 / Tf: 316 (1911)
Antrieb: 1 3z3fEM/ 150 PSi; 1 K; 1 S; 1 R
Bes:   / BA: Stahl
Neubau für Schütze & Henkel, Halle/S.; 1. Weltkrieg FECH, Schiffahrtsgruppe Ost; 2.2.1917 OHG Schulze & Co., Magdeburg; 11.11.1918 NNFG, Hamburg, HAVELBERG; später 240 PSe-Motor; 12.5.1949 Hinrich Krüger, Hamburg, BODO; 17.12.1962 K.-H. Krüger, Hamburg, SIMSON II; vermutl. nach 1973 abgewrackt

Bild 4.23: SAXONIA als RATHENOW der NNFG

Foto: Slg. Düntzsch

Bild 4.24: BORUSSIA als HAVELBERG der NNFG

Foto: Slg. Düntzsch

## 4.7 Die Schlesische Dampfer-Compagnie - Berliner Lloyd AG auf der Saale

Neben der durch Übernahme der Firma August Mann, Halle/S. auf die Saale gekommenen NDBE, befuhren weitere hier nicht beheimatete Frachtreedereien bevorzugt dieses Stromgebiet. Erwähnt seinen hiervon Julius Krümmling, Magdeburg und Schmeil & Friedrich, Hamburg.
Die wichtigste dieser Reedereien dürfte aber die Schlesische Dampfer-Compagnie - Berliner Lloyd AG, Hamburg (SDC - BL) gewesen sein. Die SDC - BL, die sich im Laufe der Jahre zur größten deutschen Binnenreederei entwickelte, kam im Zusammenhang mit dem Bau des Hafens Halle-Trotha auf die Saale. Halle-Trotha wurde 1929 ein neuer Endpunkt im Liniennetz der Reederei, die hauptsächlich Elbe, Märkische Wasserstraßen und Oder befuhr. Man beteiligte sich in großzügiger Weise an Planung und Bau des neuen Hafens, um aus der durch den Südflügel-Ausbau zu erwartenden Rentabilitätsverbesserung des Wasserweges erhebliche Gewinne zu ziehen. Die SDC - BL wurde Teilhaber der "Saale" Mitteldeutsche Speditions- und Schiffahrtsgesellschaft m.b.H., Halle/S. und der Getreide-Silo-Halle-Trotha GmbH, Halle/S..
Der der Mitteldeutschen Hafen AG gehörende Hafen Halle-Trotha eröffnete dem Frachtverkehr der SDC - BL neue Perspektiven. Neben der Verbindung nach Hamburg wurde hauptsächlich noch die Linie Berlin - Stettin bedient. 1937 wurde schließlich eine Eilverbindung nach Königsberg i. Pr. mit zwei bis drei Abfahrten pro Woche aufgenommen.
Kurz nach Ende des 2. Weltkrieges lag die Eröffnung des Passagier- und Eilgutverkehrs auf der Saale in den Händen der SDC - BL. Im Rahmen der Enteignung großer Unternehmen verschwand der Name dieser Reederei auch bald aus dem Stromgebiet.

**Bild 4.26: MAGDEBURG, der einzige Schleppdampfer der SDC - BL im Saaleeinsatz**

**Foto: Museum Schönebeck**

**Bild 4.25: Frachtkahn der SDC - BL im Hafen Halle-Trotha** **Foto: Beyer**

**Tab. 4.3 Für den Saaleverkehr zugelassene Fahrzeuge der SDC - BL (Stand 1932)**

| Typ | Name | Baujahr | Bauwerft | Lüa | Büa | T,l | T,b | Antriebsleistung |
|---|---|---|---|---|---|---|---|---|
| ZDS | MAGDEBURG | 1913 | Maaß, Neustrelitz | 32,90 | 5,31 | 0,93 | 1,30 | 200 PSi |
| ZMS | MOTOR V ex YORCK | 1908 | Wiemann, Brandenburg | 26,63 | 4,35 | 0,96 | 1,12 | 250 PSe |
| ZMS | MOTOR XII ex ALFRED | 1898 | Kette, Übigau | 25,00 | 4,54 | 0,82 | 1,05 | 150 PSe |
| GMS | ALSTER | 1928 | Heidelmann, Lauenburg | 46,09 | 5,47 | 0,49 | 1,86 | 100 PSe |
| GMS | BODE | 1928 | Bolle, Derben | 44,89 | 5,06 | 0,49 | 1,68 | 100 PSe |
| GMS | COTTBUS | 1908 | Wollheim, Breslau | 44,75 | 5,00 | 0,46 | 1,81 | 50 PSe |
| GMS | EIDER | 1928 | Boizenbg. Werft, Boizenbg. | 52,00 | 6,05 | 0,50 | 1,80 | 140 PSe |
| GMS | ELSTER | 1909 | Bettin, Tangermünde | 43,20 | 4,65 | 0,51 | 1,71 | 75 PSe |
| GMS | EMMI | 1905 | Paucksch, Landsberg/W. | 44,93 | 5,10 | 0,56 | 1,66 | 75 PSe |
| GMS | FULDA | 1928 | Hitzler, Lauenburg | 46,02 | 5,03 | 0,49 | 1,97 | 75 PSe |
| GMS | GERTY | 1904 | Bettin, Tangermünde | 46,27 | 4,67 | 0,58 | 1,48 | 75 PSe |
| GMS | MAIN | 1927 | Hitzler, Lauenburg | 46,04 | 5,01 | 0,53 | 2,10 | 75 PSe |
| GMS | MATHILDE | 1906 | Paucksch, Landsberg/W. | 45,10 | 5,10 | 0,56 | 1,72 | 75 PSe |
| GMS | MOSEL | 1927 | Hitzler, Lauenburg | 46,04 | 5,04 | 0,52 | 2,09 | 75 PSe |
| GMS | NEISSE | 1925 | Wollheim, Breslau | 50,72 | 6,00 | 0,47 | 1,67 | 150 PSe |
| GMS | SPREE | 1925 | - , Glogau | 50,80 | 6,00 | 0,48 | 1,71 | 150 PSe |
| GMS | UNSTRUT | 1929 | - , Groningen | 52,20 | 6,02 | 0,58 | 1,92 | 150 PSe |
| GMS | WERRA | 1928 | Hitzler, Lauenburg | 46,06 | 5,02 | 0,44 | 1,93 | 75 PSe |
| GMS | WESER | 1925 | - , Glogau | 50,60 | 6,00 | 0,46 | 1,73 | 150 PSe |

**Bild 4.27: Motorfrachtschiff WERRA** Foto: Museum Schönebeck

## 4.8 Frachtmotorschiffe und Schlepper weiterer Eigner im Saale-Unstrut-Gebiet

Die Gründung zweier Hallischer Dampferunternehmen um die Jahrhundertwende deckte den Bedarf an Frachtraum im Eilverkehr weitgehend ab. Darüber hinaus erbrachten die Kettendampfer zusätzliche Schleppleistung. Für die Anschaffung spezieller Schleppdampfer bestand demnach keine Veranlassung. Schließlich konnten hierfür auch noch Fahrzeuge der Wasserbauinspektion und auch schleppfähige Passagierschiffe herangezogen werden.
Eine gewisse Ausnahme spielte der Unstrut-Bereich. Der dortige lokale Schiffahrtsbetrieb konzentrierte sich auf Transporte für die zwischen ca. 1850 und 1865 gegründeten Zuckerfabriken. Es wurden Rüben und Schnitzel sowie Kohle und Kalkstein auf dem Wasserweg befördert. Mit der 1916 gekauften HEDWIG kam der erste Schleppdampfer für diese Zwecke auf die Unstrut. Durch den stetig wachsenden Bedarf der Zuckerfabriken wurde in den folgenden Jahren weitere Schleppkapazität notwendig. Vermutlich nach dem 1. Weltkrieg kaufte ein F. Schneider aus Nebra einen Doppelschraubenschlepper. Das Schiff bewährte sich infolge zu großer Abmessungen auf dem schmalen Fluß nicht. Erstaunlich ist aber, daß die recht große HEDWIG immerhin bis 1932 hier eingesetzt wurde. Besser geeignet für die Unstrut waren wohl die 1930 angekaufte HILDEGARD und ein 1931 als Ersatzbau für HEDWIG in Auftrag gegebener Schlepper. Schließlich brachte 1941/42 der Weißenfelser Fahrgastschiffreeder Herbert Grundmann auch noch kurzzeitig seinen Motorschlepper METEOR in Fahrt.
Auf der unteren Saale existierten vor dem 2. Weltkrieg bis auf die mehrfach den Eigner wechselnde VORWÄRTS (275 PSe) nur in Nienburg gewisse Schleppkapazitäten. Dort hatte sich die Firma Warthmann & Koch die Schlepper BODE (100 PSe) und SAALE (200 PSe) zugelegt. Der ebenfalls in Nienburg wohnhafte Schiffer

**Bild 4.28: Motorschlepper GRÖNA (20x4,5m;120 PSe) der Hamburger Reederei Schmeil & Friedrich; 1925 bei August Pahl, Hamburg für den Saaleeinsatz gebaut**

**Foto: Museum Schönebeck**

**Bild 4.29: Motorfrachtschiff GRETE; 1944 - 1976 auf der Saale beheimatet**

**Foto: Krieg**

Ernst Pökel kaufte 1933 die kleine Schleppbarkasse ELLY (60 PSe) an. Vier Jahre später übernahm er den Torso des ehemaligen Alsterdampfers SCHWALBE und ließ ihn zu einem leistungsfähigen Schlepper (180 PSe) umbauen.
Nach Ende des 2. Weltkrieges mußten die noch vorhandenen Schlepper als Wiedergutmachungsleistung an die Sowjetunion abgeliefert werden. Lediglich die im Besitz des Schiffseigners Luxenius, Nienburg befindliche Schleppbarkasse RITA durfte behalten werden.
Später kamen mit FRITZ WILLI I, OSTLAND, LOTTCHEN und ELBESTRAND wieder einige kleine Schlepper in Fahrt. Bemerkenswert sind hierbei die OSTLAND und ELBESTRAND von Hermann Schütze aus Alsleben. Beide Fahrzeuge wurden zeitweise als Passagierschiffe verwendet.
Nach 1930 legten sich auf allen deutschen Stromgebieten die Privatschiffer in verstärktem Maße Motorkähne zu oder rüsteten Schleppkähne nachträglich mit einem Motorantrieb aus. Diese privaten Motorfrachtschiffe des Saale-Unstrut-Bereiches sind mit Schleppbarkassen von Baggerbetrieben und Dienstfahrzeugen der Stadt Halle/S. in Tab. 4.4 aufgeführt. Diese Tabelle erhebt keinen Anspruch auf Vollständigkeit.

**Bild 4.30: Motorschlepper SCHWALBE** Foto: Museum Schönebeck

**Tab. 4.4 Frachtmotorschiffe und Barkassen im Saale-Unstrut-Gebiet**

| Typ | Name | Baujahr | Bauort | Eigner |
|---|---|---|---|---|
| GMS | ALWINE LUISE | - | - | - , Alsleben |
| MB | ANNA | 1927 | Breslau | Wolter, Nelben |
| GMS | ASKANIA | 1939 | Oberkassel | Wagner, Nienburg/S. |
| GMS | BERNAUL ex BIBER | 1933 | Dolgenbrott | Weißbach, Alsleben |
| MB | ELLY | 1929 | Nienburg/S. | Pöckel, Nienburg/S. |
| GMS | ERICH | - | - | Wilke, Alsleben |
| MB | ERIKA | 1910 | Hamburg | Jaeckel, Wörmlitz |
| GMS | FALKE | 1939 | Erlenbach/M. | Michaelis, Alsleben |
| GMS | FELDHERR | 1939 | Nienburg/S. | Bornemann, Alsleben |
| MB | FORTUNA --> S. 148 | | | |
| MB | FRITZ WILLI I | 1948 | Rechlin | Hübner, Lettin |
| MB | GNOM | - | Mukrena | Rößler, Halle/S. |
| GMS | GRETE | 1930 | Havelberg | Rabe, Alsleben |
| GMS | GRETE | 1888 | Tangermünde | Voigt, Mukrena |
| MB | HANSEAT | - | - | Wolter, Nelben |
| GMS | HANSEAT | 1937 | Neckarsteinach | Hesse, Nienburg/S. |
| GMS | HERBERT | 1929 | Nienburg/S. | Neubert, Nienburg/S. |
| GMS | HERBERT | - | - | Schneider, - |
| GMS | HERTA | 1943 | Rinteln | Fabich, Mukrena |
| MB | HILDEGARD ex ANNI ex OSSAG | 1887 | Hamburg | Curth, Roßleben/U. |
| MB | JUNGFER | - | - | Stadt Halle/S. |
| GMS | KARL RICHARD | 1937 | Lauenburg | Neubert, Nienburg |
| GMS | KARL WILLI | - | - | Amelang, Mukrena |
| MB | KLABAUTERMANN | - | - | Schulz, Bernburg |
| MB | KLAUS | 1938 | Stettin | Beuchelt, Könnern |
| GMS | LOBENSTEIN | 1930 | Mukrena | Weber, Trebnitz |
| MB | LOTTCHEN | 1922 | Rauhfangswerder | Schütze, Nienburg/S. |
| GMS | LOTTE | - | - | Hübner, Lettin |
| GMS | LYRA ex HAMBURG XI | 1940 | Thielrode/Belg. | Wilke, Alsleben |
| GMS | MARIE-LUISE | 1941 | Magdeburg | Grieseler, Mukrena |
| GMS | MARTHA | 1928 | Nienburg/S. | Sauer, Nienburg/S. |
| MB | MIA | 1936 | Hamburg | Stadt Halle/S. |
| GMS | NORDLICHT ex MÖWE III | 1931 | Bardenfleeth | Zemter, Nienburg/S. |
| MB | PANTHER --> S. 118 | | | |
| GMS | PATRIA | 1938 | Barby | Schnitzendöbel, Groß-Rosenburg |
| GMS | PERLE | 1903 | Lübeck | Zuckerfabrik Vitzenburg |
| GMS | RICHARD ex NARVIK | 1941 | Boom/Belg. | Bertz, Alsleben |
| MB | RITA | 1938 | - | Luxenius, Nienburg/S. |
| GMS | ROLF | 1928 | Mukrena | Neubert, Nienburg/S. |
| GMS | ROON | 1890 | Stettin-Grabow | Zinke, Alsleben |
| GMS | SAALESTRAND ex ANNA-GERTRUD ex MAGDEBURG | 1929 | Frohse | Schmidt, Groß-Rosenburg |
| GMS | SAALHORN | 1939 | Magdeburg | Wilke, Klein-Rosenburg |
| MB | STICHELSBURG ex IRENE | 1905 | Hamburg | Philipp Holzmann AG, Halle / Wolter, Nelben |
| GMS | TRANSIT | 1929 | - | Orlowski, Alsleben |
| MB | UDO | 1935 | Nienburg/S. | Bischoff, Trebnitz |
| GMS | WILHELM | 1927 | Lauenburg | Neumann, Wettin |

**HEDWIG**
Typ: ZDS / Bj: 1881 / Werft: Sachsenberg
Lüa: 22,08 / Büa: 4,79 / Tf: 27 (1916)
Antrieb: 1 2z2fEM/100 PSi; 1 K; 1 S; 1 R
Bes: - / BA: Stahl
Herkunft unklar; erster Nachweis Julius Schulze, Berlin, EMMA; später in BSR Driesen; später Hermann Voigt, Fürstenwalde/Spree, Name ?; 1916 umgebaut (vermutl. Antriebsanlage); 8.1916 August Leißring, Bottendorf/Unstrut, HEDWIG; 17.5.1917 Zuckerfabrik Roßleben GmbH, Roßleben; 3.1932 Katherina Lörsch, Koblenz, PAULINE; 11.11.1941 August Gerling, Bevergern; 1952 lt. BSR Emden ausbesserungsunfähig

**Schneider'scher Schleppdampfer**
Typ: ZDS / Bj: - / Werft: -
Antrieb: .z.fEM/150 PSi; 2 S
vermutl. nach 1. Weltkrieg bei F. Schneider, Nebra; bis ca. 1923 in Fahrt; Verbleib ?

**Roßlebener Schlepper**
Typ: ZMS / Bj: 1931 / Werft: Pahl (151)
Lüa: 14,00 / Büa: 3,05 / T: ca. 0,7 / Tf: 8
Antrieb: 1 .z.fDM/100 PSe; 1 S; 1 R
Bes: - / BA: Stahl
Neubau für Zuckerfabrik Roßleben GmbH, Roßleben; Ersatz für HEDWIG; 1940 noch in Fahrt; Verbleib ?

**BODE**
Typ: ZMS / Bj: 1931 / Werft: Otto, Nienburg/S.
Lüa: 19,00 / Büa: 3,90 / T: 0,90 / SH: 1,40 / Tf: 15,5
Antrieb: 1 .z.tDM/100 PSe; 1 S; 1 R
Bes: - / BA: Stahl
Neubau für Warthmann & Koch, Nienburg/S.; 1946 an UdSSR; Verbleib ?

**DAHME --> SAALE**
Typ: ZDS --> ZMS / Bj: 1905 / Werft: Wollheim (143 ?)
Lüa: 19,40 / Büa: 4,31 / SH: 1,80 / Tf: 22 (1929); 11 (19. .)
Antrieb: 1 2z2fEM/100 PSi; 1 K; (1905)
1 .z.tDM/200 PSe (vor 1934); 1 S; 1 R
Bes: - / BA: Stahl
Neubau für Teltow-Kanal-Bauverwaltung; vor 1934 Motorantrieb; 26.4.1934 Georg Engler, Gottesgnaden; 12.6.1937 Heinrich Warthmann, Nienburg/S., SAALE; 1945 an UdSSR; Verbleib ?

**SCHWALBE**
Typ: PDS --> ZMS / Bj: 1873 / Werft: Reiherstieg (248)
Lüa: 18,30 (1873); 21,00 (1905) / Büa: 4,20 / SH: 1,90 / Tf: 21,2 (1905); 28 (1937)
Antrieb: 1 .z.fEM/45 PSi (1873); 1 .z.fEM/65 PSi (1905); 1 K
1 .z.fDM/180 PSe (1937); 1 S; 1 R
Bes: ca. 3 / Pass: 150 (1873), 190 (1905), 186 (1925) / BA: Stahl
Neubau für Alsterdampferreederei H.E.Justus, Hamburg; 1905 Verlängerung Schiffskörper; 1.1920 Hamburger Hochbahn-AG, Hamburg; 1925 Umbau Glattdecker; 11.1935 Abwrackfirma Techter, Hamburg; 2.1937 Ausbau Kessel, Maschine; Rumpf an Ernst Pökel, Nienburg/S.; 1937 Umbau ZMS bei Ernst Menzer Schiffswerft, Geesthacht; 1946 Sowjetische Oderschiffahrts AG, SIWASCH; ca. 1950 Deutsche Oderschiffahrt (DOS); ca. 1953 abgewrackt.

**VORWÄRTS**
Typ: ZMS / Bj: 1904 / Werft: - , Niederlande
Lüa: 23,45 / Büa: 4,28 / Tf: 56,2 (1927); 34,5 (1940)
Antrieb: 1 .z.tDM/Krupp-Motag - ./275 PSe; 1 S; 1 R
Bes: - / BA: Stahl .
13.7.1927 durch Georg Jonas, Hamburg in Niederlande angekauft, HENNY; 1939 Christoph Knoll, Klein-Rosenburg, VORWÄRTS; 31.8.1940 Georg Engler, Gottesgnaden; 1945 an UdSSR; Verbleib ?

**METEOR**
Typ: ZMS / Bj: 1936-1941 / Werft: Mukrena
Lüa: 18,66 / Büa: 3,70 / BaSp: 3,36 / T,l: 0,50 / T,b: 0,75 / Tf: 41,5
Antrieb: 1 6z.tDM/Deutz - ./140 PSe; 1 S; 1 R
Bes: 2 / BA: Stahl
vermutl. Spekulationsbau; 1938 Stapellauf bei Grieseler, Magdeburg; 24.8.-15.11.1941 Fertigbau für Herbert Grundmann, Weißenfels in Mukrena; 14.8.1942 Paul Nowak, Ottmuth/Oberschlesien; Verbleib ?

**OSTLAND**
Typ: GMS --> ZMS / Bj: 1928 / Werft: Teltow-Werft
Lüa: 21,64 / Büa: 3,32 (1956 n. Umbau zum PMS) / Tf: 55,8
Antrieb: 1 .z.tDM/50 PSe; 1 S; 1 R
für unbekannten Eigner gebaut, Ex-Name möglich; 1949 Paul Wirschke, Aken; 1951 Hermann Schütze, Alsleben; 1956 Erich Meißner, Brambach gegen ZMS ELBESTRAND (I) getauscht; Umbau PMS, ELBESTRAND (II); 1957 Weiße Flotte, Dresden; Fahrten Riesa - Torgau; 1.1967 durch Frosteinwirkung in Dresden-Neustadt gesunken; gehoben; 1968 Werkstatt- u. Lagerschiff in Berlin

**ELBESTRAND**
Typ: PMS --> ZMS / Bj: - / Werft: -
Lüa: 16,80 / Büa: 3,60
Antrieb: 1 4z4tOM/Daimler Benz - ./80 PSe; 1 S; 1 R
Bes: - / BA: Stahl
vor 1934 Reederei Meyer Wwe., Niederlehme-Ziegenhals, DUBROW; 1934 Erich Meißner, Brambach, ELBESTRAND (I); ca. 1940 ZMS; 1956 Hermann Schütze, Alsleben gegen OSTLAND getauscht; 22.10.1957 Reinhold Zamzon, Halle/S.; Umbau zum Wohnschiff geplant; Verbleib ?

## 4.9 Verkehrsentwicklung nach dem Zweiten Weltkrieg

Der Güterverkehr auf der Saale erreichte nach 1945 nicht wieder seine alte Bedeutung. Der Hauptgrund hierfür lag in der Teilung Deutschlands mit all ihren Konsequenzen.
Die letzten Jahrzehnte ließen das Güteraufkommen weiter sinken. Eine Ursache ist die stärkere Nutzung der Eisenbahn in Folge der weiteren Elektrifizierung von Strecken ab Halle bzw. Leipzig, womit z. B. die Messestadt heute effektiver an den Elbehafen Torgau angebunden ist. Die beförderte Ladungsmenge durch die Schleuse Calbe lag ab 1971 stets unter 200.000 t/Jahr. Allein der Pendelverkehr zwischen dem Steinbruch Beesenlaublingen (oberhalb Alsleben) und Bernburg (auch bis Nienburg) zur Versorgung der Zementwerke mit Lettengestein bringt mit 0,3 bis 0,7 Mio t/Jahr eine größere Leistung. Selbst wenn einige Engpässe in der jetzigen Schiffahrtsstraße zwischen Halle und der Elbe bestehen bleiben, besonders die krümmungsreiche und teilweise gefällestarke Strecke unterhalb von Calbe, könnte auf der Wasserstraße Saale wesentlich mehr befördert werden.
Einige wenige Schiffsladungen gingen bis 1980 auch noch in das Stadtgebiet Halle, also per Kleinschiffahrt über die Schleuse Halle-Trotha aufwärts. Dagegen findet seit Jahrzehnten auf der Saalestrecke nach Naumburg oder gar auf der Unstrut keine Frachtschiffahrt mehr statt.

**Tab. 4.5 Güterverkehr auf der Saale**

a) Durchgangsverkehr der Schleuse Calbe

| Jahr | Ladungs-t |
|---|---|
| 1959 | 272.191 |
| 1966 | 307.119 |
| 1970 | 280.956 |
| 1975 | 199.221 |
| 1980 | 23.323 |
| 1985 | 81.403 |

b) Pendelrelation der Lettenschiffahrt / Durchgang der Schleuse Bernburg (insgesamt)

| Jahr | Ladungs-t | davon talwärts |
|---|---|---|
| 1975 | 736.208 | 660.150 t |
| 1980 | 624.550 | 623.097 t |
| 1985 | 321.238 | 287.936 t |

**Bild 4.31: Schubverband vor der Werft Mukrena, 1983**

**Foto: Krieg**

**Bild 4.32: Schubverband in der Schleuse Bernburg, 1983** Foto: Krieg

# 5. Personenschiffahrt

Die Personendampfschiffahrt begann ebenso wie der Güterverkehr mittels Dampfkraft relativ spät auf der Saale. 1861 kam das erste hier beheimatete Dampfschiff nach Halle. Zu diesem Zeitpunkt war beispielsweise die Sächsisch-Böhmische Dampfschiffahrtsgesellschaft in Dresden schon 25 Jahre alt und hatte über 20 Raddampfer in Fahrt gebracht. Die ersten Versuche hatten aber keine bleibende Wirkung. Erst ab 1880 begann von Halle/S. ausgehend der Einzug von Personendampfern im Saalegebiet. Der Passagierverkehr entwickelte sich von nun an zwischen Naumburg und Bernburg zusehends. Um die Jahrhundertwende kam der Motorbootsverkehr in Bad Kösen hinzu und ab 1932 wurde schließlich auch auf dem ersten Saalestausee die Personenschiffahrt eröffnet. Die hierfür eingesetzten Schiffstypen zeichneten sich durch eine große Vielfalt aus - von der motorisierten Gondel bis zum umgerüsteten Heckradschleppdampfer.

## 5.1 Personenschiffahrt auf den Saalestauseen

Lange Zeit bevor überhaupt an die Projektierung und den Bau der Saaletalsperren in Thüringen zu denken war, gab es in der Nähe von Ziegenrück eine Dampfschiffahrt. Der Besitzer des 1892 erbauten Kurhotels Walsburg setzte 1896 vor seinem Hotel auf einem Wehrstau der Saale ein kleines Dampfboot ein. Von dieser Attraktion versprach er sich offenbar eine Zunahme seiner Gästezahl. Das "Walsburger Dampfboot" blieb das einzige Wasserfahrzeug mit Dampfantrieb in Thüringen.
Es sollte noch Jahrzehnte dauern, bis in diesem Teil Thüringens eine Fahrgastschiffahrt größeren Stiles eröffnet werden konnte. Sie wurde erst durch die Schaffung der Stauseen möglich. Anfang der 30er Jahre war der Bau der Bleilochtalsperre soweit abgeschlossen und die Saale angestaut, daß man in dieser landschaftlich so reizvollen Gegend den Besuchern, aber auch den Einheimischen die Möglichkeit von Motorbootsfahrten bieten konnte. Die Voraussetzungen hierfür waren recht günstig. Der Touristenverkehr hatte sich in den letzten Jahren wesentlich verstärkt. Das hing mit dem Bau der Schleizer Kleinbahn und dem sich verdichtenden Busverkehr in Linien- und Sonderfahrten zusammen. Der Grund hierfür war der Talsperrenbau.
Die Kraftverkehrsgesellschaft Dresden mit ihrem Zweigbetrieb, der Kraftverkehr Gera GmbH unter Leitung ihres Direktors A. Gerhard, erkannte die sich hier bietende Gelegenheit, ihr Betätigungsfeld um einen neuen Sektor zu erweitern, der für die Zukunft gute Gewinne versprach. Das Unternehmen sicherte sich das Monopol für den Personenverkehr auf dem Stausee und bildete eine eigene "Abteilung Schiffahrt". Mit ihrer Leitung wurde der Kaufmann Paul Zorn betraut, der jahrzehntelang diese Funktion, wenn auch später in veränderter Betriebsform, inne hatte.
Schon am 28. August 1932 wurde das erste Fahrgastschiff unter dem Namen SAALBURG (I) in Fahrt gesetzt, angeblich noch auf private Rechnung von Direktor Gerhard.
Inzwischen war ein drei Schiffe umfassendes Bauprogramm angelaufen, mit dem man den Bedarf vorerst abzudecken hoffte. Zwei Fahrzeuge wurden in Dresden-Laubegast und eins in Warnemünde in Auftrag gegeben. Die Schiffe kamen in Sektionen zerlegt nach Kloster bei Saalburg, wo sie wieder zusammengebaut und schließlich zu Wasser gelassen wurden.
Am 10. April 1933 erfolgte die Abnahmefahrt der HINDENBURG, eines der beiden Laubegaster Schiffe, zu vollster Zufriedenheit. Die beiden anderen "Großboote" - so wurden sie hier bezeichnet - wurden kurze Zeit später auch in Fahrt gebracht. Den zweiten Laubegaster Bau taufte man THÜRINGEN und das dritte Schiff erhielt den Namen SAALBURG (II). Zum Saisonbeginn 1933 standen der Kraftverkehr Gera GmbH damit 790 Fahrgastplätze auf dem Bleilochstausee zur Verfügung.
Die SAALBURG (I) war nach einem Jahr Einsatz auf das Ausgleichsbecken zwischen Sperrmauer und Schloß Burgk umgesetzt worden. Inzwischen in SCHLOSS BURGK umbenannt, nahm das Motorschiff am 8. August 1933 den Linienverkehr zwischen den beiden Endstellen Bleilochtalsperre und Burgkhammer im halbstündlichen Verkehr zwischen 8 und 18 Uhr auf. Es blieb hier das einzige Fahrzeug.
Das Unternehmen nutzte bald die gesamte Fläche des Bleilochstausees für seine Fahrten aus. Noch im April 1933 schleppte die HINDENBURG einen in Saalburg gebauten Landungssteg nach Saalburg, wo er an der ehemaligen Neuhammerbrücke festgemacht wurde. Somit konnte am 1. Osterfeiertag der Fahrgastverkehr zwischen Saaldorf und Saalburg aufgenommen werden. Inzwischen war ein weiterer Landungssteg im ehemaligen Lätschbachtal bei Remptendorf installiert worden, so daß ab Pfingsten täglich fünf Fahrten von Saalburg nach Saaldorf, von Saaldorf nach Saalburg sechs und drei Fahrten zwischen Remptendorf - Sperrmauer und Saalburg angeboten werden konnten. Neben dem Personenverkehr übernahmen diese Schiffe gleichzeitig die Beförderung von Gepäck, Stückgut und Expreßgütern aller Art. Zusätzlich stellte die "Abteilung Schiffahrt" noch Ruderboote zur stundenweisen Vermietung zur Verfügung.
Die drei Fahrgastschiffe stießen beim Publikum auf große Resonanz. Überhaupt hatte der Stausee innerhalb kürzester Zeit viele Wasserbegeisterte angezogen. So befanden sich Ende 1933 bereits zehn kleinere und größere Motorschiffe bzw. -boote für den Fremdenverkehr, für private oder staatliche Zwecke im Einsatz. Noch

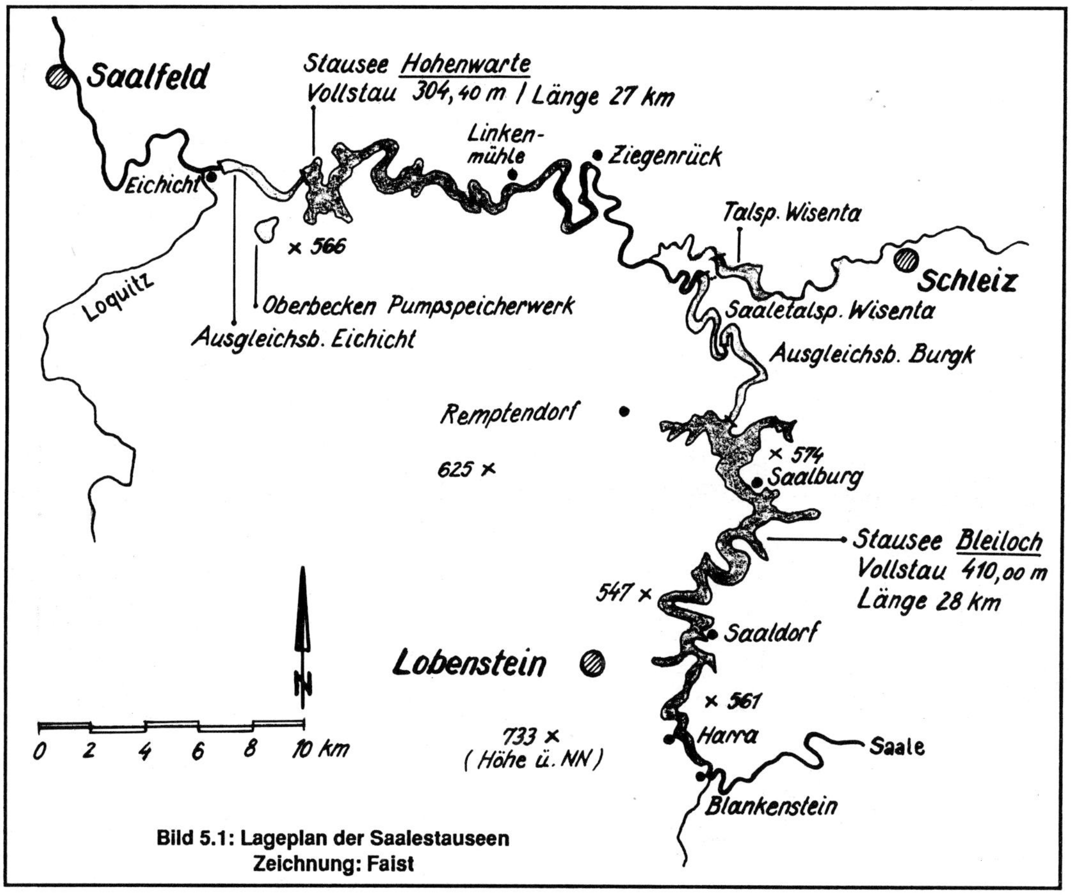


**Bild 5.1: Lageplan der Saalestauseen**
**Zeichnung: Faist**

**Bild 5.2: HINDENBURG, der erste Passagierschiffsneubau für den Bleilochstausee** **Foto: Slg. Schwarz**

1933 setzte die Thüringische Landesregierung das Motorschiff GRÄFENWARTH in Fahrt, das von einem Gendamerie-Oberwachtmeister geführt wurde. Er hatte auch die Aufgabe, für Ordnung und Sicherheit unter dem zunehmenden Paddel-, Ruder- und Segelbootsbestand zu sorgen.
Ab 1934 wurde das Liniennetz noch durch Fahrten bis nach Lomnitzhammer und teilweise bis nach Harra erweitert, so daß nun der gesamte 28 Kilometer lange Bleilochstausee durch Fahrgastschiffe befahren wurde, wobei allerdings die Linie nach Harra den Spiegelschwankungen des Stausees angepaßt werden mußte.
Die ständig steigenden Fahrgastzahlen ließen weitere Neubauten notwendig werden. Bei der Harburger Werft Scheel & Jönk wurden hierfür zwei ganz besondere Schiffe in Auftrag gegeben. Es handelte sich um relativ breit wirkende Fahrzeuge ohne Deck, die eine recht große Passagieranzahl aufnehmen konnten. Sie wurden offen, mit der Möglichkeit Sonnensegel anzubringen, ausgeführt. Beide, STADT SCHLEIZ und STADT HOF getauften Schiffe, konnten 1936 in Fahrt gebracht werden. Damit verfügte die Schiffahrt auf dem Bleilochstausee über die größte Passagierkapazität auf der ganzen Saale. Diese Spitzenposition konnte bis in die Gegenwart behauptet werden, und angesichts der landschaftlichen Schönheit Thüringens ist hierbei keine Änderung zu erwarten.
Mit der allerdings nur 56 Passagiere fassenden BAD STEBEN brachte man vor dem 2. Weltkrieg das letzte Boot in Fahrt.
Der Kriegsausbruch bedeutete auch für die Schiffahrt auf dem Bleilochstausee eine Zäsur. Wie auf vielen anderen Stromstrecken und Seengebieten ruhte ab Ende August 1939 der Personenverkehr. Den Treibstoff benötigte man jetzt für Kriegszwecke. Die Schiffe wurden auf Land gezogen und konserviert. Dort mußten sie das Kriegsende abwarten.
Zwar wurde die Hohenwartetalsperre noch während des Krieges fertiggestellt, an eine Aufnahme der Passagierschiffahrt auch auf diesem Stausee war allerdings infolge der Zeitumstände vorerst nicht zu denken.
Der Krieg verschonte auch das Gebiet der Saale-

**Bild 5.3: SAALBURG (II) vor 1935** **Foto: Slg. Schwarz**

**Bild 5.4: "Großboot" STADT HOF vor dem 2. Weltkrieg**

Foto: Slg. Schwarz

stauseen nicht. Am 12. April 1945 sprengten deutsche Truppen im oberen Saaletal die Brücken, um anrückende amerikanische Verbände aufzuhalten. Die Fahrgastschiffahrt wurde hierdurch nach Kriegsende vor ein gänzlich neues Aufgabengebiet gestellt. Die Schiffe hatten den Fährdienst zu gewährleisten, so lang andere Möglichkeiten noch nicht bestanden. Als erste Fähre wurde hierfür ein ehemaliges Polizeiboot, das schon 1938 vom Wasserschutzpolizeiamt Halle-Trotha nach Saalburg umgesetzt worden war, eingesetzt. Das Boot, das später als FREUNDSCHAFT für die Fahrgastschiffahrt Dienst tat, kam hauptsächlich an der gesprengten Wetterabrücke bei Gräfenwarth zum Einsatz. Es stellte ein Bindeglied der durch Sprengung unterbrochenen Eisenbahnstrecke Schleiz - Saalburg dar. Die STADT HOF nahm den Fährverkehr zwischen Saalburg und Pöritzsch auf. Die Wiederaufnahme des Touristenverkehrs stand vorläufig noch nicht auf der Tagesordnung. Die Fährverbindungen banden für die nächsten Jahre alle Kräfte. Treibstoff- und Ersatzteilmangel taten ein übriges.

**Bild 5.5: BAD STEBEN auf dem Ausgleichsbecken an Anlegestelle Lemnitzhammer**

Foto: Slg. Schwarz

In der Nachkriegszeit wurde dem Unternehmen eine Reihe kleinerer Fahrzeuge zugeführt, die bis dahin verschiedenen Eignern auf dem Bleilochstausee gehört hatten. So befand sich das Motorboot ARVE dort schon seit 1932 im Einsatz. Es gehörte ursprünglich dem Erbprinzen von Ebersdorf, der es für private Zwecke nutzte. Auch das dem ehemaligen Direktor der Kraftverkehr Gera GmbH, A. Gerhard, gehörende Motorboot MECKLEN war schon von Anfang an auf dem Stausee. Die Fischwirtschaftsgenossenschaft Weimar brachte 1937 ein Motorboot unter dem Namen HECHT in Fahrt, das nun als Stoßboot beim Fähreinsatz diente.

Schließlich übernahm man auch noch das Arbeitsboot THÜRINGEN der früheren AG "Obere Saale" als THÜRINGEN II. Alle diese Fahrzeuge hatten nur geringe Platzkapazitäten. Sie wurden deshalb weitgehend für innerbetriebliche Zwecke genutzt.

1949 wurde der Ausflugsverkehr per Schiff nach einer Zwangspause von 10 Jahren wieder aufgenommen.

| km | Preis | **Werktags** | Saalburg – Sperrmauer – Remptendorf | | | | | | | | | | | | | | Betriebszeit 1939 |
|---|---|---|---|---|---|---|---|---|---|---|---|---|---|---|---|---|---|
| 0 | — | ab | Saalburg | 7.50 | 8.40 | 9.25 | 10.05 | 10.55 | 11.45 | 12.35 | 13.25 | 14.15 | 15.00 | 15.25 | 16.10 | 17.00 | 17.45 | 18.00 |
| 5 | 0.50 | | Sperrmauer | 8.10 | 9.00 | 9.45 | 10.25 | 11.15 | 12.05 | 12.55 | 13.45 | 14.35 | 15.20 | 15.45 | 16.30 | 17.20 | 18.05 | 18.20 |
| 7,5 | 0.70 | an | Remptendorf | | | 9.55 | | | | | | | | 15.55 | | | | 18.30 |
| 0 | — | ab | Remptendorf | | | 10.00 | | | | | | | | 16.05 | | | | 18.40 |
| 2,5 | 0.25 | | Sperrmauer | 8.15 | 9.05 | 10.10 | 10.30 | 11.20 | 12.10 | 13.00 | 13.50 | 14.40 | 15.30 | 16.15 | 16.35 | 17.25 | 18.30 | 18.50 |
| 7,5 | 0.70 | an | Saalburg | 8.35 | 9.25 | 10.30 | 10.50 | 11.40 | 12.30 | 13.20 | 14.10 | 15.00 | 15.50 | 16.35 | 16.55 | 17.45 | 18.50 | 19.10 |

**Sonntags** Saalburg – Sperrmauer – Remptendorf

| | | | | | | | | | | | | | | | | | | | | | | | | | | | |
|---|---|---|---|---|---|---|---|---|---|---|---|---|---|---|---|---|---|---|---|---|---|---|---|---|---|---|---|
| 0 | — | ab | Saalburg | 7.50 | 8.40 | 9.25 | 10.05 | 10.30 | 10.55 | 11.20 | 11.45 | 12.05 | 12.35 | 13.05 | 13.25 | 13.55 | 14.15 | 14.40 | 15.00 | 15.25 | 16.10 | 16.30 | 17.00 | 17.20 | 17.45 | 18.00 | 18.40 |
| 5 | 0.50 | | Sperrmauer | 8.10 | 9.00 | 9.45 | 10.25 | 10.50 | 11.15 | 11.40 | 12.05 | 12.25 | 12.55 | 13.25 | 13.45 | 14.15 | 14.35 | 15.00 | 15.20 | 15.45 | 16.30 | 16.50 | 17.20 | 17.40 | 18.05 | 18.20 | 19.00 |
| 7,5 | 0.70 | an | Remptendorf | | | 9.55 | | | | | | 12.35 | | | | | | | | 15.55 | | | | 17.50 | | 18.30 | |
| 0 | — | ab | Remptendorf | | | 10.00 | | | | | | 12.35 | | | | | | | | 16.05 | | | | 17.55 | | 18.40 | |
| 2,5 | 0.25 | | Sperrmauer | 8.15 | 9.05 | 10.10 | 10.30 | 10.55 | 11.20 | 11.45 | 12.10 | 12.45 | 13.00 | 13.30 | 13.50 | 14.15 | 14.40 | 15.05 | 15.30 | 16.15 | 16.35 | 16.55 | 17.25 | 18.05 | 18.20 | 18.50 | 19.15 |
| 7,5 | 0.70 | an | Saalburg | 8.35 | 9.25 | 10.30 | 10.50 | 11.15 | 11.40 | 12.05 | 12.30 | 13.05 | 13.20 | 13.50 | 14.10 | 14.35 | 15.00 | 15.25 | 15.50 | 16.35 | 16.55 | 17.15 | 17.45 | 18.25 | 18.40 | 19.10 | 19.35 |

**Saalburg – Saaldorf – Lemnitzhammer – Harra**

| | | | | | | | | | | | | | | | | | |
|---|---|---|---|---|---|---|---|---|---|---|---|---|---|---|---|---|---|
| 0 | — | 8.15 | 10.35 | 12.00 | | 14.30 | 17.00 | ab | Saalburg | an | 11.35 | 14.10 | 15.25 | | 18.00 | 20.00 |
| 8 | 0.60 | 8.35 | 11.00 | 12.20 | | 14.55 | 17.25 | | Totenfels (Zoppoten) | | 11.10 | 13.50 | 15.00 | | 17.35 | 19.40 |
| 11 | 0.80 | 8.50 | 11.15 | 12.35 | S 13.25 | 15.10 | 17.40 | | Heinrichstein (Ebersdorf) | | 10.55 | 13.35 | 14.45 | S 15.10 | 17.20 | 19.25 |
| 15 | 1.00 | 9.05 | 11.30 | 12.50 | S 13.40 | 15.25 | 17.55 | | Saaldorf/Waidmannsheil | | 10.40 | 13.20 | 14.30 | S 14.55 | 17.05 | 19.10 |
| 17 | 1.20 | 9.15 | 11.40 | 13.00 | S 13.50 | 15.35 | 18.05 | | Mühlberg | | 10.30 | 13.10 | 14.20 | S 14.45 | 16.55 | 19.00 |
| 19 | 1.40 | 9.25 | 11.55 | 13.15 | S 14.05 | 15.50 | 18.20 | | Lemnitzhammer | | 10.15 | 12.55 | 14.05 | S 14.30 | 16.40 | 18.45 |
| 22 | 1.60 | 9.35 | 12.10 | 13.25 | S 14.15 | 16.00 | 18.30 | an | Harra | ab | 10.00 | 12.45 | 13.50 | S 14.20 | 16.30 | 18.35 |

**Sperrmauer – Schloß Burgk**

| | | | | | | | | | | | | | | | | | | | | |
|---|---|---|---|---|---|---|---|---|---|---|---|---|---|---|---|---|---|---|---|---|
| 0 | — | 9.45 | 11.00 | 12.15 | 13.25 | 14.55 | 16.00 | 17.00 | S18.00 | ab | Sperrmauer/Kraftwerk | an | 10.50 | 12.05 | 13.20 | 14.30 | 16.00 | 17.00 | 18.00 | S19.00 |
| 5 | 0.30 | 10.00 | 11.15 | 12.30 | 13.40 | 15.10 | 16.15 | 17.15 | S18.15 | | Mollwitzgrund | | 10.35 | 11.50 | 13.05 | 14.15 | 15.45 | 16.45 | 17.45 | S18.45 |
| 7 | 0.50 | 10.15 | 11.30 | 12.45 | 13.55 | 15.25 | 16.30 | 17.30 | S18.30 | an | Schloß Burgk | ab | 10.20 | 11.35 | 12.50 | 14.00 | 15.30 | 16.30 | 17.30 | S18.30 |

**Reichsbahn-Anschlüsse** Ohne Gewähr! **Kleinbahn-Anschlüsse**

| in Lemnitzhammer | | | | | | | | | in Remptendorf | | | | in Saalburg | | | | | | |
|---|---|---|---|---|---|---|---|---|---|---|---|---|---|---|---|---|---|---|---|
| 11.36 | 13.51 | 17.36 | 19.11 | nach Hof von | 9.41 | 12.21 | 15.13 | 18.35 | von Gera-Triptis | 10.18 | 15.17 | — | von Schleiz | 8.11 | 10.16 | S11.53 | W11.59 | 14.29 | 16.17 |
| 9.41 | 12.31 | 15.13 | 18.35 | nach Saalfeld von | 8.22 | 11.36 | 13 51 | 17.36 | nach Gera-Triptis | 13.59 | 16.40 | 19.20 | nach Schleiz | 10.22 | 12.30 | 14.35 | S16.32 | 18.50 | Mi S u. vS20.50 |

**Rückfahrscheine**

| | | | |
|---|---|---|---|
| Saalburg—Sperrmauer | RM. 0.90 | Sperrmauer—Saalburg | RM. 0.90 |
| Saalburg – Sperrmauer—Remptendorf | RM. 1.20 | Sperrmauer—Heinrichstein (Ebersdorf) | RM. 2.00 |
| Saalburg—Heinrichstein (Ebersdorf) | RM. 1.20 | Sperrmauer—Saaldorf/Waidmannsh. | RM. 2.20 |
| Saalburg—Saaldorf/Waidmannsh. | RM. 1.50 | Sperrmauer—Lemnitzhammer | RM. 2.50 |
| Saalburg—Lemnitzhammer | RM. 2.10 | Große Rundfahrt (gesamter Stausee) | RM. 3.00 |
| Saalburg—Harra | RM. 2.50 | Saaldorf—Harra | RM. 1.20 |

**Schwarze Fahrplanzeiten gelten ab Ostern bis Oktober!**
**Rotgedruckte Fahrten** werden während der **Hauptsaison** (Pfingsten bis Mitte September) **zusätzlich** ausgeführt!

**Bild 5.6: Fahrplan 1939** Foto: Slg. Schwarz

dem Ausgleichsbecken Burgk noch befindliche SCHLOSS BURGK wurde Mitte der 50er Jahre auf den Hohenwartestausee umgesetzt. Das Fahrzeug nahm hier unter dem neuen Namen HOHENWARTE (I) seinen Dienst auf.

1954 kam mit dem kleinen Fährboot LAZI das letzte angekaufte Fahrzeug von anderen Stromgebieten auf die thüringischen Stauseen. Auf dem Hohenwartestausee befanden sich zwar insgesamt vier Schiffe, aber deren Kapazität mit ca. 290 Plätzen war unzureichend. Der ständig steigende Bedarf verlangte nach einer Lösung. Da an Neubauten vorläufig nicht zu denken war, entschloß man sich die STADT SCHLEIZ umzusetzen. Dies geschah im November 1964, wie üblich, mit Hilfe von Kraftfahrzeugen der Deutschen Reichsbahn. Drei Zugmaschinen beförderten das 30 t schwere Schiff per Tieflader von Saalburg zur Linkenmühle. Hier wurde es bei Niedrigwasser auf das Ufer gesetzt, so daß es beim erneuten Anstau des Sees freischwamm.

Die Notwendigkeit der Anschaffung neuer Fahrzeuge war abzusehen. Bevor man dies aber in Angriff nahm, wurde ab 1966 mit dem Bau einer Slip- und Werftanlage bei Kloster begonnen. Mit dieser 1969 fertiggestellten Anlage waren alle Voraussetzungen für eine optimale Instandhaltung der alten, aber auch der neu zu beschaffenden Schiffe gegeben. Das Herzstück stellte die 320 Meter lange, viergleisige Querslipanlage dar. Daneben entstanden noch weitere Komplexe, wie Werkräume, Sozialgebäude usw. Die Wartungsarbeiten wurden wesentlich erleichtert und von nun an war es auch möglich die Schiffe im Winter auf Land zu nehmen.

Der Anschaffung neuer Passagierschiffe stand nichts mehr im Wege, waren

Gleichzeitig mit der Schiffahrt auf dem Bleilochstausee wurde auch die auf dem Hohenwartestausee eröffnet. Vorerst fuhr mit der BAD STEBEN hier nur ein recht kleines Fahrzeug. In den folgenden Jahren erweiterte sich die dortige Platzkapazität aber immer mehr. Die Reederei ging dazu über, von anderen Flußgebieten Schiffe anzukaufen, die besonders dem Bereich Hohenwartestausee zugute kamen. So wurde 1953 das Motorschiff DIAMANT und das ehemalige Sturmboot LIBELLE übernommen. Auch die auf

**Bild 5.7: Motorschiff THÜRINGEN II wurde 1952 von der Passagierschiffahrt übernommen; hier auf der Weser bei Probefahrt unter Werftflagge**
Foto: Slg. Schwarz

Bild 5.8: Politische Veränderungen bedingten Änderungen der Schiffsnamen: J.W. STALIN ex GERA (I) ex HINDENBURG in den 50er Jahren

Foto: Slg. Schwarz

Bild 5.9: STADT SCHLEIZ in den 50er Jahren auf dem Bleilochstausee

Foto: Slg. Schwarz

Bild 5.10: DIAMANT 1953 bei der Umsetzung von der Elbe zum Hohenwartestausee — Foto: Slg. Schwarz

Bild 5.11: THÜRINGEN um 1970 — Foto: Slg. Schwarz

**Bild 5.12: 1968 auf dem Hohenwartestausee: SAALFELD ex BAD STEBEN, LIBELLE, HOHENWARTE (I) ex SAALBURG (I) - von vorn nach hinten**
**Foto: Reichenbach**

inzwischen doch auch einige ältere Fahrzeuge, die nicht mehr die notwendigen Anforderungen erfüllten, verschrottet oder an Privateigner verkauft worden. Ursprünglich hatte man die HOHENWARTHE (I) für einen Reko-Bau vorgesehen. Nach einer Studie zur notwendigen Investition wurde dieses Vorhaben allerdings verworfen. Auf der Basis der Projektierungsunterlagen der STRANDBAD FERCH der "Weißen Flotte" Potsdam wurde beim VEB Schiffswerft Laubegast ein Neubau in Auftrag gegeben. Das GERA (II) getaufte Schiff wurde mit einem Aufwand von 2,5 Mio. Mark erbaut. Es ist das bisher kapazitätsmäßig größte Passagierschiff auf der gesamten Saale. Die Konstruktion erwies sich als gelungen. Für die Fahrgäste stehen ausreichend Ober- und Unterdecksplätze zur Verfügung, ebenso wird auch eine gastronomische Versorgung gewährleistet. Die GERA (II) war in dieser Hinsicht das erste Schiff auf den Stauseen.
Inzwischen war mit den Bifa-III-Schiffen ein vom VEB Yachtwerft Berlin in größerer Serie gebauter Typ auf den Binnengewässern der DDR zum Einsatz gekommen. Auch der VEB Kraftverkehr Schleiz erhielt davon zwei Fahrzeuge für seine Belange. 1978 stellte die SAALBURG (III) in Dienst, zwei Jahre später folgte die HOHENWARTE (II). Mit diesen beiden modernen Passagierschiffen konnte den Anforderungen des Fremdenverkehrs noch besser entsprochen werden.
Auf beiden Stauseen standen in den 80er Jahren insgesamt ca. 1000 Fahrgastplätze zur Verfügung, davon ca. 60 % auf dem Bleilochstausee. Zwischen 1977 und 1988 wurden pro Jahr durchschnittlich ca. 310.000 Passagiere befördert.
Mit Saisonende 1989 wurden die beiden Vorkriegsbauten THÜRINGEN und LOBENSTEIN außer Dienst gestellt. Infolge der ab 1990 einsetzenden Privatisierungen wurde der Schiffsbestand aufgeteilt und an zwei Interessenten verkauft.

**Tab. 5.1 Firmenbezeichnungen der Fahrgastschiffahrt auf den Saalestauseen**

| | | |
|---|---|---|
| 1932 - 1949 | Kraftverkehr Gera GmbH, Abt. Schiffahrt | |
| 1949 - 1951 | VVB Kraftverkehr Thüringen, Schiffahrtsbetrieb Saalburg | |
| 1952 - 1954 | VEB (K) Schiffahrtsbetrieb Saalburg | |
| 1954 - 1957 | Deutscher Schiffahrts- und Umschlagsbetrieb Dresden, Schiffahrt Saalburg | |
| 1957 - 1959 | VEB Fahrgastschiffahrt Dresden, Betriebsstelle Saalburg | |
| 1959 - 1960 | VEB Schiffahrt Saalburg | |
| 1960 - 1990 | VEB Kraftverkehr Schleiz, Abt. Schiffahrt | |
| 1990 - 1992 | Kraftverkehr Schleiz GmbH, Fahrgastschiffahrt Saalburg | |
| 1992 - | a) | Fahrgastschiffahrt GmbH Saalburg<br>Eigner: Reinhard Köchel, Nordhalben<br>GERA (II), SAALBURG (III), LOBENSTEIN, THÜRINGEN II |
| | b) | Fahrgastschiffahrt Hohenwarte GmbH, Hohenwarte<br>Eigner: Peter Gerwinat, Saalfeld<br>HOHENWARTE (II) |

**Bild 5.13: Landtransport der GERA (II) von Dresden zum Bleilochstausee**
**Foto: Slg. Schwarz**

**Bild 5.14: GERA (II) in Fahrt, 1982** Foto: Reichenbach

**Bild 5.15: SAALBURG (III) und GERA (II) am Anleger in Saalburg** Foto: Slg. Schwarz

**Walsburger Dampfboot**
um 1896 auf Saalewehrstau bei Kurhotel Walsburg (bei Ziegenrück); Herkunft und Verbleib ?

**SAALBURG (I) --> SCHLOSS BURGK --> HOHENWARTE (I)** 3-..., P-225
Typ: PMS / Bj: 1920 / Werft: Oelschlägel, Berlin-Stralau
Lüa: 14,06 / Büa: 3,22 / T: 0,66 / SH: 1,30 / Tf: 9,9
Antrieb: 1 4z4tOM/MAN - ./36 PSe (1920); 1 3z2tDM/Junkers - ./45 PSe (1955); 1 4z4tDM/DMW Schönebeck - 4 VD 14.5/50 PSe (1966); 1 S; 1 R
Bes: 2 / Pass: 110 (1932), 97 (1955), 87 (1966) / BA: Stahl
1932 Kraftverkehr Gera GmbH; 28.2.1932 Fahrtaufnahme; 1933 Umsetzung Ausgleichsbecken Burgkhammer, SCHLOSS BURGK; 8.8.1933 Eröffnung Linienverkehr auf Ausgleichsbecken; im 2. Weltkrieg auf Land; 1955 nach Instandsetzung auf Hohenwartestausee, HOHENWARTE (I); 1969 außer Dienst; 1970 abgewrackt

**HINDENBURG --> GERA (I) --> J.W.STALIN --> LOBENSTEIN**
3-353, P-220
Typ: PMS / Bj: 1933 / Werft: Laubegast
Lüa: 26,94 / Büa: 4,50 / T,l: 0,60 / T,b: 0,90 / SH: 1,53 / Tf: 43,3 (1952); 25,9 (1964)
Antrieb: 1 6z4tOM/Vomag - ./100 PSe (1933); 1 6z4tDM/Vomag - ./ 150 PSe (ca. 1955); 1 S; 1 R; v: 18
Bes: 2 / Pass: 360 (1933), 208 (1983) / BA: Stahl
erster Neubau für Kraftverkehr Gera GmbH; 10.4.1933 Abnahmefahrt; im 2. Weltkrieg auf Land; 1945 GERA (I); 1949 Wiederaufnahme der Fahrten, um 1950 J.W. STALIN; 1958 LOBENSTEIN; 1980 Hohenwartestausee; 1989 nach Saisonschluß a.D.; 1.3.1992 Fahrgastschiffahrt Saalburg GmbH, Saalburg; Neuaufbau für Bleilochstausee geplant

**THÜRINGEN** 3-354, P-221
Typ: PMS / Bj: 1933 / Werft: Laubegast
Tf: 43,7 (1952); 25,9 (1965) / Bes: 2 / Pass: 360 (1933), 230 (1980) / alle weiteren techn. Daten --> HINDENBURG
Neubau für Kraftverkehr Gera GmbH; Sommer 1933 Fahrtaufnahme; im 2. Weltkrieg auf Land; 1949 Wiederaufnahme der Fahrten; 1990 nach Saisonschluß a.D.; 10.1991 Rolf Tögel, Saalburg; stationäres Gaststättenschiff; stand Ende 1992 zum Verkauf

**SAALBURG (II)** 3-355, P-224
Typ: PMS / Bj: 1933 / Werft: Kröger, Warnemünde
Lüa: 14,30 / Büa: 3,22 / T,l: 0,86 / T,b: 1,08 / SH: 1,46 / Tf: 6,9 (1952); 8,1 (1965)
Antrieb: 1 4z4tOM/Vomag - ./56 PSe (1933); 1 4z4tDM/Vomag - ./56 PSe (ca. 1955); 1 S; 1 R; v: 15
Bes: 2 / Pass: 69 / BA: Stahl
Neubau für Kraftverkehr Gera GmbH; Sommer 1933 Liniendienst auf Bleilochstausee; im 2. Weltkrieg auf Land; 1949 Wiederaufnahme der Fahrten; 1975 außer Dienst; 1976 abgewrackt

**STADT SCHLEIZ** 3-356, P-222
Typ: PMS / Bj: 1936 / Werft: Scheel & Jönk (305)
Lüa: 21,16 / Büa: 5,22 / BaSp: 4,96 / T,l: 0,57 (1936); 0,54 (1964) / T,b: 1,15 (1936); 1,13 (1964) / SH: 1,68 / Tf: 60,9 (1952); 38,6 (1962); 39,4 (1965)
Antrieb: 1 3z4tDM/MAN - W 3 V 17,5/22 / 80 PSe (1936); 1 6z4tDM/Brescia - BXD/120 PSe (1964); 1 6z4tDM/DMW Schönebeck - 6 KVD 14,5 / 96 PSe (1969); 1 S; 1 R; v: 18
Bes: 2 / Pass: 202 / BA: Stahl
Neubau für Kraftverkehr Gera GmbH; 1936 Fahrtaufnahme; im 2. Weltkrieg auf Land; nach 1945 Fähre; 1949 Wiederaufnahme Ausflugsverkehr; 11.1964 Hohenwartestausee; 1980 außer Dienst; bis 1984 abgewrackt

**STADT HOF --> SAALETAL** 3-352, P-223
Typ: PMS / Bj: 1936 / Werft: Scheel & Jönk
T,l: 0,57 / T,b: 1,15 / Tf: 60,9 (1952); 38,6 (1962)
weitere Abmessungen --> STADT SCHLEIZ
Antrieb: 1 3z4tDM/MAN - W 3 V 17,5/22 / 80 PSe; 1 S; 1 R
Bes: 2 / Pass: 200 / BA: Stahl
Schicksal --> STADT SCHLEIZ; 1952 SAALETAL; 1979 außer Dienst; Umbau zu Pontons

**BAD STEBEN --> SAALFELD** 3-360, P-228
Typ: PMS / Bj: 1920 / Werft: Oelschlägel, Berlin-Stralau (?)
Lüa: 12,20 / Büa: 2,37 / T: 0,85 / SH: 1,30 / Tf: 5,5
Antrieb: 1 2z2tDM/Junkers - ./24 PSe; 1 S; 1 R; v: 15
Bes: ca. 2 / Pass: 56 / BA: Stahl
1938 durch Kraftverkehr Gera GmbH für Bleilochstausee angekauft; im 2. Weltkrieg auf Land; zum Hohenwartestausee umgesetzt, dort 1949 Fahrtaufnahme; nach 1965 SAALFELD; ca. 1970 außer Dienst; als Arbeitsboot verwendet; 1986 abgewrackt

**HECHT** 11 M 94-3
Typ: ZMS / Bj: 1937 / Werft: Kröger, Warnemünde
Lüa: 9,51 / Büa: 2,65 / T,l: 0,77 / T,b: 1,07 / SH: 0,98 / Tf: 6,23
Antrieb: 1 4z4tDM/Güldner - ./70 PSe; 1 S; 1 R; v: 15
Bes: 2 / BA: Stahl
Neubau für Fischwirtschaftsgenossenschaft Weimar; Einsatz auf Bleilochstausee; 1948 Abt. Schiffahrt, Stoßboot; 1971 außer Dienst; 1975 abgewrackt

**FREUNDSCHAFT** N 21 - 41
Typ: Polizeibt. --> ZMS / Bj: - / Werft: -
Lüa: 8,00 / Büa: 1,65 / T: 0,80 / SH: 1,00 / Tf: 5
Antrieb: 1 2z2tDM/Junkers - ./28 PSe; 1 S; 1 R; v: ca. 15
Bes: ca. 2 / Pass: ca. 25 / BA: Stahl
1938 unter unbekanntem Namen von Wasserschutzpolizeiamt Halle-Trotha zum Bleilochstausee umgesetzt; nach 1945 Fähre; 1954 Abt. Schiffahrt, FREUNDSCHAFT; 1965 an Privateigner

**GRÄFENWARTH**
Typ: SAB --> Arbeitsbt. / Bj: 1933 (?) / Werft: -
Lüa: 9,80 / Büa: 1,80 / T: 0,90 / SH: 1,00 / Tf: 4,5
Antrieb: 1 2z4tDM/Bolinders - ./20 PSe; 1 S; 1 R; v: ca. 15
Bes: ca. 2 / Pass: 20 / BA: Stahl
1933 von Thüringischer Landesregierung für Repräsentations- und Ordnungsaufgaben angekauft; 1952 Abt. Schiffahrt; 1975 abgewrackt

**LAZI** --> S. 134

**LIBELLE** --> S.134 (Bj: 1944)

**HORST** 1-308, 15 M 21-97
Typ: ZMS / Bj: 1904 / Werft: . , Hamburg
Lüa: 11,20 / Büa: 2,51 / T,l: 0,84 / T,b: 1,03 / SH: 1,30 / Tf: 5,21
Antrieb: 1 2z2tDM/Junkers - ./45 PSe; 1 S; 1 R; v: 18
Bes: ca. 2 / Pass: ca. 25 / BA: Stahl
7.1954 für Erwin Schade, Strasen eingetragen; 7.1958 Rat der Stadt Aken; 12.1960 VEB Kraftverkehr Schleiz, Schlepper für Lastenfähre Saalburg; 1975 abgewrackt

**DIAMANT** 2 M 83-9, P-227
Typ: PMS / Bj: 1950 / Werft: Karl Henning, Barby
Lüa: 17,10 / Büa: 3,10 / T: 1,15 / SH: 1,55 / Tf: 13,8
Antrieb: 1 3z4tDM/MWM - ./40 PSe; 1 S; 1 R; v: 15
Bes: 2 / Pass: 70 (1950); 59 (1953) / BA: Stahl
entstand aus einem ursprüngl. W. Saalmann gehörenden, auf der Werft Gebr. Otto, Nienburg/S. liegenden Bootstorso; 1950 Max Torges, Aken; nach Barby überführt, von Torges ausgebaut; Passagierfahrten Coswig-Magdeburg; Ende 1952 GST Dessau; 1953 Abt. Schiffahrt, Saalburg, Hohenwartestausee; 1960 außer Dienst; bis 1970 Wohnschiff, danach an Privateigner; 1989 vorhanden

**ARVE**
Typ: PMS / Bj: 1932 / Werft:
Lüa: 11,00 / Büa: ca. 2,50 / T,l: 0,70 / T,b: 0,85 / SH: ca. 1,00 / Tf: ca. 5
Antrieb: 1 3z4tDM/Güldner - ./20 PSe; 1 S; 1 R; v: 15
Bes: 2 / Pass: 25 / BA: Stahl
1932 Neubau für Erbprinz von Ebersbach, Bleilochstausee; 1953 Abt. Schiffahrt, Saalburg; 1975 abgewrackt

**MECKLEN**
Typ: PMS / Bj: 1929 / Werft:
Lüa: 7,40 / Büa: ca. 1,60 / T,l: 0,35 / T,b: 0,45 / SH: ca. 0,80 / Tf: ca. 3,5
Antrieb: 1 6z4tOM/Chevrolett - ./75 PSe; 1 S; 1 R; v: 25
Bes: 1 / Pass: 9 / BA: Holz
1932 vermutl. im norddeutschen Raum als Privatboot von A. Gerhard angekauft, vorher MECKLENBURG; 1955 Abt. Schiffahrt; 1965 Privateigner, MECKI; 1989 vorhanden

**THÜRINGEN II** P-229

Typ: Arbeitsbt. --> PMS / Bj: 1933 / Werft: Abeking & Rasmussen (2794)
Lüa: 12,50 / Büa: 3,00 / T: 1,00 / SH: 1,30 / Tf: 6,1
Antrieb: 1 4z4tDM/Deutz - ./40 PSe (1933); 1 3z4tDM/DMW Leipzig - ./ 55 PSe (19 . .); 1 S; 1 R
Bes: 2 / Pass: 40 / BA: Stahl
Neubau THÜRINGEN für AG "Obere Saale", Weimar; Arbeitsboot auf Bleilochstausee; 1952 Abt. Schiffahrt, Saalburg, THÜRINGEN II; 1.3.1992 Fahrgastschiffahrt GmbH, Saalburg

**GERA (II)** P-159

Typ: PMS / Bj: 1976 / Werft: Laubegast
Lüa: 40,52 / Lpp: 37,50 / Büa: 6,22 / BaSp: 5,90 / T,l: 1,26 / T,b: 1,38 / SH: 2,09 / FH: 6,01 / Tf: 45,6
Antrieb: 2 6z4tDM/DMW Schönebeck - 6 VD 14,5/12 / 2 x 212 = 424 PSe (312 kW); 2 S in Z-Antrieb ZG 48/1; v: 22
Bes: 3 + 1 Wirtschaftspers./ Pass: 312 / BA: Stahl
1974 für VEB Kraftverkehr Schleiz auf Basis Projektunterlagen STRANDBAD FERCH (Weiße Flotte Potsdam) unter Bezeichnung "Reko-Schleiz A 50" in Auftrag; 15.5.1976 Kiellegung; 7.9.1976 Stapellauf; bis 11.12.1976 auf Wasserweg nach Alsleben; 12.5. - 22.5.1977 Landtransport nach Saalburg, Bleilochstausee; 1.3.1992 Fahrgastschiffahrt GmbH, Saalburg

**SAALBURG (III)** P-267

Typ: PMS / Bj: 1978 / Werft: Yachtwerft (8)
Lüa: 28,50 / Lpp: 27,30 / Büa: 5,10 / BaSp: 4,88 / T,b: 0,90 / SH: 1,35 / $D_{Konst}$: 74,99
Antrieb: 1 6z4tDM/DMW Schönebeck - 6 VD 14,5 / 122 PSe (90 kW); 1 S; 3 R; $v_{Höchst}$: 18; $v_{Dienst}$: 15
Bes: 2 + 2 Wirtschaftspers. / Pass: 124 / BA: Stahl
Typ Bifa III; 1976 durch VEB Kraftverkehr Schleiz in Auftrag; 24.5.1978 abgeliefert; auf Wasserweg nach Alsleben, Landtransport nach Saalburg; 7.1978 Fahrtaufnahme auf Bleilochstausee; 1.3.1992 Fahrgastschiffahrt GmbH, Saalburg

**HOHENWARTE (II)** P-123

Typ: PMS / Bj: 1980 / Werft: Yachtwerft (21)
techn. Daten --> SAALBURG (III)
Pass: 144 (1992)
Typ Bifa III; 1978 durch VEB Kraftverkehr Schleiz in Auftrag; 16.7.1980 abgeliefert; auf Wasserweg nach Alsleben, 10.1980 Landtransport zum Hohenwartestausee; 10.1980 erste Fahrten; ab 4.1981 regelmäßiger Einsatz; 1.3.1992 Pacht Peter Gerwinat, Saalfeld; 1.5.1992 Fahrgastschiffahrt Hohenwarte GmbH, Hohenwarte; Platzkapazität durch Umbau vergrößert

## 5.2 Personenschiffahrt in Bad Kösen

Nach der Personenschiffahrt auf den beiden Saalestauseen findet man das nächste Einsatzgebiet erst auf der Strecke Rudelsburg - Bad Kösen vor. In Bad Kösen befindet sich ein Wehr, das sowohl einen Motorbootsverkehr bis zur Rudelsburg als auch Fährverkehr erlaubt.

Der Bootsbauer und Gondelbesitzer Karl Friedrich betrieb in Bad Kösen ursprünglich Gondelverkehr. Kurgäste, Besucher und auch Einheimische wurde zur Rudelsburg hin und zurück gerudert. Diese Art der Beförderung wurde von Karl Friedrich als nicht mehr zeitgemäß erkannt. Anfang 1899 kaufte er ein Motorboot, das er nach einem heute noch existierenden Hotel LORELEY benannte. Am 11. Mai 1899 konnte der regelmäßige Verkehr zwischen Bad Kösen und der Rudelsburg per Motorboot eröffnet werden. Der Einsatz der LORELEY dürfte beim damaligen Publikum auf große Resonanz gestoßen sein, denn Karl Friedrich begann schon im Winter 1899/1900 mit dem Bau seines zweiten Motorbootes RUDELSBURG (I). Das ging im Mai 1900 in Fahrt.

Bild 5.16: LORELEY um 1902/03 Foto: Slg. Schwarz

1903 erwuchs Karl Friedrich eine Konkurrenz, die schließlich sogar bis in die eigene Familie hinein reichte. Im März 1903 bat der Leipziger Arzt Dr. med. Schenkel die zuständige Behörde, mit seinem Motorboot EKKEHARDT I Passagierverkehr zwischen dem Hotel "Loreley" und der Burg Saaleck durchführen zu dürfen. Anfang August 1903 übernahm der Bruder Karl Friedrichs, Otto Friedrich, das Boot zur Pacht. 1905 änderte er den Namen, entsprechend dem Endpunkt seiner Linie, in SAALECKBURG. Ab 1906 überließ Otto Friedrich wieder seinem Bruder Karl das Feld in Bad Kösen. Die SAALECKBURG wurde nach Weißenfels umgesetzt und als SAALE (I) in Fahrt gebracht.

Infolge der gestiegenen Passagierzahlen und der nun nicht mehr vorhandenen "innerfamiliären" Konkurrenz nahm Karl Friedrich bald seinen nächsten Motorbootsneubau in Angriff. Die KÖSEN wurde 1908 gebaut. Ihr erster Einsatz läßt sich 1909 nachweisen.

Das Unternehmen hatte sich inzwischen konsolidiert. Der Motorbootsverkehr zwischen Bad Kösen und der Rudelsburg war in der schönen Jahreszeit zu einer festen Institution geworden. Störungen traten hierbei nur infolge extremer Wasserstände auf. So mußte z. B. im Sommer 1911 der Verkehr infolge Niedrigwassers eingestellt werden. Dabei war man dauernd bemüht, Fahrtmöglichkeiten im Flußbett zu erhalten. Hierzu wurden Steine geräumt und sogar Sprengungen vorgenommen.

1913 baute Karl Friedrich das Motorboot VORWÄRTS. Zwar wurden damit Fahrten durchgeführt, aber ein Einsatz im regelmäßigen Passagierverkehr läßt sich nicht nachweisen.

Der 1. Weltkrieg wirkte sich auch auf die Entwicklung der Firma Friedrich aus. Im Jahre 1915 erhielt sie für keines ihrer Boote Erlaubnisscheine. LORELEY und KÖSEN befanden sich an Land. Ab 1916 wurden zwar wieder Erlaubnisscheine erteilt, aber es ist zu vermuten, daß infolge Treibstoffmangels nicht ein solcher Verkehr wie vor dem August 1914 durchführbar war.

Bild 5.17: RUDELSBURG (I) unterhalb der Saale-Burgen, links Arbeiten im Fahrwasser Foto: Slg. Schwarz

Das Jahr 1920 brachte ein weiteres Motorboot zur Friedrich'schen Flotte. Die bisher in Weißenfels im Einsatz befindliche SAALE (II) von Otto Friedrich wurde von Karl Friedrich übernommen.
1921 sollte die VORWÄRTS an Otto Rehan nach Merseburg verkauft werden. Das beabsichtigte Geschäft zerschlug sich. Rehan übernahm schließlich die LORELEY.
Nach Ende der Inflation stiegen die Besucherzahlen in Bad Kösen wieder an, und für die Firma Friedrich ergab sich die Notwendigkeit, ein Fahrzeug mit wesentlich größerer Passagierkapazität in Fahrt zu bringen. Man kam wohl zu dem Schluß, daß das, schon in Hinblick auf die Instandhaltung, nur ein Stahlbau sein könnte. 1927 wurde die THÜRINGEN in Fahrt gebracht.
Nach der Weltwirtschaftskrise stiegen die Passagierzahlen weiter an. Im Sommer wurde sogar im 15-Minuten-Verkehr gefahren. Diese günstige Entwicklung machte in der zweiten Hälfte der 30er Jahre ein größeres Stahlboot erforderlich. Offenbar wollte man auch rechtzeitig der Einschränkung der Passagierkapazitäten durch die absehbaren Außerdienststellungen der alten Holzboote begegnen. 1938 wurde das Motorboot DEUTSCHLAND in Fahrt gebracht. Es war allerdings nur relativ kurzzeitig in Fahrt. Zwar konnte die Firma Friedrich im Mai 1939 noch ihr 40jähriges Jubiläum feiern, aber dann warf der 2. Weltkrieg schon seine Schatten voraus. Ende August mußte der Motorbootsverkehr eingestellt werden. Dabei hatte er in den Jahren 1938/39 seine höchste Blüte erlebt. Karl Friedrich konnte fast 300 Plätze für den Verkehr zu den Saaleburgen anbieten.
Die unmittelbare Nachkriegszeit brachte vorerst keine Neueröffnung der Strecke Bad Kösen - Rudelsburg. Während auf anderen Saalestrecken die Passagierschiffe zu dringend benötigten Verkehrsmitteln geworden waren, bestand hier diese Notwendigkeit nicht.
1949 wurden THÜRINGEN und DEUTSCHLAND einer Generalreparatur unterzogen und im selben Jahr wieder in Fahrt gebracht. Die Holzboote hatten sich während der ca. 10 Jahre an Land so stark verzogen, daß eine Infahrtsetzung nicht mehr möglich war. Trotzdem entwickelten sich die Beförderungszahlen ab Anfang der 50er Jahre wieder steigend.
Die Firma Friedrich blieb nach dem 2. Weltkrieg allerdings nicht konkurrenzlos auf diesem Saaleabschnitt. Anfang der 50er Jahre betrieb der Eigner Bachmann aus Lengefeld bei Bad Kösen kurzzeitig Motorbootsverkehr, und rund 10 Jahre später fuhr ein Bootseigner Kleinschmidt mit seinem Motorboot PINGUIN ebenfalls von Bad Kösen zur Rudelsburg. Dieses Unternehmen konnte sich ca. drei Jahre halten. Beide Boote waren allerdings keine ernsthafte Konkurrenz für die Firma Friedrich. Deren Beförderungsleistungen stiegen weiter an und erreichten in den 60er Jahren 165.000 Personen/Jahr.
Das Jahr 1970 brachte eine Veränderung in der Eigentumsform. Der "Motorbootsverkehr Bad Kösen - Karl Friedrich" wurde an den Rat der Stadt Bad Kösen verkauft. THÜRINGEN hieß von nun an BURG SAALECK und DEUTSCHLAND wurde in RUDELSBURG (II) geändert. 1989 bzw. 1990 mußten beide Schiffe aus dem Verkehr gezogen werden. Sie wurden ab Mai 1989 durch die Neubauten BAD KÖSEN und RUDELSBURG (III) ersetzt. Die Stadt Bad Kösen verpachtete den Schiffahrtsbetrieb ab 1. Juli 1992 an die Naumburger Fahrschule A. Lindner GmbH

**Bild 5.18: Erinnerungspostkarte zum 25jährigen Jubiläum des Motorbootsbetriebes Friedrich** Foto: Slg. Schwarz

**Bild 5.19: Flaggen der Firma Friedrich, Bad Kösen**

Bild 5.20: Friedrich'sche Motorboote im Frühjahr 1939, v.l.n.r.: KÖSEN, RUDELSBURG (I), SAALE (II), THÜRINGEN, DEUTSCHLAND

Foto: Slg. Schwarz

Bild 5.21: BURG SAALECK ex THÜRINGEN, 1988

Foto: Reichenbach

**Bild 5.22: RUDELSBURG (II) ex DEUTSCHLAND, 1983** — Foto: Reichenbach

**Bild 5.23: BAD KÖSEN auf der Fahrt zur Rudelsburg, Juli 1989** — Foto: Reichenbach

**LORELEY**
Typ: PMS / Bj: 1899 (?) / Werft: -
Lüa: 11,60 / Büa: 2,72 / T,l: 0,55 / T,b: 0,75
Antrieb: 1 .z.tOM/Daimler - ./4 PSe (n.a.A. 2 PSe); 1 S; 1 R; v: 10 - 12
Bes: 2 / Pass: 40 / BA: Holz
1899 angeblich in Merseburg von Karl Friedrich, Bad Kösen gekauft; im 1. Weltkrieg z.T. auf Land; 12.5.1921 Otto Rehan/Theodor Knüppel, Merseburg; 1922 zur Charter bzw. Kauf angeboten; Verbleib ?

**RUDELSBURG (I)**
Typ: PMS / Bj: 1900 / Erbauer: Friedrich
Lüa: 10,12 / Lpp: 9,90 (?) / Büa: 2,15 / T,l: 0,55 / T,b: 0,75
Antrieb: 1 .z.tOM/Daimler - ./4,5 PSe; 1 S; 1 R; v: 8 - 10
Bes: 2 / Pass: 30 / BA: Holz
erster Motorbootseigenbau; im 1. Weltkrieg z. T. auf Land; 1939 - 1952 auf Land; erneute Infahrtsetzung mißlang, da Boot total verzogen; abgewrackt

**EKKEHARDT I -> LOTTE** S. 75

**KÖSEN**
Typ: PMS / Bj: 1908 / Erbauer: Friedrich
Lüa: 10,50 / Büa: 2,20 / T,l: 0,45 / T,b: 0,60
Antrieb: 1 .z.tOM/ 8 PSe; 1 S; 1 R; v: 10 -12
Bes: 2 / Pass: 40 / BA: Holz
im 1. Weltkrieg z. T. auf Land; 193. Kajütvorbau; 1939 - 1952 auf Land; erneute Infahrtsetzung mißlang, da Boot total verzogen; abgewrackt

**VORWÄRTS**
Typ: PMS / Bj: 1913 / Erbauer: Friedrich
Lüa: 9,50 / Büa: 2,35 / T: 0,40 / SH: 1,30
Antrieb: 1 .z.tOM/ 6 PSe; 1 S; 1 R
Bes: 2 / Pass: 40 / BA: Holz
vermutl. nur kurzzeitig vor Ausbruch des 1 Weltkrieges im Einsatz, danach auf Land; später vermutl. verkauft; Verbleib ?

**SAALE (II) ->** S. 75

**THÜRINGEN -> BURG SAALECK** 3-150, P-722, P-528
Typ: PMS / Bj: 1927 / Werft: Bausch
Lüa: 14,20 / Büa: 2,72 / T,l: 0,40 / T,b: 0,60 / SH: 0,99 / Tf: 11
Antrieb: 1 4z4tOM/Basse & Selve - SBW 9/ 20 PSe (1927); 1 2z2tGDM/ Junkers (1956); 1 4z4tDM/Daimler Benz - OM 636/ 34 PSe/ 25 kW (1958); 1 S; 1 R
Bes: 2 / Pass: 80 / BA: Stahl
Neubau für Karl Friedrich, Bad Kösen; 1939 - 1949 auf Land; 1970 Rat der Stadt Bad Kösen, BURG SAALECK; 1990 außer Dienst; 1.7.1992 in Charter Fahrschule und Sportbootsausbildung A. Lindner GmbH, Naumburg, Einsatz als Arbeitsboot

**DEUTSCHLAND -> RUDELSBURG (II)** 3-149, P-723, P-529
Typ: PMS / Bj: 1938 / Werft: Ernst
Lüa: 15,10 / Büa: 2,76 / T: 0,60 / SH: 1,13 / Tf: 10
Antrieb: 1 4z4tOM/Basse & Selve - SBW 9/20 PSe (1938); 1 2z2tGDM/ Junkers (1956); 1 4z4tDM/Daimler-Benz - OM 636/34 PSe/ 25 kW (1958); 1 S; 1 R
Bes: 2 / Pass: 80 / BA: Stahl
Neubau für Karl Friedrich, Bad Kösen; 1939 - 1949 auf Land; 1970 Rat der Stadt Bad Kösen, RUDELSBURG (II); 1989 außer Dienst, ausgeschlachtet; 29.9.1989 zum VEB Schiffswerft Aken zur weiteren Nutzung überführt.

**Friedrich'sches Motorboot**
Typ: Motorboot / Bj: 1928/29 / Werft: Friedrich
Lüa: ca. 3 / Büa: ca. 1,5
Antrieb: 1 4z4tOM/Breuer; 1 S; 1 R
Privatboot Friedrich, Bad Kösen; in Stoßzeiten im öffentlichen Verkehr eingesetzt; 1970 Karl-Grieseler-Werft KG, Mukrena; Verbleib ?

**Bachmann'sches Motorboot**
um 1950 im Einsatz; Verbleib ?

**PINGUIN**
Pass: ca. 25
ca. 1960 - 1963 Passagiereinsatz für Eigner Kleinschmidt in Bad Kösen; Verbleib ?

**BAD KÖSEN** P-071
Typ: PMS / Bj: 1988 / Werft: Aken (1)
Lüa: 17,00 / Büa: 3,80 / T,l: 0,35 / T,b: 0,52
Antrieb: 1 4z4tDM/MW Cunewalde - 4 VD 8.8-8.5-2 SRF/ 43 PSe (32 kW); 1 S; 2 R; v: 10 - 12
Bes: 2 / Pass: 100 / BA: Stahl
1987 Neubauauftrag durch Rat des Kreises Naumburg, Kreisbetrieb Erholungswesen; 2.1988 Baubeginn; 30.9.1988 Stapellauf; 10.3.1989 Überführung nach Bad Kösen; 1.5.1989 Eröffnungsfahrt; 1.7.1992 in Charter Fahrschule und Sportbootsausbildung A. Lindner GmbH, Naumburg

**RUDELSBURG (III)** P-006
Typ: PMS / Bj: 1990/91 / Werft: Aken
modifizierter Typ BAD KÖSEN; Pass: 60; weitere techn. Daten -> BAD KÖSEN
1989 Neubauauftrag durch Rat des Kreises Naumburg, Kreisbetrieb Erholungswesen; 1900 Baubeginn; 4.4.1991 Stapellauf; 19.-20.4.1991 Überführung nach Bad Kösen; 20.4.1991 Eröffnungsfahrt für Stadtverwaltung Bad Kösen, Abt. Naherholung; 1.7.1992 in Charter Fahrschule und Sportbootsausbildung A. Lindner GmbH, Naumburg

## 5.3 Personenschiffahrt auf der Unstrut, in Naumburg und Weißenfels

Während die Fahrtgebiete auf den Stauseen und zwischen Bad Kösen und der Rudelsburg in sich geschlossen sind, beginnt bei Naumburg die durchgängig schiffbare Saale, in die dort auch die Unstrut einmündet. Dieser landschaftlich wohl schönste Abschnitt an der unteren Saale wurde ab 1881 für den Ausflugsverkehr per Schiff erschlossen.
Anfang 1881 wurden im Auftrag der Hallischen Maschinenfabrik Wolff & Schäfer die beiden hölzernen Dampfschiffe GERMANIA und HOHENZOLLERN erbaut. Hiervon plante Wolff & Schäfer den Einsatz eines dieser Fahrzeuge ab Weißenfels. Unter dem 12. März 1881 erbat man beim zuständigen Wasserbauinspekteur in Naumburg eine Erlaubnis hierfür. Die wurde erteilt, für die Unstrut allerdings mit Vorbehalt hinsichtlich des befürchteten Wellenschlages durch die Schraube.
Die beiden Dampfer waren inzwischen in den Besitz des Hallensers Hermann Köcker übergegangen, der mit der GERMANIA an den Pfingsfeiertagen die Personenschiffahrt in Weißenfels aufnehmen wollte. Sie traf am 5. Juni hier ein und begann eine Woche später ihren planmäßigen Dienst. Das "Weißenfelser Kreisblatt" erwartete von dem Dampfer, daß er *"unsere Stadt ebenso gut wie Leipzig in die Reihe der Seestädte rangiert"*. Anfangs fand er allerdings recht wenig Zuspruch unter dem Publikum, was durch einige Mängel bedingt war. Die Pünktlichkeit ließ zu wünschen übrig und die Fahrgäste wurden auch sehr durch den Rauch belästigt. Beiden Mißständen wurde aber bald abgeholfen.
An Sonn- und Feiertagen wurde von Weißenfels viermal nach Goseck und zurück gefahren. Von Goseck aus erfolgte eine Fahrt nach Naumburg hin und zurück.
Die GERMANIA fuhr noch regelmäßig bis Mitte Oktober und wurde dann zur Überwinterung nach Halle überführt.

Der
Salondampfer „Victoria"
fährt während der drei Feiertage jeden Tag um
5 Uhr früh von Benditz nach Goseck—Naumburg (Felsenkeller),
½11 " Vorm. von Naumburg nach Goseck—Weißenfels,
½2 " von Weißenfels (neue Brücke) nach Goseck,
3 " " Goseck nach Weißenfels (Benditz),
4 " " Weißenfels (Benditz) nach Goseck,
½8 " " Goseck nach Weißenfels (Benditz).
Fahr-Preise:
Einfache Tourbillets pro Person 40 Pf.,
Tour und Retourfahrt " " 60 "
Kinder zahlen die Hälfte.
Indem ich meinen bequem eingerichteten, schnellfahrenden Salondampfer dem geehrten Publikum hiesiger Stadt und Umgegend zur fleißigen Benutzung ~~in das herrliche~~ Saalthal bestens empfehle, zeichne ich mich
hochachtungsvoll **Albert Schröder.**

**Bild 5.24: Werbung für den Doppelschrauber VICTORIA** **Quelle: Weißenfelser Kreisblatt**

Der Weißenfelser Kaufmann Albert Schröder versprach sich von der Personendampfschiffahrt ebenfalls Gewinn, so daß er schon im August 1881 entsprechende Anzeigen in die "Magdeburger Zeitung" brachte. Demnach suchte er einen neuen, mit vollständiger Einrichtung versehenen Passagierschraubendampfer, mit einer Antriebsleistung von mindestens 12 PSi für 70 bis 80 Passagiere. Der Tiefgang sollte 26 Zoll nicht überschreiten.
Für zwei Fahrgastschiffe war das Passagieraufkommen aber zu gering, so daß Köcker auf einen Einsatz seiner GERMANIA 1882 in Weißenfels verzichtete und sie von nun an in Halle fahren ließ.
Da Schröder bei seiner Anzeigenaktion offensichtlich kein Erfolg beschieden war, gab er bei Gebr. Sachsenberg in Roßlau einen Doppelschrauber in Auftrag, mit dem er von Weißenfels aus einen Passagierverkehr bis Freyburg aufnehmen und nebenbei auch noch Schleppfahrten durchführen wollte. Dieser Schiffstyp war für Saale und Unstrut eine Novität.
Die VICTORIA, so hieß dieser erste in Weißenfels beheimatete Dampfer, sollte hier am 24. Mai eintreffen. Der Redakteur des "Weißenfelser Kreisblattes" schrieb: *"Hoffentlich werden Wind und Wetter die Fahrt begünstigen und die kühnen Reisenden den Fährlichkeiten unseres Saalstromes oder den Anfechtungen der Saalnixen glücklich entgehen, um heute Abend unter Kanonendonner und Jubelruf eine Versammlung von unzählig freudig bewegten Menschenkindern auf dem Bade begrüßen zu können."*
Die Fahrt der VICTORIA war ab Halle von einigen Schwierigkeiten begleitet. Infolge Trockenheit war der Wasserstand relativ niedrig, wodurch der Dampfer auch bald auf eine Untiefe auflief. Mannschaft und Fahrgäste, darunter Vertreter der Bauwerft, mußten an Land, um das Schiff mittels eines Taues freizuschleppen. Nur durch diese Hilfsmaßnahme konnten weitere Stromschnellen passiert werden. Zu allem Überfluß schlug eine Schraube auf einem Felsen auf, so daß ein Flügel abbrach. Nach einem notwendigen Schraubenwechsel lief der Dampfer dann aber am Morgen des darauffolgenden Tages in Weißenfels ein und schon gegen Mittag wurde die erste Probefahrt ins neue Einsatzgebiet unternommen.
Die VICTORIA fuhr ab sofort über Naumburg bis Freyburg. Im Juli kamen dann erstmals Fahrten nach Vesta bei Dürrenberg hinzu, wo im Hotel "Zum Karpfen" zum Aal-Essen geladen wurde.
Schröders geschäftliche Erwartungen erfüllten sich aber nicht. Offensichtlich war er nicht in der Lage, seine Schulden bei der Bauwerft zu begleichen, weshalb er den Dampfer im Januar 1883 nach Roßlau zurückgeben mußte.
Bei Saisonbeginn 1883 war die Saale im Raum Naumburg/Weißenfels ohne Passagierdampfschiff. Zwar kam vor dem Himmelfahrtstag das Gerücht auf, der Hallische Schiffseigner Köcker würde wieder einen Dampfer schicken, woraus aber nichts wurde, denn der geschäftliche Ertrag des Jahres 1881 schien einen wiederholten Einsatz in Weißenfels nicht zu rechtfertigen.
Am 30. Mai 1883 dampfte dann aber der Schlepper SAALE des Hallischen Fischer- und Fährmeisters Carl Hoffmann nach Weißenfels und fuhr von hier mit angehängten Gondeln nach Uichteritz, Leißling und Goseck. Aber auch Hoffmann kam wohl nicht auf seine Kosten, denn die SAALE stellte nach ca. vier Wochen ihre Fahrten wieder ein und kehrte nach Halle zurück.
Erst 1897 kamen hier wieder Passagierdampfer in Fahrt und zwar gleich zwei auf einmal. Anfang des Jahres kaufte der Gaststättenbesitzer und Fährmeister der Großjenaer Fähre Wilhelm Ritter den Doppelschrauber WESTHAVELLAND. Das andere Schiff war die GERMANIA, die nach 16 Jahren wieder in ihr erstes Fahrtgebiet zurückkehrte. Sie war von dem Naumburger Wilhelm Liebau gekauft worden.
Die WESTHAVELLAND, die nebenbei auch Kähne schleppte, begann ihre Passagierfahrten Anfang April zwischen Freyburg und Goseck. Zu den Osterfeiertagen eröffnete dann auch die GERMANIA ihren Dienst. Die Linienführung entsprach der der WESTHAVELLAND. Beide führten aber auch Sonderfahrten nach Weißenfels durch. Die WESTHAVELLAND stellte ihre Fahrten aber schon Mitte Juni wieder ein und wurde verkauft. Das Passagieraufkommen stand vermutlich nicht im rechten Verhältnis zur Platzkapazität der beiden Schiffe, denn auch die verbliebene GERMANIA war in Naumburg nicht voll ausgelastet.
Am 22. April wurde die Dampfschiff-Saison 1898 eröffnet, aber von nun an fuhr die GERMANIA ab Weißenfels. Neben Fahrten nach Leißling, Goseck, Schönburg, Naumburg und Freyburg wurde von jetzt an die Streckenführung auch talwärts bis Merseburg erweitert. Im Mai verkaufte Heinrich Liebau seinen Dampfer an den Weißenfelser Friedrich Wagner. Wagner behielt die GERMANIA auch nicht lange. Schon im Herbst des gleichen Jahres ging sie an die Weißenfelser Firma Kuntze & Zickmantel über. Die betrieb den Dampfer bis Juni 1902 zwischen Naumburg und Merseburg.
Im August 1902 kam in Naumburg kurzzeitig ein Passagiermotorboot in Fahrt. Der Leipziger Arzt Dr. Schenkel, der bei Großjena einen Weinberg besaß, beauftragte den Blütengrund-Fährmann Wilhelm Ritter, mit seinem Motorboot EKKEHARDT I Fahrten von Naumburg aus durchzuführen. 1903 verkehrte das Boot dann allerdings schon in Bad Kösen.
Von Naumburg aus fuhr für über 20 Jahre von nun an kein Passagierschiff mehr. Die Weißenfelser mußten auch bis zum Mai 1906 warten, ehe sie wieder "Lustfahrten" auf der Saale unternehmen konnten. Die ehemalige Naumburger EKKEHARDT I kam jetzt hier für Otto Friedrich als SAALE (I)

in Fahrt. Vorerst setzte er das Motorboot aber nur im Fährverkehr von der Weißenfelser Gaststätte "Zum Bad" zur Robinsoninsel, einer im Stadtgebiet liegenden Saaleinsel, ein. Es zeigte sich schnell, daß die SAALE (I) damit bei weitem nicht ausgelastet war. Otto Friedrich mußte andere Fahrtgebiete einbeziehen, um rentabel zu sein. Fortan bot er Fahrten nach Goseck, Schönburg, Naumburg und talwärts bis Dürrenberg an. Aber auch hier war wieder das Verhältnis von Streckenlänge zur Zahl von maximal 28 beförderten Passagieren ungünstig. Um einen wirtschaftlichen Betrieb durchführen zu können, blieb Otto Friedrich nur die Indienststellung eines größeren Bootes. Zu Saisonbeginn 1910 wurde die SAALE (II) in Dienst gestellt. 1913 und 1914 verpachtete Friedrich sein Motorboot. Der 1. Weltkrieg beendete schließlich auch in Weißenfels die Fahrgastschiffahrt. Ab 1915 erhielt die SAALE (II) wegen Treibstoffmangels keine Fahrerlaubnis mehr. Sie führte erst 1919 wieder einige Fahrten nach Schönburg durch und wurde schließlich 1920 nach Bad Kösen umgesetzt.

1919 setzte der Arterner Gaststätten- und Gondelbesitzer A. Unger sein Motorboot SCHNAUFERL im öffentlichen Verkehr auf der Unstrut ein. Nur in diesem Jahr läßt sich der Einsatz für diese Zwecke nachweisen.

In den nächsten Jahren fuhren auf der Unstrut und auf der Saale von Naumburg und Weißenfels aus keine Passagierschiffe mehr. Wollten Gesellschaften oder Vereine eine Fahrt unternehmen, mußten sie sich in Merseburg oder Halle ein Fahrzeug chartern, das sie dann aber auch in ihren Ausgangsorten abholte bzw. nach dorthin zurückbrachte.

Nach der Inflation und der Stabilisierung der wirtschaftlichen Verhältnisse in Deutschland begann sich zögernd auch in diesem Fahrtgebiet eine neue Personenschiffahrt zu entwickeln. Der Hallische Reeder Bergmann schickte im September 1925 seine MONIKA nach Weißenfels und eröffnete am 1. Osterfeiertag 1926 den Passagierdienst mit der PREUSSEN. Dies geschah im Auftrag des Zigarrenhändlers Max Groß, der gleichzeitig Vertreter des Norddeutschen Lloyds in Weißenfels war. Er spielte in den Folgejahren eine wichtige Rolle in der hiesigen Personenschiffahrt.

Die PREUSSEN fuhr ab Beuditz-Schleuse über Schönburg und Blütengrund bis Freyburg. Es wurden aber auch kürzere Fahrten nach Goseck und Oeblitz-Schleuse unternommen.

Rechtzeitig zum Pfingstfest 1926 konnte Reinhold Albrecht aus Naumburg mit seinem Motorboot KÄMPER, benannt nach dem mit ihm ausgerüsteten Motor, den Verkehr ab Naumburg wieder eröffnen. Im Juli 1926 begann der Besitzer der Weißenfelser Gaststätte "Roter Löwe" Carl Rohnke mit seinem nach der Gaststätte benannten Motorboot Fahrten bis Naumburg aufzunehmen.

Der Bernburger Schiffseigner Braunstedter beabsichtigte seine JOH. BRAUNSTEDTER noch im gleichen Sommer, ebenfalls für Max Groß, von Weißenfels aus in Fahrt zu bringen. Allerdings erschien ein gutes Geschäft wegen des sehr mäßigen Sommerwetters wenig lohnend, weshalb es auf das kommende Jahr verschoben wurde.

Das Jahr 1927 sah recht viele Schiffe auf der oberen Saale und Unstrut: für R. Albrecht das inzwischen in NAUMBURG umbenannte Motoboot KÄMPER, für Max Groß fuhren PREUSSEN und JOH. BRAUNSTEDTER, sowie das Motorboot ROTER LÖWE für Carl Rohnke.

Am 7. Juli ereignete sich mit dem Motorschiff PREUSSEN (n.a.A. JOH. BRAUNSTEDTER) ein Zwischenfall an der Schellsitzer Fähre. Das mit Kindern und Eltern eines Schulausfluges vollbesetzte Fahrzeug geriet in ein schweres Gewitter und wurde gegen das gespannte Drahtseil der dortigen Kahnfähre getrieben. Der Fährmann erschien trotz dauernden Signals des Motorbootes nicht, um das Drahtseil zum Passieren abzusenken. An Bord brach eine Panik aus. Das Fahrzeug wurde an seinen Aufbauten beschädigt. Die Passagiere mußten schließlich ausgebootet werden, um es wieder flott zu machen. Der Fährmann erschien erst nach längerer Zeit und erklärte, daß er sich bei schlechtem Wetter nicht in das Fährhaus setzen würde. Dies blieb nicht die letzte Havarie im Naumburg-Weißenfelser Raum.

Die vergangenen Jahre hatten der Personenschiffahrt auf der oberen Saale gute Erlöse gebracht. Der Weißenfelser Zigarrenhändler Max Groß, der bisher nur Schiffe gechartert hatte, brachte am 28. April 1928 mit der WEISSENFELS nun ein eigenes Schiff in Fahrt. Das "Weißenfelser Tageblatt" schrieb am 5. Mai euphorisch: *"Weißenfels wird Großstadt! Die Saaleschiffahrt zieht den Verkehr von allen Seiten nach Weißenfels. Von Zeitz bis Mücheln kommen die Ausflügler nach hier ..."*

Die WEISSENFELS mit ihren 150 Plätzen, davon 65 in der Kabine, blieb für die nächsten Jahre das größte Fahrzeug auf der oberen Saale. Man konnte auch mit Besonderheiten zur Unterhaltung der Fahrgäste aufwarten. Auf ihren Wunsch konnte während der Fahrt Radiomusik geboten werden.

Offensichtlich geriet das Motorboot ROTER LÖWE durch diese Konkurrenz ins Hintertreffen, so daß es nach Ende der Saison 1929 nach Bad Dürrenberg verkauft wurde.

**Bild 5.25: Passagiermotorschiff WEISSENFELS um 1930**

Foto: Slg. Schwarz

1928 kam neben dem Albrecht'schen Motorboot NAUMBURG kurzzeitig ein Motorboot ILSE in Naumburg in Fahrt. Der frühere Besitzer des Schleppdampfers HEDWIG aus Bottendorf/Unstrut hatte dieses Fahrzeug elb- und saaleaufwärts nach Naumburg überführt. Es sollte vom Hallischen Anger in Naumburg aus zwischen Freyburg und Oeblitzschleuse verkehren. Der Einsatz erfolgte vermutlich nur kurzzeitig.

1935 kaufte Reinhold Albrecht den Heckradmotorschlepper WOGLINDE, den er neben dem Fahrgastverkehr auch zum Schleppen einsetzen wollte. Das Motorboot NAUMBURG veräußerte er dann allerdings bald.

Die Fahrten der WOGLINDE verliefen nicht zufriedenstellend. Sie mußte durch Betriebsstörungen, z. B. Schäden am Heckrad, mehrfach unterbrochen werden. Schließlich trieb das Schiff bei einer solchen Havarie bei Beuditz auf das Wehr. Die Fahrgäste wurden nur mit Mühe an das Ufer

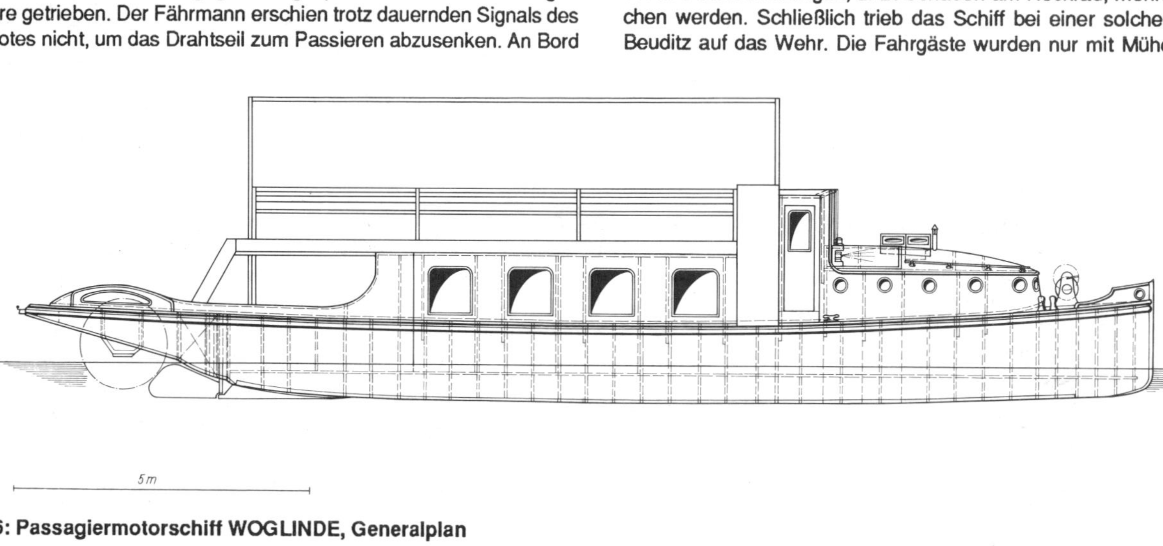


**Bild 5.26: Passagiermotorschiff WOGLINDE, Generalplan**

Zeichnung: Lang

**Bild 5.27: FREIHEIT (I) ex GERMANIA ex LEIPZIG in Schönburg um 1939** **Foto: Slg. Schwarz**

Damit kehrte die früher in Halle/S. und Bernburg beheimatete GERMANIA ex LEIPZIG auf die Saale zurück. Albrecht opponierte zuerst gegen die neue Konkurrenz, gab dann aber schließlich seinen eigenen Fahrgastverkehr auf. Grundmanns FREIHEIT (I) war damit das einzige Passagierschiff im Raum Naumburg - Weißenfels. Das Geschäft entwickelte sich vorerst nicht schlecht, wurde aber bald durch den ausbrechenden 2. Weltkrieg stark eingeschränkt. Grundmann versuchte trotz aller Widerstände und Hemnisse sein Schiff in Fahrt zu halten, was ihm zum Teil auch gelang. Von Weißenfels aus erfolgte, wenn auch nur noch in eng begrenztem Rahmen, Personenschiffahrt. Außerhalb der Saison wurde geschleppt.

gebracht. Eine Kompanie Soldaten zog die WOGLINDE schließlich vom Wehr herunter. Sie erwies sich für den Personenverkehr als ungeeignet. Die WOGLINDE blieb bis heute das letzte in Naumburg beheimatete Passagierschiff.

Für Max Groß in Weißenfels hatte sich die wirtschaftliche Situation verschlechtert. Die WEISSENFELS mußte 1933 zwangsversteigert werden, blieb allerdings noch bis Anfang 1935 auf der Saale.

1938 kam der bisher in Berlin-Spandau wohnhafte Schiffsführer Herbert Grundmann nach Weißenfels und brachte hier seine FREIHEIT (I) in Fahrt.

Obwohl sich die Lage immer mehr verschlechterte, dachte Grundmann an Expansion. Ende 1940 kaufte er von der bekannten Berliner Reederei Otto Schmidt, entsprechend ihrer Schiffsnamen auch "Reederei der Asse" genannt, die bisherige KARO AS. In Weißenfels hieß sie nun SCHARNHORST. Infolge fehlender Bemannung kam das Schiff allerdings kaum zum Einsatz.

Im Frühjahr 1941 verkaufte Grundmann die FREIHEIT (I). Unmittelbar danach legte er sich ein weiteres Fahrgastschiff zu, das er FREIHEIT II nannte. Durch einen hinhaltenden Kleinkrieg mit den Behörden gelang es ihm, seine Schiffe während der ersten Kriegsjahre nicht ganz stillegen zu müssen. Seine Kraftstoffreserven gingen trotzdem langsam zu Ende, so daß er 1943 die SCHARNHORST schließlich mit einem Holzgasgenerator ausrüsten mußte. In der Sommersaison 1943 durften lediglich sonntags einige wenige Fahrten durchgeführt werden. Damit endete die Personenschiffahrt in Weißenfels bis Kriegsschluß.

Nach dem 8. Mai 1945 lagen die Hauptaufgaben für die Personenschiffahrt

**Bild 5.28: FREIHEIT (II) nach 1952 in Weißenfels** **Foto: Slg. Schwarz**

**Bild 5.29: FREIHEIT II der Reederei Grundmann, Weißenfels als FREIHEIT bei E. Weiß, Senzig um 1952** Foto: Slg. Golzsch

in der Aufnahme von Liniendiensten im unteren Flußbereich. Im Frühjahr des darauffolgenden Jahres konnte Grundmann seine beiden Schiffe, die SCHARNHORST hatte er inzwischen in FREIHEIT I umbenannt, wieder für Passagierfahrten ab Weißenfels einsetzen. Beide Schiffe betrieben in den darauffolgenden Jahren den Personenverkehr auf der oberen Saale und Unstrut ab Weißenfels, darunter waren Fahrten, die bis Nebra gingen.
Ab 1. Januar 1950 wurde der Fahrgastverkehr in Weißenfels, wie auch auf der ganzen restlichen Saalestrecke der Deutschen Schiffahrts- und Umschlagbetriebszentrale (DSU) Dresden, Außenstelle Halle/S. unterstellt. Diese Institution stimmte die Fahrpläne der verschiedenen Eigner untereinander ab und diente gleichzeitig als Vermittlungsstelle für Sonderfahrten. Für zwei Schiffe war eine Auslastung nicht mehr gegeben. Der zunehmende Autobusverkehr entzog der Personenschiffahrt Fahrgäste. Vermutlich wirkte sich die verstärkende Verschmutzung des Flußes auch negativ aus. So verkaufte Grundmann schließlich Anfang 1952 die FREIHEIT II. Die ihm verbliebene FREIHEIT I benannte er daraufhin in FREIHEIT (II) um. Mit diesem Schiff wurden weiterhin Fahrten auf der Strecke Weißenfels - Schönburg - Felsenkeller und entsprechend des Wasserstandes auch bis Freyburg durchgeführt. Jährlich fuhr das Schiff zum Winzerfest nach Freyburg, von wo aus dann Rundfahrten mit den Gästen erfolgten.
Anfang 1956 verließ Herbert Grundmann die DDR. Die FREIHEIT (II) wurde vom Rat des Kreises Weißenfels übernommen und in diesem Jahr bewirtschaftet. Dies konnte allerdings nur eine Interimslösung darstellen. Für das Schiff interessierten sich die beiden Reeder Bergmann, Halle/S. und Riedel, Bernburg. Letzterer erhielt für die FREIHEIT (II) schließlich den Zuschlag. Riedel nannte das Schiff sofort in SAALEFEE (II) um und setzte es in der Saison 1957 weiterhin ab Weißenfels ein. Auch die Tradition der Rundfahrten anläßlich des Winzerfestes in Freyburg setzte er fort. Im Herbst wurde die SAALEFEE (II) zur Landrevision und Werftüberholung nach Alsleben überführt. Im Frühjahr 1958 kam sie infolge niedrigen Wasserstandes nicht wieder nach Weißenfels zurück. Der Einsatz erfolgte jetzt von Bernburg aus, wobei es dann auch blieb. Weißenfels war somit wieder einmal ohne Passagierschiff.
Erst 1964 sollte sich diese Situation ändern. Durch den VEB (K) Kraftverkehr Halle erfolgte die Neuaufnahme der Passagierfahrten im Raum Naumburg - Weißenfels. Die von Halle/S. abgezogene FREIHEIT eröffnete am 1. Mai 1964 den Verkehr mit einer Kaffeefahrt von Weißenfels zum "Alten Felsenkeller" in Naumburg. In den nachfolgenden Jahren wechselten die hier im Einsatz befindlichen Schiffe mehrmals. Trotzdem konnte den Fahrgästen kein allen Ansprüchen gerecht werdendes Schiff zur Verfügung gestellt werden. Das erste durch den VEB Kombinat Kraftverkehr Halle in Auftrag gegebene moderne Passagiermotorschiff vom Typ III wurde deshalb für Weißenfels bestimmt. Im November 1978 erfolgte die Eröffnungsfahrt der neuen WEISSENFELS. Das Schiff erfüllte von da an zuverlässig seinen Dienst. Lediglich 1988 konnte ab Weißenfels kein Personenverkehr betrieben werden, da die Rückführung des Schiffes nach einer Werftüberholung infolge Niedrigwassers nicht möglich war.
Die Herbstereignisse des Jahres 1989 führten auch in der Weißenfelser Personenschiffahrt zu einer Änderung. Nach der Auflösung des VEB Kraftverkehr Halle übernahm das Landratsamt Weißenfels das Schiff. Es wurde in den Jahren 1991 - 1992 an die Reederei Werner K. T. Hollensteiner verchartert. Ende 1992 wurde dieser Vertrag gelöst, da das Schiff verkauft werden soll.

**Tab. 5.2 Weißenfelser Personenschiffahrt seit 1964**

| Einsatz von - bis | Schiff |
|---|---|
| 1964 | FREIHEIT |
| 1965 - 1966 | BRIGADIER |
| 1967 | GIEBICHENSTEIN |
| 1968 | GIEBICHENSTEIN, MORITZBURG |
| 1969 - 1971 | MORITZBURG |
| 1971 - 1975 | FREIHEIT |
| 1976 - 1978 | GIEBICHENSTEIN |
| 1978 - 1992 | WEISSENFELS |

**Bild 5.30: WEISSENFELS des VEB Kraftverkehr Halle, 1986** **Foto: Reichenbach**

**GERMANIA**
Typ: PDS / Bj: 1881 / Werft: Schildt
Lüa: 20,30 / Büa: 3,40 / Tf: 18,4
Antrieb: 1 .z.fEM/ 10 PSi; 1 K; 1 S; 1 R
Bes: 2 / Pass: 140 / BA: Holz
Neubau für Maschinenfabrik Wolff & Schäfer, Halle/S.; für Hermann Köcker, Halle/S. in Fahrt; 5.6.1881 - 10.1881 Einsatz ab Weißenfels; ab 1882 in Halle; 27.6.1896 Emil Barth, Leipzig; Fahrten ab Dürrenberg; 9.1896 Wilhelm Liebau, Naumburg; 17.6.1898 Friedrich Wagner, Weißenfels; 6.1898 F. Kunze u. E. Zickmantel, Weißenfels; 23.6.1902 Ernst Moritz, Werder/Havel; Verbleib ?

**VICTORIA**
Typ: PDS / Bj: 1882 / Werft: Sachsenberg (85)
Lpp: 21,00 / BaSp: 4,30 / T,l: 0,60 / T,b: 0,80 / SH: 2,20
Antrieb: 2 1z1fEMmA/2 x 40 = 80 PSi; 1 K/9 atü; 2 S; 1 R
Bes: ca. 3 / Pass: ca. 200-250 / BA: Stahl
Neubau für Albert Schröder, Weißenfels (n.a.A. C.F. Schröder); 25.5.1882 in Weißenfels; 10.1882 Saisonende, danach Schleppfahrten; Anfang 1883 an Werft zurück; 1883 Schoppe, Havelberg; mindestens noch 1890 bei Schoppe; später Hermann Wachsner, Berlin; 15.4.1897 Ernst Schnesche, Spandau; eventl. 1897 Marie Keddig, Friedrichshagen b. Berlin; Verbleib ?

**SAALE** -> S. 115

**WESTHAVELLAND**
Typ: PDS / Bj: 1886 / Werft: Sachsenberg (199)
Lpp: 18,00 / BaSp: 4,00 / T: 0,80 / SH: 1,20
Antrieb: 2 1z1fEMmA/ 2 x 40 = 80 PSi; 1 K/ 8 atü; 2 S; 1 R
Bes: ca. 2 / Pass: 180 / BA: Stahl
Neubau für A. Schoppe, Havelberg; später bei Stein & Mangelsdorf, Pritzerbe; Anfang 1897 Wilhelm Ritter, Groß-Jena; ab 3.1897 Schleppfahrten; 4.4.1897 Personenverkehr; 6.1897 Verkauf nach Breslau; Verbleib ?

**LOTTE -> EKKEHARDT I -> SAALECKBURG -> SAALE (I)**
Typ: PMS / Bj: 1902 / Werft: -
Lüa. 7,10 / Büa. 1,81 / T,b: 0,90 / Tf: 4
Antrieb: 1 .z4tOM/Daimler - ./6 PSe; 1 S; 1 R
Bes: 2 / Pass: 28 / BA: Holz
1902 durch Dr. R. Schenkel, Leipzig angekauft, LOTTE; Fahrtaufnahme als EKKEHARDT I unter Wilhelm Ritter, Groß-Jena; 1903 in Bad Kösen; 8.1903 in Charter Otto Friedrich, Bad Kösen; 1905 SAALECKBURG; 1906 in Weißenfels, SAALE (I); 2.1910 Otto Friedrich; Motor in SAALE (II) eingesetzt; Anhängeboot und Anleger; nach 1912 abgewrackt

**SAALE (II)**
Typ: PMS / Bj: 1909 / 1910 / Erbauer: . , Volkstedt b. Rudolstadt
Lüa: 9,50 / Büa: 2,30 / Tf: 10
Antrieb: 1 .z4tOM/Daimler - ./6 PSe; 1 S; 1 R
Bes: 2 / Pass: 40 / BA: Holz
Neubau für Otto Friedrich, Bad Kösen für Einsatz ab Weißenfels; 1913 verchartert an Hermann Schlegel; 1914 verchartert an A. Quente, Weißenfels; ab 1915 aufgelegt; nach 1918 vermutl. in Weißenfels wieder in Fahrt; 1920 Karl Friedrich, Bad Kösen; Einsatz dort; 1939 aufgelegt; 1952 abgewrackt

**SCHNAUFERL**
Typ: PMS / Bj: vor 1908 / Werft: -
Tf: 3,41
Antrieb: 1 .z4tM/Kyffhäuserhütte; 1 S; 1 R
Bes: ca. 1 / Pass: 20
vermutl. Privatboot Artur Unger, Artern; 6.1919 Passagierfahrten; 1924 noch vorhanden; Verbleib ?

**MONIKA** -> S. 117

**ROTER LÖWE --> BAD DÜRRENBERG** 2-M-536; 2 M 87-18
Typ: PMS / Bj: 1926 / Erbauer: Holzhandlung Ernst Erler, Halle/S.
Lüa: 11,00 / Lpp: 10,50 / BaSp: 2,65 / T,b: 0,60 / SH: 1,48 / Tf: 5
Antrieb: 1 4z4tOM/Breuer - ./10 PSe; 1 S; 1 R; v: ca. 17
Bes: 2 / Pass: 44 / BA: Holz
Neubau für Carl Rohnke, Weißenfels; Ende 1929 Fa. Birnstiel, Bad Dürrenberg, BAD DÜRRENBERG; ab 1939 auf Land; 1945 nicht fahrtbereit; ca. 1950 abgewrackt

**PREUSSEN** --> S. 117

**KÄMPER --> NAUMBURG**
Typ: PMS / Bj: 1922 / Werft: Treess
Lüa: 11,00 / Büa: 2,00
Antrieb: 1 2z.tM/Kämper - ./12,6 PSe; 1 S; 1 R
Bes: 2 / Pass: 35 / BA: Holz
Frühjahr 1926 durch Reinhold Albrecht, Naumburg in Hamburg angekauft; 25.5.1926 Aufnahme Personenverkehr; Anfang 1926 NAUMBURG; 14.5.1935 letzter Nachweis; Verbleib ?

**JOH. BRAUNSTEDTER** --> S. 133

**ILSE**
Typ: PMS / Bj: - / Werft: -
Antrieb: 1 .z4tOM/10 PSe; 1 S; 1 R
Bes: ca. 2 / Pass: ca. 40
durch Otto Leißring, Bottendorf in Hamburg angekauft; ab 13.5.1928 in Naumburg; kurzzeitiger Einsatz; Verbleib ?

**WEISSENFELS**
Typ: PMS / Bj: 1925 / Erbauer: Heinrich Ohle, Kassel
Lüa: 20,06 / Büa: 3,88 / SH: 1,56 ( Abmessungen 1982) / Tf: 14 (1926)
Antrieb: 1 .z.tBM/Daimler - ./55 PSe; 1 S; 1 R
Bes: ca. 2 / Pass: ca. 150 / BA: Stahl
Neubau HERTHA für eigene Rechnung des Erbauers; 1928 Max Groß, Weißenfels, WEISSENFELS; 1933 an Voreigner zurück, verblieb in Weißenfels; 1935 Emil Stitterich, Magdeburg, KREUZHORST; später ZMS; 31.7.1958 VEB Wasserbau Magdeburg; 1989 in Fahrt

**WOGLINDE**
Typ: (ZMHR --> ) PMHR / Bj: 1921 / Werft: Übigau (1238)
Lüa: 19,10 / Lpp: 17,00 / Büa: 3,80 / T: 0,53 / Tf: 35 (1922); 25 (1925)
Antrieb: 1 .z.tM/60 PSe; 1 HR; 1 R
Bes: ca. 2 / Pass: - / BA: Stahl
Versuchsschiff für VEG, Dresden; 1930 NNVE, Hamburg; 1935 Reinhold Albrecht, Naumburg; Umbau PMHR; 7.3.1938 Adolf Lorenz, Rottewitz über Meissen; auf Bauwerft zum ZMS umgerüstet; 16.3.1940 OHG Gebr. Väth, Langfurt/Main; 1962 Fa. Hannappel, Mainz; ca. 1969 abgewrackt

**FREIHEIT (I) --> LEIPZIG** S. 118

**SCHARNHORST --> FREIHEIT I --> FREIHEIT (II) --> SAALEFEE (II)** 3-147, P-702
Typ: PMS / Bj: 1925 / Werft: - , Berlin-Rummelsburg
Lüa: 19,94 / Büa: 4,62 / T,l: 0,70 / T,b: 1,10 / SH: 1,55 (Abmessungen 1938) /Tf: 48 (1926); 13,2 (19 . .); 16,1 (1954); 22,9 (1959)
Antrieb: 1 4z4tDM/Deutz - ./50 PSe; 1 4z4tDM/Daimler-Benz (1962); 1 4z4tDM/DMW Leipzig - 4 NVD 18 / 56 PSe (1962); 1 S; 1 R
Bes: 3 / Pass: 162 (1925), 175 (1938) / BA: Stahl
Neubau JAGETEUFEL; um 1936 Otto Schmidt, Berlin, OLYMPIA; Winter 1937/38 auf Schiffswerft Gebr. Winkler, Kalkberge/Mark verlängert; 1938 KARO AS; 3.1941 Herbert Grundmann, Weißenfels, SCHARNHORST; 1943 Holzgasgenerator; 1945 FREIHEIT I; 15.5.1946 erneute Fahrtaufnahme; 1952 FREIHEIT (II); 1956 Rat des Kreises Weißenfels; 1957 Heinz Riedel, Bernburg, SAALEFEE (II); ab 1958 in Bernburg eingesetzt; 3.1961 Bernburger Reiseverkehr KG, Bernburg; 1961 infolge defekten Motors kein Einsatz; nach zwei Motorwechseln ab 6.1962 wieder in Fahrt; 9.1963 Fähreinsatz in Bernburg; 1964 VEB Naherholungsbetrieb Schwerin/Bereich Weiße Flotte, VAASA; 1964/65 Totalumbau auf Karl-Grieseler-Werft KG, Mukrena (Verlängerung, neue Motorenanlage usw.); 12.1965 nach Schwerin überführt; 10.1989 beim Aufslippen auf der WSA-Werft Grabow schwer beschädigt; 1990 nach Schwerin geschleppt, aufgelegt

**FREIHEIT II** 3-134
Typ: PMS / Bj: 1924 / Werft: Winkler
Lüa: 21,94 / Büa: 4,20 / T,l: 0,74 / T,b: 0,96 / Tf: 27 (1925); 14,5 (194.)
Antrieb: 1 3z2tGDM/Junkers - ./75 PSe; 1 S; 1 R
Bes: 2-3 / Pass: 200 (1948) / BA: Stahl
Neubau PIK AS für Otto Schmidt, Berlin; 9.5.1925 Kladower Verkehrsgesellschaft mbH, Berlin-Kladow, BROMBERG; 7.1932 Albert Reedemann, Spandau, ALTMARK; 6.5.1933 Helmuth Fahlenberg, Rathenow, STOLZENFELS; 18.10.1935 Reederei und Kohlenvertrieb Ernst Maaß - Nachfolger Otto Knörr; Oranienburg, SOMMERNACHTSTRAUM; 29.4.1941 Herbert Grundmann, Weißenfels, FREIHEIT II; 11.2.1952 Hermann Weiß, Senzig, FREIHEIT; 26.5.1964 VEB Fahrgastschiffahrt Berlin-Treptow; 9.3.1970 SCHARMÜTZELSEE; um 1972/73 außer Dienst; 1974 abgewrackt

**FREIHEIT** --> S. 119

**BRIGADIER** --> ERNI S. 118

**GIEBICHENSTEIN** --> S. 119

**MORITZBURG** --> S. 119

**WEISSENFELS**
Typ: PMS / Bj: 1978 / Werft: Yachtwerft (10)
techn. Daten --> SAALBURG (III) S. 65
um 1976 durch VEB Kombinat Kraftverkehr Halle in Auftrag; 10.7.1978 Stapellauf; 26.9.1978 Übergabe; 10.1978 Eröffnungsfahrt; 1988 infolge Niedrigwassers keine Rückführung nach Werftüberholung nach Weißenfels möglich; 5./6.1988 ab Halle im Einsatz; 7.9.1990 Landratsamt Weißenfels; 1.1.1991 in Charter Weißenfelser Fahrgastschiffahrt Werner K.T. Hollensteiner; Chartervertrag Ende 1992 gelöst

## 5.4 Personenschiffahrt in Bad Dürrenberg und Merseburg

Obwohl die Merseburger schon am 28. August 1863 durch eine Fahrt des Hallischen Dampfers FORTUNA mit der Personenschiffahrt konfrontiert wurden, konnten sich in diesem Flußbereich nur sehr schwer einschlägige Unternehmen etablieren. Das Fahrgastaufkommen war, trotz der Nähe Leipzigs, nie so hoch wie beispielsweise in Halle oder Bernburg. Allerdings wurde der Dürrenberg-Merseburger Flußabschnitt lange Zeit durch Passagierschiffe von Weißenfels und Halle aus befahren.

1895 kam mit der KAISER FRIEDRICH der erste Passagierdampfer nach Merseburg. Die Besitzerin, eine Frau Peuschel, hatte mit ihren Schiff wenig Glück. Zwar konnte sie Mitte April die Fahrten auf der Strecke Merseburg - Dürrenberg - Vesta aufnehmen, aber schon ca. vier Wochen später war die Maschine in solch desolatem Zustand, daß sie einer größeren Reparatur unterzogen werden mußte. Obwohl das Schiff völlig überholt wurde, änderte sich diese Situation im kommenden Jahr nicht. Die geplante Saisoneröffnung zum Himmelfahrtstag 1896 fiel wegen erneuter Maschinenstörungen aus. Erst zu Pfingsten wurde der Passagierverkehr aufgenommen. Man warb besonders für Nachtfahrten mit dem "hell beleuchteten Dampfer", trotzdem fand er vermutlich wenig Zuspruch. Die Besitzerin gab schließlich auf und setzte am 6. Juni 1896 folgende Anzeige in den "Merseburger Correspondenten":

*Ich beabsichtige meinen neu restaurirten Saale-Vergnügungs-Dampfer KAISER FRIEDRICH, welcher zwischen Dürrenberg und Vesta stationiert, sofort zu sehr annehmbaren Preis zu verkaufen. Unternehmungslustige Bewerber können jederzeit mit mir in Unterhandlung treten.*

*verw. Frau E. Peuschel*

Trotz dieses Mißerfolges setzte der Leipziger Unternehmer Emil Barth seinen in Halle angekauften Dampfer GERMANIA ab Ende des Monats auf der gleichen Strecke ein. Die Fahrten der GERMANIA fanden regen Zuspruch und konnten bald bis Freyburg/U. ausgedehnt werden. Im September verkaufte Barth das Schiff an den Naumburger Wilhelm Liebau, der die Personenschiffahrt ab Dürrenberg z. T. auch noch 1897 aufrecht erhielt. Damit endete ein eigener Fahrgastverkehr vorerst in diesem Flußabschnitt.

Im Jahre 1901 kauften die beiden Dürrenberger Bade- und Fischermeister August und Friedrich Birnstiel den Personendampfer STETTIN an, dessen Schwesterschiff MESSENTHIN einige Jahre zuvor zwischen Halle und Neu-Ragoczi verkehrte. Die STETTIN, die bald in LEIPZIG umbenannt wurde, befuhr ebenfalls die Strecke Merseburg - Dürrenberg - Vesta. Die relativ großen Abmessungen des Dampfers brachten, trotz einer in Dürrenberg durchgeführten Wehrerhöhung, Schwierigkeiten mit sich. Es ist auch zu vermuten, daß die Gebr. Birnstiel die 300 Plätze des Schiffes nur in seltenen Fällen wirklich ausnutzen konnten. Man verkaufte es schließlich nach Ende der Saison 1902 und legte sich dafür mit der DAHME ein wesentlich kleineres Dampfboot zu. Es hatte nur 25 Plätze, allerdings konnten weitere 75 Personen in einer angehängten Gondel befördert werden. Auch die DAHME war für die Zwecke der Gebr. Birnstiel nicht das optimale Fahrzeug. Sie konnten mit ihm aber soviel Gewinn einfahren, daß 1907 ein modernes Passagiermotorschiff bestellt werden konnte. Im Mai 1908 nahm das HOHENZOLLERN getaufte Fahrzeug seinen Dienst auf. Hauptsächlich wurde es auf den Strecken nach Vesta und Merseburg eingesetzt, aber es gab auch Fahrten nach Weißenfels, Schönburg und Naumburg sowie zum Pferderennen nach Halle.

Der Versuch, im Jahre 1909 ein weiteres Personenschiffahrtsunternehmen aufzuziehen, scheiterte. Karl Schummer aus Keuschberg bei Bad Dürrenberg brachte zu Pfingsten das Dampfschiff FORTUNA auf der Strecke nach Vesta in Fahrt. Der Dampfer fuhr vermutlich nicht länger als eine Woche. Unter dem 7. Juni ist in den Akten der Kgl. Wasserbauinspektion vermerkt, daß der Maschinist seine Arbeit eingestellt hätte, da er nicht entlohnt wurde. Das Schiff befand sich inzwischen auf Land. Karl Schummer war die Erlaubnis zur Passagierschiffahrt entzogen worden.

Die Absicht des Merseburger Automobilfabrikanten Lauer, im Jahre 1910 eine Personenschiffahrt ab Merseburg zu eröffnen, scheiterte ebenfalls. Auf der Überführungsfahrt nach Merseburg explodierte sein Motorboot HANSA am 4. Juni in der Rothenburger Schleuse infolge eines schadhaften Vergasers. Lauer gab danach seine Absicht, öffentliche Personenschiffahrt zu

**Bild 5.31: Passagierdampfer STETTIN (später LEIPZIG) 1901 in Bad Dürrenberg** Foto: Slg. Schwarz

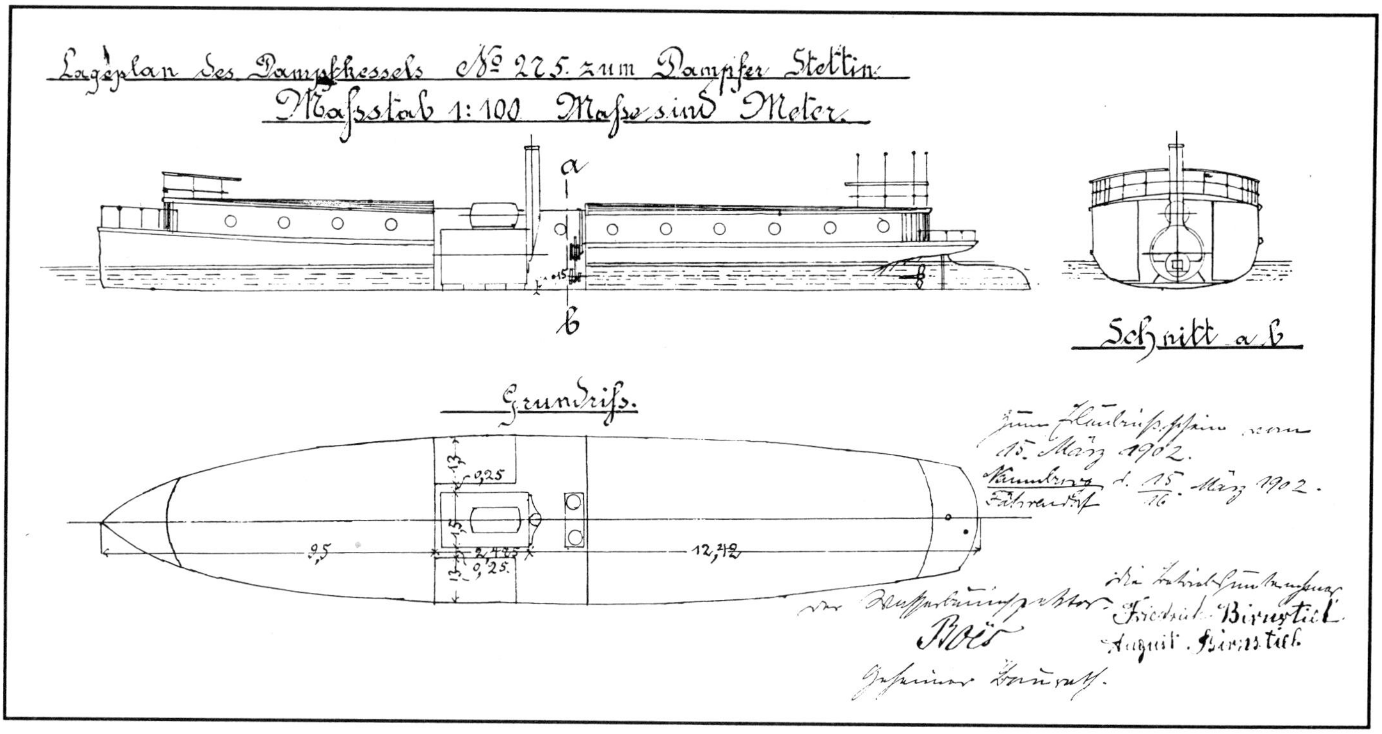


**Bild 5.32: Passagierdampfer STETTIN, Kesselplan**

Foto: Slg. Schröder

**Bild 5.33: HOHENZOLLERN um 1910 in Bad Dürrenberg**

Foto: Slg. Schwarz

betreiben, auf.
Bei Ausbruch des 1. Weltkrieges war im Flußbereich Bad Dürrenberg - Merseburg mit der HOHENZOLLERN nur ein Fahrgastschiff vorhanden. Auch dieses Fahrzeug mußte 1915 aus Treibstoff- und Personalmangel stillgelegt werden.
Gleich nach Kriegsende änderte Friedrich Birnstiel den Namen seines Schiffes in CHARLOTTE. Die Fahrten - hauptsächlich nach Vesta und Merseburg - wurden wieder aufgenommen.
1921 versuchte sich ein neues Motorbootsunternehmen zu etablieren. Ursprünglich wollte der Merseburger Werkmeister Otto Rehan das in Bad Kösen nicht genutzte Motorboot VORWÄRTS übernehmen, kaufte dann aber die LORELEY der Fa. Friedrich an. Ab Pfingsten 1921 bot das unter "Knüppel's Motorboot-Fahrten" firmierende Unternehmen sonntägliche Fahrten von Merseburg nach Dürrenberg an. Aber auch dieser Versuch scheiterte. Zwar wurde in den Sommermonaten dann auch wochentags gefahren, aber rentabel lief das Boot sehr wahrscheinlich nicht. Im Mai 1922 bot man den Motorbootsbetrieb zur Pacht oder zum Verkauf an. Es fand sich kein Interessent.
In Merseburg wurde die Personenschiffahrt erst 1928 wieder eröffnet. Der Fischermeister Oswald Stohr kaufte ein Motorboot an und ließ es unter dem Namen FALKE hauptsächlich auf den Strecken nach Bad Dürrenberg und Waldbad Leuna fahren. Sonderfahrten führten auch bis Naumburg und Halle.

1930 verstärkte Friedrich Birnstiel seine Kapazitäten durch den Ankauf des Motorbootes ROTER LÖWE aus Weißenfels. Er brachte es als BAD DÜRRENBERG in Fahrt.
Im darauffolgenden Jahr kam mit der RABE ein weiteres Motorboot nach Merseburg. Oswald Stohr benötigte es angesichts steigender Passagierzahlen. Außerhalb der Saison wurden die Motorboote zum Schleppen kleiner Kähne genutzt.
Der Ausbruch des 2. Weltkrieges bereitete der Passagierschiffahrt im Raum Bad Dürrenberg - Merseburg ein jähes Ende. Sie wurde danach nicht wieder aufgenommen.

**Bild 5.34: Passagiermotorboot BAD DÜRRENBERG ex ROTER LÖWE** **Foto: Slg. Schwarz**

**Bild 5.35: Passagiermotorboot FALKE** Foto: Slg. Schwarz

**Bild 5.36: Passagiermotorboot RABE, Pfingsten 1933 am Waldbad Leuna** Foto: Slg. Schwarz

**KAISER FRIEDRICH**
Typ: PDS / Bj: . / Werft:
Pass: ca. 40
14.4.1895 für Frau E. Peuschel, Merseburg in Fahrt; Maschine sehr störanfällig; 31.5.1896 vermutl. letzte Fahrt; 6.6.1896 Verkaufsangebot; später in Merseburg gesunken; 6.1898 gehoben; vermutl. in Halle abgewrackt

**GERMANIA** --> S. 75

**STETTIN --> LEIPZIG**
Typ: PDS / Bj: 1877 / Werft: Dresden-Neustadt (48) [1]
Lpp: 23,06 / BaSp: 4,20 / T: 0,51 / SH: 1,10 / Tf: 20,3 (1880); 31,5 (1902)
Antrieb: 2 2z2fEM/ 2 x 34 = 68 PSi; 1 K/ 6 atü; 2 S; 1 R; v: 16-17
Bes: 3 / Pass: 220 (1896), 250 (1901) / BA: Stahl
Neubau KRONPRINZ FRIEDRICH WILHELM [1] für nicht eindeutig geklärten Besteller (ev. Dampfbootverein Parrau & Co., Dresden) für Einsatz in Berlin, wahrscheinlich Einsatz für Carl Strohkorb, Havelberg (Heimatort Berlin), wenige Fahrten auf Unterspree, bald verkauft [2]; mindestens seit 1880 Robert Schröder, Stettin, vermutl. schon STETTIN; 1901 Gebr. Birnstiel, Bad Dürrenberg; 14.7.1901 erste Fahrt Merseburg - Bad Dürrenberg; 20.3.1902 LEIPZIG; 1903 vermutl. an Berliner Schiffsmakler; 4.3.1904 Eduard Jantzen, Schwerin-Zippendorf; Totalumbau bei Schiffbau- u. Reparaturbetrieb Franz Lemm, Boizenburg (Elbe); . 1904 ALEXANDRA; 7.7.1904 GROSSHERZOGIN ALEXANDRA; 1910 nach Düsseldorf verkauft; unter dem 20.6.1912 im Besitz eines Maschinenfabrikanten Unruh, Werden nachweisbar; Verbleib ?

**DAHME**
Typ: PDS / Bj: 1893 / Werft: Sachsenberg (361) [3]
Lpp: 10,10 / BaSp: 2,10 / T: 0,75 / SH: 1,10
Antrieb: 1 2z.fEM/ 25 PSi; 1 K; 1 S; 1 R
Bes: ca. 2 / Pass: 25 / BA: Stahl
Neubau für Molkereiunternehmen C. Bolle, Berlin; 3.1903 Friedrich Birnstiel, Bad Dürrenberg; vermutl. 1908 verkauft; Verbleib ?

**HOHENZOLLERN --> CHARLOTTE** 2-M-537
Typ: PMS / Bj: 1907 / Werft: Kölz
Lüa: 17,00 / Büa: 3,85 / BaSp: 3,20 / T,l: 0,52 / T,b: 0,95
Antrieb: 1 4z4tOM/Daimler - ./ca. 25 PSe (1907); 1 4z4tOM/MAN - ./ca. 25 PSe (ca. 1925); 2 S; 1 R
Bes: 2 / Pass: 100 (1908), 103 (1915), 77 (1925), 90 (ca. 1930) / BA:Stahl
Neubau für Gebr. Birnstiel, Bad Dürrenberg; 10.5.1908 Fahrtaufnahme; 1915 aufgelegt; 1919 CHARLOTTE, wieder in Fahrt; um 1925 geschlossene Kajüte; 9.1939 auf Land; 1945 bei Brückensprengung Vorderschiff eingedrückt; ca. 1948 abgewrackt

**FORTUNA**
Typ: PDS / Bj: . / Werft:
Bes: ca. 2 / Pass: 64
Pfingsten 1909 kurzzeitig für Karl Schummer, Kenschberg in Fahrt; 7.6.1909 auf Land liegend gemeldet; Verbleib ?
Identität mit FORTUNA --> S. 113 erscheint möglich

**HANSA**
Typ: PMS / Bj: . / Werft: - , Vegesack (vermutl. Fr. Lürssen)
Lüa: 10,00 / Büa: 2,50 / T: 0,90
Antrieb: 1 .z4tOM/10-12 PSe; 1 S; 1 R; v: 8
1910 durch Automobilfabrikanten Lauer, Merseburg angekauft; 4.6.1910 bei Überführungsfahrt in Schleuse Rothenburg explodiert; Totalschaden

**LORELEY** --> S. 70

**FALKE** 2-M-535
Typ: PMS / Bj: 1927 / Erbauer: Seifert, Leipzig
Lüa: 14,75 / Büa: 2,45 / T,l: 0,55 / T,b: 0,80
Antrieb: 1 4z4tOM; 1 S; 1 R
Bes: 2 / Pass: 50 / BA: Holz
für Einsatz in Bad Kösen durch unbekannten Eigner (Erbauer ?) geplant, nach Ablehnung des Konzessionsgesuches an Oswald Stohr, Merseburg; Pfingsten 1928 Fahrtaufnahme; 31.8.1939 letzte Fahrt, danach auf Land; 1944 bei Bombenangriff schwer beschädigt; 1949 abgewrackt

**BAD DÜRRENBERG --> ROTER LÖWE** S. 76

**RABE** 2-M-534
Typ: PMS / Bj: 1907 / Werft:
Lüa: 17,50 / Büa: 2,80 / T,l: 0,70 / T,b: 0,95
Antrieb: 1 4z4tOM; 1 S; 1 R
Bes: 2 / Pass: 75 / BA: Stahl
als STOLZENFELS auf Märkischen Gewässern; 1931 in Wittenberge an Oswald Stohr, Merseburg, RABE; 5.7.1931 Fahrteröffnung; 31.8.1939 letzte Fahrt; im 2. Weltkrieg an Merseburger Rischmühle abgesackt; nach 1945 gehoben; Reparatur aufgegeben; ca. 1950 abgewrackt

1) Zuordnung der Bau-Nr. 48 und 50 zu den späteren Saaleschiffen STETTIN und NEU-RAGOCZY nicht eindeutig nachweisbar. In STETTIN war der Dresdner Kessel Nr. 275 eingebaut. Da zu beiden Dampfern die Kessel-Nr. 275 und 279 gehörten, ist vorstehende Zuordnung zu vermuten.
2) Vgl. Meyer, G. "Zwei Zeichnungen früher Berliner Personendampfer" in Panorama maritim 26 S. 14-15, Herford 1991 und Schwarz, B. " Leserbrief zu Günther Meyer 'Zwei Zeichnungen ...'" in Panorama maritim 27 S. 13, Herford 1991

3) Herkunft nicht eindeutig geklärt; Bau Nr. 361 lt. Bauliste Petroleummotorboot; eventuell Umbau ?

## 5.5 Personenschiffahrt in Halle/S.

Den Hallensern waren bis 1861 "Lustfahrten" per Dampfschiff auf der Saale nicht möglich. Lediglich Gondeln standen zur Verfügung, die einigen Fischern und Schwimmeistern im Sommer einen zusätzlichen Verdienst einbrachten. Den ersten zaghaften Versuch machte schließlich Friedrich Pape mit seiner VICTORIA. Am 8. Juni 1862 ließ er in der "Hallischen Zeitung" folgende Annonce veröffentlichen:

*Lustfahrten mit Dampfboot VICTORIA finden statt, bei günstigem Wetter: Am 2. Pfingstfeiertage nach Bad am Neu-Ragoczy und Salzmünde, Abfahrt von Halle präcis 7 Uhr Morgens, Einsteigeplatz auf der Schleuse bei Herrn Elitzsch. Die Retourfahrt geht gegen Abend wieder vor sich. Billete hierzu für Tour und Retour, á Stück 10 Sgr. für eine Person gültig (Kinder zahlen die Hälfte), sind in meinem Comptoir, Klausthorstraße Nr. 16, am 1. Feiertag zu haben.*

*Am 3. Pfingsfeiertage nach Trotha, 1ste Tour: Abfahrt von Halle 3 1/2 Uhr Nachmittags, 2te Tour: Abfahrt von Halle um 5 Uhr Nachmittags, mit entsprechenden Retourfahrten. Einsteigeplatz unterhalb des Gasthofes "Zur Weintraube". Billete hierzu für 1 Fahrt: Tour 1 Sgr., Retour 1 Sgr. á Stück für eine Person gültig (ebenso für Kinder) sind in meinem Comptoir, sowie am Einsteigeplatz zu haben. Ich lade zur geneigten Betheiligung hierzu ergebenst ein.*

*Halle a/S., den 7.6.1862 Friedrich Pape*

Das Personen-Dampfschiff **Fortuna**

fährt heute **Donnerstag** vom **Paradies-Garten** nach der **Rabeninsel.**
Abfahrt vom **Paradies** Nachmittag 3, 4, 5, 6 und 7 Uhr,
" von der **Rabeninsel** Nachmittag $3^{1}/_{2}$, $4^{1}/_{2}$, $5^{1}/_{2}$, $6^{1}/_{2}$, 9 u. 10 Uhr.
**Preis** für die **einfache Fahrt** pro Person 2 Sgr.,
" " **hin und zurück** pro Person 3 Sgr.
**Kinder unter 12 Jahren zahlen die Hälfte.**
Herrschaften, welche das Schiff zu **Privat-Vergnügungsfahrten** benutzen wollen, erfahren das Nähere bei **D. L. Duvinage**, Klausthor-Vorstadt Nr. 1.

**Bild 5.37: Werbung für den Raddampfer FORTUNA** **Quelle: Hallisches Tageblatt**

Über den Einsatz zu Pfingsten hinaus lassen sich mindestens noch zwei weitere Passagierfahrten mit der VICTORIA, ebenfalls im Juni 1862, nachweisen. Pape zog sein Schiff bald wieder aus dem Personenverkehr zurück, die Hauptaufgabe der VICTORIA bestand schließlich im Schleppdienst. Der Hallische Schiffseigner D.L. Duvinage hatte aber offensichtlich daran Geschmack gefunden. Er betrieb neben seinem Schiffahrtsgeschäft noch die Hallische Agentur der "See-, Fluß- und Landtransport-Versicherungs-Gesellschaft AGRIPPINA zu Cöln am Rhein".

Duvinage setzte 1863 mit der FORTUNA das zweite Hallische Dampfschiff in Fahrt. Über Herkunft und Bauart liegen fast keine Hinweise vor, lediglich, daß es ein Raddampfer war.

Am 24. Juni 1863 wurde die Personendampfschiffahrt auf der Saale mit dem ersten ausdrücklich für diese Zwecke gebauten Fahrzeug eröffnet. Die FORTUNA verkehrte unter Führung ihres Kapitäns Motschenbach stündlich zwischen der Gaststätte "Paradiesgarten" und der Rabeninsel. Neben seinen regelmäßigen Fahrten an Wochenenden zur Rabeninsel stand der Dampfer auch Vereinen und sonstigem Publikum zu Sonderfahrten zur Verfügung. Bald ging man dazu über, auch längere Strecken zu befahren. Im Juli wurde erstmals bis Neu-Ragoczi und Salzmünde gedampft, einige Wochen später lief die FORTUNA schon bis Wettin.

Wie das Hallische Publikum auf diese Neuerung ansprach, ist nicht überliefert. Allerdings gab Duvinage sein Schiff sehr schnell an einen anderen Eigner ab. Anfang September unternahm es seine bis dahin weiteste Passagierfahrt zur Georgsburg bei Könnern. Man warb mit Restauration und Musik an Bord. Die FORTUNA blieb bis 1867 auf der Saale in Fahrt. Die letzte Anzeige erschien am 7. September in den Hallischen Tageszeitungen, wo man das "verehrte Publikum" zur Besichtigung der neuen Wasserleitung von Halle nach Beesen - also bergwärts - einlud. Damit war die Personendampfschiffahrt in Halle vorläufig beendet. Immerhin wurde den Hallensern durch die VICTORIA und FORTUNA über einen Zeitraum von ca. 6 Jahren ein mehr oder weniger regelmäßiger Personenverkehr angeboten. Es dauerte bis 1873, ehe wieder ein Passagierdampfboot in Halle seinen Dienst aufnahm. Hierbei handelte es sich im wesentlichen um einen speziellen Zubringerverkehr zur Trink- und Badeanstalt Neu-Ragoczi.

Obwohl es in der Umgebung von Halle schon einige Heilbäder, wie Bad Lauchstädt oder Bad Wittekind gab, wurde 1851 an der Saale, gegenüber dem Dorf Brachwitz, die Trink- und Badeanstalt Neu-Ragoczi eröffnet. Eine Analyse der dortigen Quelle ergab eine große Ähnlichkeit mit dem Kissinger Quellwasser. Da der dortige Brunnen nach dem ungarischen Fürsten Rakoczi benannt war, wählte der Gründer die Bezeichnung "Neu-Rakoczi" woraus die Hallische Mundart bald "Neu-Ragoczi" machte.

Seit 1867 befanden sich die Kuranlagen im Besitz des Hallischen Arztes Dr. Steinbrück, der bis fast zur Jahrhundertwende eine Rolle in der Hallischen Personenschiffahrt spielen sollte. Am 11. Mai 1873 eröffnete er mit dem Dampfboot ELLIDA einen Linienverkehr von der Gaststätte "Zur Weintraube" in Halle nach Neu-Ragoczi. Der Einsatz stand allerdings unter keinem glücklichen Stern. Die meiste Zeit wurde an der Maschinenanlage repariert und fast keine Fahrt verlief ohne Störungen. Dementsprechend war auch der

**Bild 5.38: AUGUSTA, das erste Dampfschiff der Reederei Schräpler** **Foto: Slg. Schröder**

Zuspruch durch das Publikum. Trotz der geringen Resonanz verlangte Dr. Steinbrück von der Königlichen Bauinspektion Sonderrechte für sein Dampfboot. So sollte die Kröllwitzer Schiffsbrücke lange vor Abfahrt der ELLIDA ausgefahren werden, ebenso beanspruchte er ein Vorschleusungsrecht in der Trothaer Schleuse. Beides wurde u. a. mit dem Hinweis auf die tatsächliche Bedeutung seines Unternehmens abgelehnt. Da die Schleusen abends nicht mehr öffneten, blieb dem Eigner schließlich nichts weiter übrig, als seine Fahrten dort enden zu lassen. Das stellte aber keine annehmbare Lösung dar, denn die Fahrgäste mußten nun bis Halle laufen. Kurzzeitig wurde die ELLIDA noch im stündlichen Pendelverkehr zur Rabeninsel eingesetzt, was aber auch nur Episode blieb. Ende Juli läßt sich ein Liniendienst von Wettin über Salzmünde und Neu-Ragoczi nach Halle nachweisen, der sehr wahrscheinlich über einige wenige Fahrten nicht hinauskam. Damit endete ein weiterer Versuch, von Halle aus eine Personendampfschiffahrt aufzunehmen - dieses Mal schon nach wenigen Monaten.

Der große Durchbruch zu einer breiten Einführung von Dampfschiffen erfolgte erst Anfang der 80er Jahre des vorigen Jahrhunderts. Der Hallische Fischermeister August Schräpler hatte bei Gebr. Sachsenberg in Roßlau einen Dampfer in Auftrag gegeben, den er im Fährverkehr zur Rabeninsel einsetzen wollte. Die Rabeninsel, im südlichen Teil der Stadt Halle gelegen, war damals wie heute eines der beliebtesten Ausflugsziele für die Hallenser und ihre Gäste.

Anfang Mai 1880 traf die AUGUSTA, so nannte August Schräpler sein erstes Dampfschiff, in Halle ein. Die am 5. Mai durchgeführte Probefahrt verlief zu vollster Zufriedenheit, und schon zwei Tage später, am Himmelfahrtstag, wurde der regelmäßige Verkehr aufgenommen. Für 10 Pf. konnte man in halbstündlichem oder stündlichem Verkehr per Dampfschiff zur Rabeninsel gebracht werden. Die Eröffnung stellte für viele Hallenser eine Sensation dar. Es hatten sich so viele Fahrgäste eingefunden, daß es der 100 Passagiere fassenden AUGUSTA trotz angehängter zweier Kähne nicht gelang, den Andrang mit einem Mal zu bewältigen.

Das neue Unternehmen führte sich beim Publikum gut ein. Schräpler beschränkte sich vorerst auch nur auf die Verbindung zur Rabeninsel, die, da sie von keiner Schleuse unterbrochen wird, sich für einen Pendelverkehr gut eignet.

1881 konnten innerhalb kurzer Zeitabstände vier weitere Dampfschiffe Hallischer Eigner ihren Dienst aufnehmen.

Die Hallische Maschinenfabrik Wolff & Schäfer hatte bei der Holzschiffswerft Ernst Schildt, ebenfalls in Halle, den Bau zweier Passagierdampfer in Auftrag gegeben. Die Maschinen hierfür lieferte Wolff & Schäfer selbst, während die Kessel von der Dampfkessel- und Armaturenfabrik Wuth & Dietrich, Halle/S. kamen. Wolff & Schäfer beabsichtigte, beide Schiffe nach ihrer Fertigstellung sofort an den Badeanstaltsbesitzer Hermann Köcker und den Buhnenmeister Gustav Pönitzsch zu verkaufen. Beide Seiten hatten vereinbart, mit einem Dampfer, der HOHENZOLLERN, den Verkehr von Halle aus, und mit dem anderen, der GERMANIA, von Weißenfels aus zu eröffnen.

Als erstes der beiden Schiffe wurde die HOHENZOLLERN am 2. April bei Ernst Schildt fertiggestellt. In einer Feierstunde erfolgte die Übergabe des festlich geschmückten Dampfers an den neuen Eigner. Ein Stadtverordneter hielt eine Rede, in der u. a. gesagt wurde, daß dieser erste in Halle gebaute Dampfer der Anfang von größeren Dingen sein möge. Sein Wunsch erfüllte sich nur zum Teil. Zwar kamen in späteren Jahren immer mehr Dampfer und dann auch Motorschiffe nach Halle, die HOHENZOLLERN und GERMANIA blieben aber die einzigen hier gebauten Dampfschiffe.

Die Eröffnungsfahrt der HOHENZOLLERN war noch nicht erfolgt, da wurde am 20. April mit dem Dampfer PRINZ HEINRICH schon das nächste Hallische Personenschiff in Dienst gestellt. Der Giebichensteiner Fischermeister Richard Knothe (n.a.A. Knote) eröffnete die Linie Gimritz-Schleuse - Burgkeller - Saalschlößchen - Haideweg - Weinberg und zurück.

Am 23. April stellte die HOHENZOLLERN dann in Dienst. Das Schiff hatte ca. 70 geladene Gäste an Bord, darunter Vertreter des Magistrats und der Stadtverordnetenversammlung. Die Fahrt ging von der Gimritz-Schleuse über Trotha nach Neu-Ragoczi. Trotz schlechten Wetters hinterließ diese Fahrt einen großen Eindruck, und der Redakteur der "Saale-Zeitung" konnte sogar feststellen, *"daß kein einziger Fall von Seekrankheit zu constatiren sei."*

**Bild 5.39: PRINZ HEINRICH** Foto: Slg. Schröder

Für den Personenverkehr unterhalb der Gimritz-Schleuse standen damit zwei Schiffe zur Verfügung. Der Giebichensteiner Amtsvorsteher sah sich veranlaßt mitzuteilen:

*Bekanntmachung*

*Die Personendampfer HOHENZOLLERN und PRINZ HEINRICH beginnen ihre Tourfahrten auf der Saale am 1. Mai cr., ersterer vom Köcker'schen Bade nach Trotha, letzterer vom Gimritzer Schleusengraben nach dem Weinberge mit mehreren eingelegten Haltestellen. Die Tour- und Retourfahrten wiederholen sich stündlich und beginnen Nachmittags bei ersterem um 2 1/2 Uhr, bei letzterem um 2 Uhr bis Abends 7 1/2 Uhr resp. 9 1/2 Uhr, je nach der Tageslänge. Die regelmäßigen Fahrzeiten und die event. verspäteten, unterbrochenen oder ausfallenden Fahrten werden an den Landungsplätzen auf dort angebrachten Tafeln erschichtlich gemacht. Solches wird hierdurch zur öffentlichen Kenntnis gebracht.*

*Giebichenstein, den 29. April 1881 Der Amts-Vorsteher Stridde*

Über diesen Fahrplan hinaus erweiterte Köcker seine Linienführung aber schnell. So kündigte er Mitte Mai schon eine Fahrt nach Bernburg mit Halt auf allen Zwischenstationen an.

Am 22. Mai traf schon das nächste Dampfschiff in Halle ein. Der Fischer- und Fährmeister Carl Hoffmann, der von Böllberg aus einen Fährbetrieb zur Rabeninsel unterhielt, hatte bei Gebr. Sachsenberg den Schlepper SAALE bauen lassen. Es war noch bis in das 20 Jahrhundert hinein keine Seltenheit, daß Personenschiffe große Gondeln oder zur Personenbeförderung hergerichtete Kähne schleppten.

Die SAALE nahm ab sofort mit einem ca. 60 Personen fassenden Schleppkahn den Pendelverkehr von der Moritzbrücke zur Rabeninsel auf.

Nur wenige Tage später, nämlich am 26. Mai, setzte Schräpler eine Annonce in die "Saale-Zeitung", in der er mitteilte, daß am Himmelfahrtstag seine beiden Personendampfer AUGUSTA und VICTORIA in viertelstündlichen ununterbrochenen Abfahrten den Verkehr zur Rabeninsel durchführen werden. Mit der VICTORIA hatte er sein zweites Schiff in Fahrt gebracht. Die VICTORIA, die in ihren Abmessungen und auch in der Passagierkapazität etwas kleiner als die AUGUSTA ausgelegt war, war das Schwesterschiff der PRINZ HEINRICH.

Die Schräpler'schen Schiffe beschränkten sich vorläufig auf den Liniendienst zur Rabeninsel, während die Hoffmann'sche SAALE mit ihrem Schleppkahn ab und zu, zu Sonderfahrten bis Beuchlitz eingesetzt wurde. Auf der Saale unterhalb der Gimritzer Schleuse versah die PRINZ HEINRICH regelmäßig ihren Liniendienst von der Schleuse zum Weinberg, während die HOHENZOLLERN hauptsächlich bis Trotha fuhr. Der Köcker'sche Dampfer wurde aber auch nach wie vor für weitere Strecken genutzt. Dabei fuhr er meist bis Neu-Ragoczi und Salzmünde. Die Jahre 1880 und 1881 stellten eine Zäsur in der Hallischen Personenschiffahrt dar. Mit der AUGUSTA erschien ein Dampfer in Halle, der über viele Jahre seinen Dienst versehen sollte und wohl auch im Ergebnis seines Erfolges kamen im darauffolgenden Jahr hier weitere vier Schiffe zum Einsatz. Während 1880 noch 100 Plätze im Angebot waren, erhöhte sich das im Frühjahr des darauffolgenden Jahres einschließlich des Hoffmann'schen Schleppkahnes schlagartig auf fast 500. Hieraus ergaben sich die ersten Konkurrenzkämpfe.

Das Jahr 1882 brachte der Hallischen Personenschiffahrt weiteren Zuwachs. Die Köcker'sche GERMANIA, die durch die Inbetriebnahme der VICTORIA des Kaufmanns Schröder in Weißenfels dort nicht mehr wirtschaftlich einsetzbar war, fuhr von nun an in Halle.

Im Mai verstarb August Schräpler. Das von ihm gegründete Dampferunternehmen wurde von seiner Frau Clara übernommen, die es bis zur Geschäftsaufgabe kurz vor dem 1. Weltkrieg leitete.

Die nachfolgenden Jahre brachten in der Hallischen Passagierschiffahrt keine wesentlichen Änderungen.

Anfang Juli 1887 bot Fischermeister Knothe eine "Vergnügungs-Wasserfahrt mit Musik per Dampfschiff" nach Neu-Ragoczi und Salzmünde an. Dies blieb aber die Ausnahme, denn auch künftig beschränkte er sich auf Fahrten um die Peißnitz.

Hermann Köcker konnte über die Jahre hin zwei Schiffe nicht rentabel in Halle einsetzen. Da die Königliche Wasserbauinspektion, die mit der GERMANIA auch schon eine Saalebereisung durchgeführt hatte, ein entsprechendes Dampfschiff für diese Zwecke suchte, konnte er die HOHENZOLLERN um 1888/89 an sie abstoßen. Ebenfalls 1889 mußte Carl Hoffmann seine SAALE verkaufen. Die Hallische Passagierdampferflotte begann

**Bild 5.40: VICTORIA, Reederei Clara Schräpler**

**Foto: Slg. Schröder**

**Bild 5.41: Wertmarke für Fahrten mit den Dampfern AUGUSTA und VICTORIA** **Foto: Slg. Kassanowski**

vorerst wieder zu schrumpfen.
Nach beiden Abgängen kam 1893 mit dem Motorboot MÖVE ein neues Fahrzeug nach Halle. Hierbei handelte es sich um das erste nachweisbar mittels Motor angetriebene Boot auf der Saale. Der Eigner der MÖVE war Dr. Steinbrück, dessen erster Versuch einer eigenen Schiffsverbindung von Halle nach Neu-Ragoczi vor 20 Jahren mit der ELLIDA schon nach wenigen Monaten scheiterte. Am 28. Mai erfolgte die Eröffnungsfahrt von der Hallischen Ziegelwiese nach Neu-Ragoczi. Die Fahrt verlief allerdings anders als geplant. Beim Anlegen in Neu-Ragoczi kollidierte die überfüllte MÖVE mit einem am Landesteg liegenden Fahrzeug, mit der Zerstörung des Sonnensegels als Folge. Auf der Rückfahrt wurde vor Lettin die Steuerkette defekt. Durch die notwendige Reparatur verzögerte sich die Weiterfahrt, so daß einige der Passagiere den Fußweg vorzogen.
Dr. Steinbrück wurde auch schnell wieder vor das Problem des Schleusens gestellt. Unter ungünstigen Bedingungen, wenn z. B. gerade ein Kettendampfer vor der Schleuse lag, mußte er bis zu 90 Minuten warten, was für die Fahrgäste unzumutbar war. Ein Teil der Fahrten erfolgte deshalb von der Trothaer Schleuse, der andere von der Ziegelwiese aus. Inzwischen war Trotha durch die Straßenbahn mit Halle verbunden, wodurch diese Abfahrtsstelle vom Publikum ohne große Mühen zu erreichen war. Bald fuhr die MÖVE auch bis Wettin. Bei vielen ihrer Fahrten bekam sie einen Schleppkahn angehängt, der ca. 70 Fahrgäste fassen konnte. Im darauffolgenden Jahr läßt sich das Motorboot noch in Halle nachweisen.
Das Jahr 1894 brachte das bis dahin größte Passagierdampfschiff auf die Saale. Dr. Steinbrück zog aus den wirtschaftlichen Ergebnissen des MÖVE-Einsatzes offenbar den Schluß, daß ein weitaus größeres Schiff für seine Zwecke notwendig sei. Er übernahm einen bisher auf der unteren Oder verkehrenden Doppelschrauber und setzte ihn als NEU-RAGOCZY (auch Schreibweise NEU-RAGOCZI möglich) ein. Schon bei der ersten Fahrt lief der Dampfer auf Grund. Zwar wurde der Schaden schnell behoben, die Hallische Besatzung verlor aber ihre Stellung. Vorläufig übernahm der alte Stettiner Schiffsführer mit seiner Mannschaft wieder das Schiff. Die NEU-RAGOCZY verkehrte an Sonntagen bis zu viermal zwischen Halle und Neu-Ragoczi, zweimal in der Woche verband sie Halle mit Wettin und an den restlichen Tagen fuhr sie einmal von Halle nach Neu-Ragoczi. Es bestand auch die Möglichkeit bis zu 6 Gondeln, die 80 Personen fassen konnten, anzuhängen.
Dr. Steinbrück pries mit der ihm eigenen agressiven Werbung sein Schiff und seine Kuranlagen in der Hallischen Presse an. Am 9. Juli hieß es in einer Anzeige in der "Saale-Zeitung" u. a.: *"Dasselbe, aus Eisen und Mahagoniholz, ziert in seiner schönen Bauart und als eine für die Saale fremdartige elegante Erscheinung den Fluß und die Ufer mehr, als aller anderer Luxuskram, der sich dort entfaltet. Er fährt bei dem Wasserstande, wo kein Dampfer mehr fahren kann, noch stets mit über 200 Personen zum Bade, und wird Vereinen, die sich so etwas leisten können, zu Ausflügen und Festlichkeiten empfohlen. Freie Ballmusik und dergl. gewährt das Bad als feines Lokal nicht...".* Am 20. Juli im gleichen Blatt: *"... Hier pulsiert das ewig jugendliche Leben der Seestadt mit wechselvoller Wasserfahrt, nicht das altjüngferliche Treiben der Halleschen Oberen 500, die im systematischen Schlechtmachen des Bades ihren Lokal-Patriotismus bekunden."*
Anfang Mai 1895 versuchte Dr. Steinbrück seinen Dampfer zu verkaufen.

**Bild 5.42: GERMANIA bergwärts vor Giebichenstein** **Foto: Museum Halle**

Offenbar ahnte der die, durch die im kommenden Jahr geplante Eröffnung der Halle-Hettstedter Eisenbahn, aufziehende Konkurrenz. Es fand sich aber kein Käufer. Inzwischen kam es zu einer heftigen Auseinandersetzung mit der "Saale-Zeitung". Dort war am 14. Mai ein Leserbrief veröffentlicht worden, der sich kritisch mit der Fahrplantreue und den Verhältnissen an Bord auseinandersetzte. Als Reaktion darauf verlangte Dr. Steinbrück 3000 Mark Schadenersatz wegen Geschäftsschädigung und drohte dem Redakteur öffentliches Auspeitschen an. Das Ergebnis war, daß noch mehr Beschwerden abgedruckt wurden.
Die anderen Hallischen Dampferunternehmen führten ihre Fahrten in gewohnter Weise durch, die die Zeitungen kaum zu Schlagzeilen reizten. Am Ende der Saison stellte Richard Knothe die Fahrten mit der PRINZ HEINRICH ein. Die Stadt Halle hatte die Peißnitz-Insel gekauft und eine eigene Fährverbindung nach dort eröffnet, die Knothe die Fahrgäste entzog. Er verkaufte sein Schiff daraufhin nach Bernburg. Allerdings wollte er den Passagierverkehr nicht ganz aufgeben und befuhr deshalb ab Mai 1896 mit dem Motorboot FORTUNA die selbe Strecke. Das Fahrzeug blieb nur wenige Jahre in Dienst. Knothe gab die Passagierschiffahrt schließlich völlig auf.
Im Juni 1896 verkaufte Hermann Köcker seine GERMANIA an einen Leipziger Unternehmer, der das Schiff ab sofort zwischen Bad Dürrenberg und Merseburg einsetzte. Die Hallische Passagierschiffahrt unterhalb der Gimritz-Schleuse war dadurch wesentlich eingeschränkt worden. Dort verkehrte nun nur noch die NEU-RAGOCZY. Das Jahr 1897 brachte den letzten Skandal um den Steinbrück'schen Dampfer. Am 24. Mai erschien wiederum ein Leserbrief in der "Saale-Zeitung", der negative Erlebnisse einer Fahrt plastisch darstellte. Neben der völlig ungenügenden Pünktlichkeit wurde angeführt, daß der Maschinist betrunken gewesen sei und nur durch Polizeigewalt vom Schiff entfernt werden konnte. Der neue Maschinist konnte den Dampfer erst nach längerer Zeit fahrbereit melden. Trotzdem mußte wegen zu niedrigen Dampfdruckes die Fahrt mehrfach unterbrochen werden. Dr. Steinbrück bezeichnete diese Vorfälle als "Meuterei und Streik auf dem Dampfer, wahrscheinlich durch Bestechung Interessierter" hervorgerufen. Der letzte Saale-Einsatz der NEU-RAGOCZY läßt sich 1897 nachweisen.
Carl Hoffmann war zwar mit seinem Schlepper SAALE gescheitert, hatte aber den Plan einer Schiffsverbindung zur Rabeninsel nicht aufgegeben. Er ließ das Motorboot FISCHHAUS bauen, mit dem er am 6. Juni 1897 den Pendelverkehr aufnahm. Das Fahrzeug blieb bis zum 2. Weltkrieg im Einsatz.
Mit der HOHENZOLLERN kam im August 1897 wieder einer der einst 1881 in Halle gebauten Dampfer hier für den öffentlichen Verkehr in Fahrt. Der Hallische Kaufmann Wilhelm Kuhrtzs hatte das Schiff von der Königlichen Wasserbauinspektion gekauft, die es nach der Indienststellung ihres Bereisungsdampfers SAALE (I) nicht mehr benötigte. Die HOHENZOLLERN befuhr bis zur Jahrhundertwende hauptsächlich die Strecke zwischen der Peißnitzfähre und der Trothaer Gaststätte "Kaffeegarten".
Die nachfolgenden Jahre brachten der Hallischen Personenschiffahrt keine neuen Impulse. Praktisch existierten durch die Firmen Schräpler und Hoffmann nur die beiden Fährlinien zur Rabeninsel, wobei auch einige wenige Sonderfahrten bis Röpzig durchgeführt wurden. Die einst frequentierten Strecken unterhalb der Gimritzer Schleuse lagen vorerst brach. Dieser Zustand sollte sich erst ab 1904 zaghaft ändern.
Die Ertragslage der Fährverbindung zur Rabeninsel war über die Jahre hin nicht nur stabil, sondern besserte sich nach der Jahrhundertwende auch zusehends. Es war abzusehen, daß die drei im Einsatz befindlichen Schiffe den gewachsenen Anforderungen bald nicht mehr genügen würden bzw. sich die Möglichkeiten der Expansion nun auch auf der unteren Saale boten. Fast gleichzeitig bestellten beide Unternehmen je ein Passagiermotorboot, die in ihren Platzkapazitäten ungefähr denen der Dampfer AUGUSTA und VICTORIA entsprachen. Das Schräpler'sche Schiff, das KAISER FRIEDRICH getauft wurde, sollte schon Mitte April 1904 seine Fahrten aufnehmen. Die Werft lieferte aber verspätet, weshalb Hoffmann mit der KAISER WILHELM am Himmelfahrtstag als erster seinen Neubau präsentieren konnte. Zu den Pfingstfeiertagen konnte dann auch Clara Schräpler ihren Neubau in den Liniendienst einstellen.

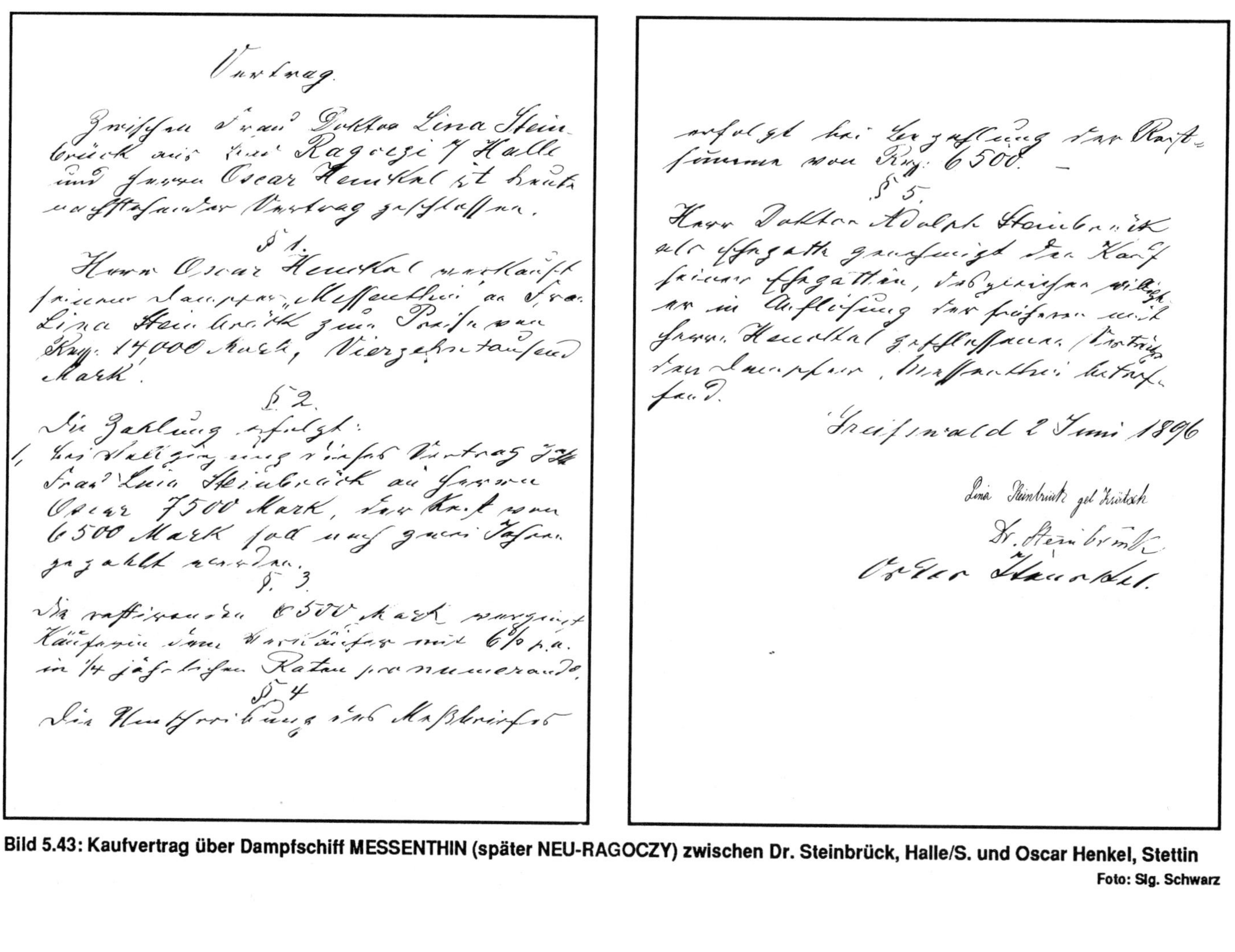
Vertrag.
Zwischen Frau Doktor Lina Steinbrück aus [illegible] Halle und Herrn Oscar Henkel ist heute nachstehender Vertrag geschlossen.
§ 1.
Herr Oscar Henkel verkauft seinen Dampfer „Messenthin" an Frau Lina Steinbrück zum Preise von Rg. 14000 Mark, Vierzehntausend Mark.
§ 2.
Die Zahlung erfolgt:
1, bei Vollziehung dieses Vertrags zahlt Frau Lina Steinbrück an Herrn Oscar 7500 Mark, der Rest von 6500 Mark soll nach zwei Jahren gezahlt werden.
§ 3.
Die restirenden 6500 Mark verzinst Käuferin dem Verkäufer mit 6% p.a. in ¼ jährlichen Raten praenumerando.
§ 4
Die Unterschreibung des Meßbriefes erfolgt bei Bezahlung der Restsumme von Rg. 6500. –
§ 5.
Herr Doktor Adolph Steinbrück als Ehegatte genehmigt den Kauf seiner Ehegattin, [illegible] in Auflösung der früheren mit Herrn Henkel geschlossenen Verträge den Dampfer „Messenthin" betreffend.
Greifswald 2 Juni 1896
Lina Steinbrück geb. Krötsch
Dr. Steinbrück
Oscar Henkel.

**Bild 5.43: Kaufvertrag über Dampfschiff MESSENTHIN (später NEU-RAGOCZY) zwischen Dr. Steinbrück, Halle/S. und Oscar Henkel, Stettin**
Foto: Slg. Schwarz

**Bild 5.44: Fährboot FISCHHAUS** Foto: Slg. Schwarz

Am 1. Juni machte die KAISER FRIEDRICH ihre erste Extrafahrt von der Peißnitzbrücke nach Neu-Ragoczi. Dieser Versuch stieß beim Publikum auf positive Resonanz und wurde zu einer Dauereinrichtung. Auch wurden einige wenige Extrafahrten bergwärts bis Beuchlitz unternommen. Die wirtschaftlichen Ergebnisse des Jahres 1904 waren für Clara Schräpler so günstig, daß sie 1905 ein weiteres Schiff ankaufen konnte. Aus Magdeburg übernahm sie den Dampfer EMMY, der nun auch im Fährverkehr zur Rabeninsel und gemeinsam mit KAISER FRIEDRICH auf der Strecke nach Neu-Ragoczi zum Einsatz kam. Mit diesem vergrößerten Schiffspark konnten dann ab 1906 auch regelmäßige Fahrten oberhalb bis Röpzig angeboten werden.

Mit Ende der Saison 1907 wurde die AUGUSTA außer Dienst gestellt. Trotzdem sank die Platzkapazität der Hallischen Personenschiffahrt nicht ab. Zu Pfingsten 1908 setzten nämlich Hermann Schütze und Robert Henkel ihren neuen Doppelschraubenschlepper GERMANIA, der auch für Passagierfahrten eingerichtet war, auf der Strecke nach Neu-Ragoczi ein. Man pries die Vorzüge des Dampfers sofort in der Tagespresse an: Sonnensegel, Toilette und Büfett an Bord konnte kein anderes Hallisches Schiff zu dieser Zeit komplett bieten. Für die Reeder blieb der Einsatz ihres Schiffes im Passagierdienst aber immer nur ein willkommener Nebenerwerb, der sich z. B. an den Pfingstfeiertagen anbot. Sonst wurde die GERMANIA - auch in den Sommermonaten - in der Frachtschiffahrt beschäftigt.

Anders bei Clara Schräpler - hier wurden die Fahrten nach Neu-Ragoczi inzwischen regelmäßig durchgeführt. Ein entsprechender Zuspruch des Publikums war da. Dem Unternehmen mangelte es allerdings an ausreichenden und modernen Kapazitäten. Seine Schiffe waren z. T. überaltert und auch zu klein. So gab man schließlich im Sommer einen Passagierdampfer für ca. 150 Personen in Auftrag.

Inzwischen trat mit Karl Demmer ein neuer Teilhaber an der Hallischen Personenschiffahrt auf den Plan. Demmer, der einer alten Wettiner Schiffer- und Fischerfamilie entstammte, besaß in Halle einen Gondelverleih. Er hatte große Pläne, die allerdings nicht ganz mit seinen finanziellen Möglichkeiten übereinstimmten. 1908 gab er einen Doppelschrauber mit über 300 Plätzen in Auftrag. Um die 60000 M Baukosten aufzubringen, mußten Hypotheken aufgenommen werden.

Im Frühjahr 1909 trafen die neuen Konkurrenten - beide bei Gebr. Sachsenberg gebaut - in Halle ein. Die Schräpler'sche PREUSSEN lief am 31. März mit Girlanden und Flaggen geschmückt saaleaufwärts. Wenig später stand sie für den Rabeninsel-Verkehr und für Fahrten nach Neu-Ragoczi und

**Bild 5.45: Ein Teil der Schräpler-Flotte an der Anlegestelle Saalberg; v.l.n.r.: EMMY, KAISER FRIEDRICH, PREUSSEN, VICTORIA**
Foto: Slg. Schröder

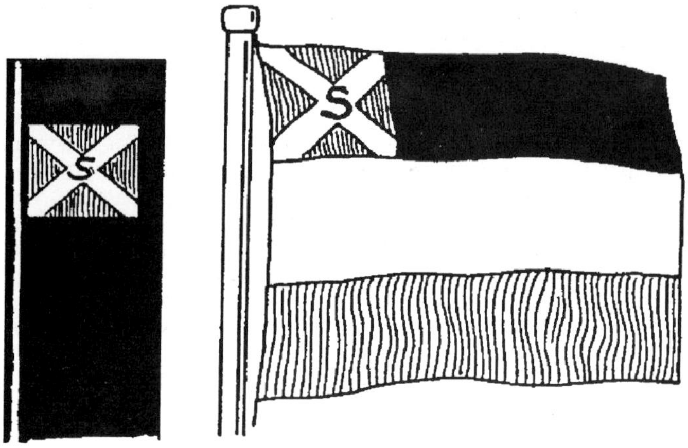

**Bild 5.46: Flagge und Schornsteinmarke der Reederei Schräpler**

**Bild 5.47: Doppelschrauber SIEGFRIED vor Kröllwitz** **Foto: Slg. Schwarz**

**Bild 5.48: SIEGFRIED um 1948 unter Flagge "C" auf der Peene** **Foto: Slg. Schwarz**

Wettin bereit.
Kurz darauf dampfte mit der SIEGFRIED das erste Schiff Karl Demmers nach Halle. Er verstand etwas von effektvoller Werbung und nutzte hierfür jede Möglichkeit. So veranstaltete Demmer am 10. April z. B. eine nachträgliche Taufe seines Dampfers. Hierzu erschienen trotz kühler und regnerischer Witterung Vertreter der Stadt Halle, Offiziere der hiesigen Regimenter, Presseleute, Mitglieder des Deutschen Flottenvereins, Angehörige von Ruderklubs usw. Nach einer Taufrede und dem symbolischen Zerschmettern einer Flasche Schaumwein am Bug unternahm die festlich geschmückte SIEGFRIED unter Marschklängen der an Bord befindlichen Kapelle ihre Eröffnungsfahrt von der Saalschloßbrauerei zur Peißnitzbrücke und zurück. Die Hallische Presse war voll des Lobes. Dabei wußten wohl die wenigsten, daß die Wasserbauinspektion die Deckssteifigkeit der SIEGFRIED und PREUSSEN bemängelt hatte. Beide Unternehmer befürchteten hierdurch die verspätete Infahrtsetzung ihrer Schiffe, denn das Oster- und Pfingstgeschäft versprach lukrative Gewinne. Dieser Mangel, der bei späteren Sachsenberg-Bauten wiederholt auftreten sollte, wurde durch Verstärkung der Unterzüge und Stützen dann aber bald behoben.
Im Gegensatz zu den vergangenen Jahren entwickelten sich jetzt Konkurrenzsituationen, die sich laufend verschärfen sollten und noch vor Ausbruch des 1. Weltkrieges völlig neue Verhältnisse in der Hallischen Personenschiffahrt herbeiführten. Noch bevor SIEGFRIED und PREUSSEN überhaupt in Halle eintrafen, begann dieser Kleinkrieg. Schütze & Henkel wollte Karl Demmer die GERMANIA über die Pfingstfeiertage zum Preis von 1000 M verchartern. Der bot aber hierfür aber nur die Hälfte. Da man sich nicht einigte, beabsichtigte Schütze & Henkel, an den Feiertagen selbst je vier Fahrten zwischen Ziegelwiese und Neu-Ragoczi zu unternehmen. Demmer sah darin eine Gefährdung seiner neu zu eröffnenden Dampfschiffahrt und verlangte folgerichtig von der Wasserbauinspektion, daß sie Schütze & Henkel die gewerbsmäßige Personenschiffahrt untersagen solle. Der Wasserbauinspektor lehnte das ab und erteilte der GERMANIA für 1909 die Erlaubnis. Dabei war dieser Schleppdampfer mit seinen sporadischen Einsätzen in der Passagierfahrt keine ein anderes Unternehmen wirklich gefährdende Konkurrenz. Dagegen trat bald der Gegensatz Demmer - Schräpler im Geschäft unterhalb der Gimritzschleuse in immer stärker eskalierender Form hervor.
Zu Ostern begann für Clara Schräpler die Saison im unteren Saalebereich. Die Reederei sah die neuen Gefahren heraufziehen und versuchte ihnen mit vielen Mitteln und Ideen zu begegnen. Dabei hoffte sie als etabliertes Unternehmen auf den besonderen Zuspruch des Publikums. In Zeitungsannoncen wies man durch die Bezeichnung "Älteste Dampfschiffahrt auf der Saale" auf seine langjährige Tradition hin. Die Reederei hatte sich allerdings bisher mit dem Rabeninselverkehr begnügt und die untere Saale erst recht spät in ihr Kalkül einbezogen.
PREUSSEN, KAISER FRIEDRICH und EMMY fuhren im Wechsel nun mittwochs und sonnabends je einmal und sonntags zweimal nach Neu-Ragoczi oder über Neu-Ragoczi bis Wettin. Dabei vernachlässigte man die Strecke oberhalb der Rabeninsel keinesfalls. Anfang Juli wurde zur "1. Großen Mondscheinfahrt" nach Wörmlitz auf der PREUSSEN eingeladen. Offensichtlich war dies beim Publikum so auf Zuspruch gestoßen, daß Clara Schräpler bald die nächste Mondscheinfahrt ankündigen konnte. Dabei hatte man auf dieser Strecke praktisch das Monopol. Auf den Schiffen nach Neu-Ragoczi und Wettin mußte sie dagegen infolge der Konkurrenzsituation den Fahrgästen die ersten Preisnachlässe gewähren.
Karl Demmer nahm mit seiner SIEGFRIED bald die regelmäßigen Fahrten nach Neu-Ragoczi -

Salzmünde - Wettin - Rothenburg auf. Um der ungeliebten Konkurrenz noch besser Paroli bieten zu können, mietete er zeitweise die KAISER WILHELM an. Seine Absicht war, die Schräpler'schen Schiffe von der unteren Saale völlig zu verdrängen. Hierzu mußte er allerdings seine Platzkapazitäten durch Neubauten oder Charterungen erheblich vergrößern. Er operierte mit beiden Möglichkeiten. Noch im Sommer 1909 bestellte Demmer bei der Gebr. Sachsenberg AG in Roßlau, die inzwischen zur "Hauswerft" der Hallischen Passagierreedereien geworden war, seinen zweiten Dampfer. In der augenblicklichen Situation wollte er Schräpler erst einmal durch Preisunterbietungen begegnen. Eine Fahrt Halle - Wettin kostete bisher 80 Pf., jetzt 55 Pf. Für eine Hin- und Rückfahrt verlangte er nur noch 1,- M. Weiterhin beachsichtigte Karl Demmer die Endpunkte seiner Strecken für das Publikum attraktiver zu gestalten. So wollte er im Stammschloß der sächsischen Könige in Wettin ein Museum gründen. Seine Werbemaßnahmen waren recht aufwendig. Neben vielen Zeitungsinseraten erfolgten in Halle Plakataktionen und darüber hinaus ließ er noch Broschüren, die Ausführungen zu seinem Unternehmen, aber auch Sagen aus dem Saaletal enthielten, drucken. Fahrten zu den traditionellen Ruderregatten bei Neu-Ragoczi oder zu Schützenfesten nach Wettin wurden zusätzlich ins Programm aufgenommen.

Es sollte nicht lange dauern, dann begannen auch die ersten Werbemaßnahmen für Demmers zweiten Neubau. Da er eine Vorliebe für Richard Wagner hatte, sah er hierfür den Namen BRUNHILDE vor. Das Schiff sollte *"neben größerer Sicherheit, alle Bequemlichkeiten der Neuzeit bieten und mit größter Eleganz ausgestattet werden."*

Am 12. Mai 1910 dampfte BRUNHILDE die Saale hinauf. SIEGFRIED war ihr bis Wettin entgegengelaufen. Unter den Klängen einer an Bord befindlichen Kapelle ging es nun gemeinsam nach Halle. Am 15. Mai fand unter großer Anteilnahme der Bevölkerung der Taufakt vor der Saalschloßbrauerei statt. In Hallischen Zeitungen war zum damaligen Zeitpunkt schon von einem dritten Demmer'schen Neubau die Rede, der angeblich den Namen WALKÜRE erhalten sollte.

Für die sich unmittelbar anschließenden Pfingstfeiertage hatte Demmer einen großen Fahrplan entworfen. Da er wiederum die GERMANIA anmietete, konnten bis zu 8 Abfahrten pro Tag angeboten werden. Sie reichten von Neu-Ragoczi bis Rothenburg.

Die Reederei Schräpler, die in diesem Jahr ihr 30jähriges Geschäftsjubiläum feierte, nahm die Herausforderung an und bestellte bei Gebr. Sachsenberg einen weiteren Neubau.

Das Jahr 1910 dürfte für die beiden Hallischen Reedereien Schräpler und Demmer das erfolgreichste überhaupt gewesen sein. Darüber übersah man aber offensichtlich die Realitäten. Das Passagieraufkommen war in den letzten Jahren zwar gewachsen, aber trotzdem nicht unbegrenzt. Der finanzielle Rückhalt beider Reedereien war zu schwach, um einen längeren Preiskampf durchzustehen. Die Möglichkeit der Einigung wurde aber gar nicht erst ins Auge gefaßt.

Ebenfalls 1910 eröffnete die Bootsbauerei Otto mit einem kleinen Motorboot einen Pendelverkehr zur Rabeninsel.

Die Saison 1911 begann Clara Schräpler auf der Strecke nach Wettin. Dabei setzte sie gegenüber dem Vorjahr wiederum niedrigere Preise an. Ein Erwachsener hatte für eine Fahrt bis Wettin jetzt nur noch 40 Pf. zu zahlen. Die Reederei ging das neue Geschäftsjahr auf der unteren Saale recht offensiv an. Am Karfreitag traf mit der DEUTSCHLAND ihr letzter Neubau in Halle ein. Das Schiff, daß *"durch die Größe seines Namens Stärke und Leistungsfähigkeit ausdrücken will, dabei aber einer äußerst gefälligen Form nicht entbehrt"* - so die "Saale-Zeitung", war für die Strecke bis Rothenburg konzipiert.

Karl Demmer kündigte seinen Neubau HERZOG WITTEKIND, der bis heute das Fahrgastschiff mit den größten Platzkapazitäten auf der Saale bleiben sollte, schon recht frühzeitig mit seinen Vorzügen in der Tagespresse an. Man berichtete überschwenglich: *"... Bei gutem Wetter bietet das von einem Sonnenzelt überspannte Deck einen angenehmen Aufenthalt, während die beiden großen Salons den Passagieren gestatten, auch bei schlechtem Wetter sich den Genüssen der Wasserfahrt hinzugeben. Letztere sind mit Dampfheizung versehen, die innere Einrichtung ist einfach und schön, mit großen Seitenfenstern, bequemen Sitzbänken und Niedergängen. Der erste Salon, als Musiksalon eingerichtet, enthält ein schönes, klangvolles Pianino ... Alle Räume sowie das Deck haben elektrische Beleuchtung, ein Schein-*

**Bild 5.49: Dampfer BRUNHILDE, Reederei Demmer** — **Foto: Slg. Beyer**

**Bild 5.50: Dampfer DEUTSCHLAND, Reederei Schräpler** Foto: Slg. Reichenbach

**Bild 5.51: HERZOG WITTEKIND, Reederei Demmer** Foto: Slg. Siersdorfer

*werfer auf dem Verdeck, doppelt so stark wie der auf den Schwesterschiffen ermöglicht es dem Schiffe, selbst in den dunkelsten Nächten den Weg zu finden. Auch ist eine Vorrichtung getroffen, in den Scheinwerfer bunte Scheiben zu setzen, so daß die Ufer wundervoll erleuchtet werden können und im magischen Lichte erscheinen. Die größte Überraschung bietet jedoch dem Publikum eine unter dem Sonnenzelt angebrachte, die äußeren Konturen des Schiffes umgebenden Girlanden von ca. 60 kleinen elektrischen bunten Glühlampen, die bei voller Beleuchtung dem Schiffe an dunkelsten Sommerabenden ein feenhaftes Aussehen geben werden ..."*

Mitte Mai traf die HERZOG WITTEKIND in Halle ein. Am 20. d. M. erfolgte die bei Karl Demmer übliche Schiffstaufe mit Festreden, Böllerschüssen usw. an der Saalschloßbrauerei. Das neue Schiff nahm danach sofort seine Fahrten auf. Zu Pfingsten konnte Demmer infolge der zusätzlichen Charterung der GERMANIA vier Schiffe mit insgesamt 1270 Plätzen anbieten.

Die Konkurrenzsituation Demmer-Schräpler führte auch zu Gefährdungen der Schiffahrt und der Passagiere. So kam es am 7. Mai zu einer "Wettfahrt" zwischen der DEUTSCHLAND und der BRUNHILDE. Beide Dampfer befanden sich auf der Fahrt nach Wettin und bemühten sich durch eine übermäßig große Geschwindigkeit, die Trothaer Schleuse eher als der andere zu erreichen. Die DEUTSCHLAND fuhr hierbei hinter der BRUNHILDE und versuchte, diese laufend zu überholen. Der Steuermann des Demmer'schen Schiffes wollte das nicht zulassen, und so gerieten beide Dampfer unter Abgabe lautester Signale in immer schnellere Fahrt, die wiederum zu einem übermäßigen Wellenschlag führte und die Gondelfahrer erheblich gefährdete. Auf Grund einer Oberpräsidialverordnung für Dampfschiffe erließ der Wasserbauinspektor der Strombauverwaltung gegen den Steuermann der DEUTSCHLAND als den Hauptschuldigen ein Strafmandat über 30,- M. Der Schiffsführer der BRUNHILDE wurde mit 5,- M bestraft. Beide erhoben dagegen Einspruch, mit dem Ergebnis, daß sie nun 60,- bzw. 20,- M zu zahlen hatten.

Das Jahr 1911 stellte einen Höhepunkt in der Geschichte der Personenschiffahrt auf der Saale dar. Insgesamt wurden bis zu 2050 Plätze auf 11 Schiffen angeboten. Diese Zahlen wurden nie wieder erreicht. Allerdings verbarg sich dahinter schon das Ende der beiden führenden Hallischen Reedereien.

Es hatte sich gezeigt, daß die HERZOG WITTEKIND in ihren Abmessungen für die Saale zu groß war. Auch bereiteten die niedrigen Wasserstände des Sommers 1911 gerade beim Einsatz dieses Schiffes erhebliche Probleme. Karl Demmer blieb nichts anderes übrig, als sein Schiff 1912 an die Lauenburger Reederei Burmester & Basedow zu verchartern. Er versuchte den Dampfer zwar noch günstig abzustoßen, als das nicht gelang, blieb 1913 nur noch die Zwangsversteigerung. Hiermit waren erhebliche finanzielle Verluste verbunden, die um so schwerer wogen, da kaum Reserven vorhanden waren.

Bei Schräpler war die Situation nicht besser. Infolge des ruinösen Wettbewerbes und z. T. schlechter Geschäftsführung stand das Unternehmen bei Saisonbeginn 1912 ebenfalls vor einer prekären finanziellen Situation. Trotzdem wurde im April mit dem Dampfer GUSTAV ein weiteres Fahrzeug gechartert, das vermutlich nur im Pendelverkehr zur Rabeninsel eingesetzt wurde. Im Juni mußte dann aber schließlich die PREUSSEN verkauft werden, um liquid zu bleiben. Schräpler setzte seine DEUTSCHLAND jetzt sogar in Fahrten bis Bernburg ein.

Demmer standen noch SIEGFRIED und BRUNHILDE zur Verfügung. Zu einer zeitweisen Anmietung der GERMANIA kam es 1912 schon nicht mehr. Der Kampf beider Unternehmen gegeneinander erlangte noch einmal durch einen Zwischenfall negative Publizität. Am 30. Juni gegen 6.30 Uhr gab die BRUNHILDE in Wettin Signal zum Öffnen der dortigen Schiffsbrücke. Zur gleichen Zeit lief die DEUTSCHLAND mit hoher Geschwindigkeit auf die Durchfahrt zu, um sie als erster zu passieren. Hierbei kam es zu einer leichten Kollision, die kleinere Schäden an beiden Schiffen zur Folge hatte. Nach Ende der Saison war die finanzielle Situation der Reederei Schräpler so desolat, daß die Zwangsversteigerung der Schiffe angeordnet werden mußte. Schräpler mietete zwar noch kurzzeitig die Dampfpinasse HOHENZOLLERN an, die den Personenverkehr zur Rabeninsel mit angehängten Kiesprähmen aufrecht erhalten sollte, was aber ein Versuch mit untauglichen Mitteln blieb. Damit endete eines der verdienstvollsten Unternehmen der Hallischen Personenschiffahrt, das einst zu ihren Pionieren gehört hatte. Allerdings wäre dieser Zusammenbruch durchaus vermeidbar gewesen.

Die Saisoneröffnung 1913 bot dem Publikum nun ein völlig verändertes Bild. Karl Demmer begann seine Fahrten zu Ostern zwar noch mit den beiden verbliebenen Dampfern SIEGFRIED und BRUNHILDE, aber letzterer mußte aus finanziellen Gründen bald nach Berlin verchartert werden. Nun war sein Ziel, auf der unteren Saale als einziger Personenschiffahrt zu betreiben, zwar erreicht worden, aber ihm stand dafür nur noch ein Schiff zur Verfügung. Sein Unternehmen war völlig verschuldet.

Auf der oberen Saale trat durch das Ende der Reederei Schräpler kein Vakuum auf. Der neugegründete Motorbootsbetrieb Carl Schwarz jun. übernahm von Schräpler die bisherige Linie zur Rabeninsel mit Anlegestellen usw.. Schwarz hatte bei der Spandauer Werft Knarr & Sohn zwei Motorboote bestellt. Da man aber nicht termingerecht liefern konnte, stellte die Werft vorerst ihren Spekulationsbau REX zur Verfügung. Das Motorschiff, das durch seinen dicken Schornstein eher einem Dampfer ähnelte, traf am 29. April in Halle ein und nahm sofort seine Fahrten auf. Da mit der MARGARETHE bald der erste der beiden Neubauten nach Halle kam, konnte REX schon Ende Mai wieder zur Bauwerft zurückkehren. Einige Wochen später lief mit der HELENE dann auch das Schwesterschiff in Halle ein. Schwarz konzentrierte sich voll auf die obere Saale. Neben den regelmäßigen Fahrten zur Rabeninsel unternahm er Extrafahrten bergwärts nach Röpzig und Beuchlitz.

Das Jahr 1913 endete für Karl Demmer ähnlich wie das vorhergehende. Er versuchte im Oktober die BRUNHILDE noch günstig zu verkaufen. Da das nicht gelang, wurde sie im Januar 1914 zwangsversteigert. Mit der verbliebenen SIEGFRIED betrieb Demmer noch bis 1915 Personenschiffahrt. Infolge fehlender Finanzen investierte er nichts mehr in die Instandhaltung seines Dampfers. So passierte es, daß das Schiff am 4. August 1915 bei einer Fahrt von Wettin nach Halle sein Ziel nicht erreichte. Der Kessel war in solch schlechtem Zustand, daß er laufend leckte. Da sich der Dampfdruck nicht halten ließ, ging die Steuerfähigkeit bald verloren. SIEGFRIED kam

**Tab. 5.3 Platzkapazitäten der Hallischen Passagierschiffsunternehmen 1903 - 1915 1)**

| Reederei | 1903 | 1904 | 1905 | 1906 | 1907 | 1908 | 1909 | 1910 | 1911 | 1912 | 1913 | 1914 | 1915 |
|---|---|---|---|---|---|---|---|---|---|---|---|---|---|
| Schräpler | 180 | 290 | 355 | 355 | 355 | 255 | 410 | 410 | 620 | 627 2) | - | - | - |
| Hoffmann | 60 | 160 | 160 | 160 | 160 | 160 | 160 | 160 | 160 | 160 | 160 | 160 | 160 |
| | | | | | | | 60 3) | | | | | | |
| Schütze & Henkel | - | - | - | - | - | 280 | 280 | 280 4) | 280 4) | - | - | - | - |
| Demmer | - | - | - | - | - | - | 310 | 590 | 990 | 590 | 310 | 310 | 310 |
| | | | | | | | 410 3) | 870 4) | 1270 4) | | | | |
| Schwarz | - | - | - | - | - | - | - | - | - | - | 190 5) | 222 | 222 |
| | | | | | | | | | | | 222 | | |
| Plätze max. | 240 | 450 | 515 | 515 | 515 | 695 | 1160 | 1440 | 2050 | 1377 | 692 | 692 | 692 |
| Schiffe max. | 3 | 5 | 6 | 6 | 6 | 6 | 8 | 9 | 11 | 9 | 5 | 5 | 5 |

1) ohne Otto'sches Motorboot
2) bis Verkauf PREUSSEN, ohne Anmietung HOHENZOLLERN
3) KAISER WILHELM zeitweise von Demmer angemietet
4) GERMANIA zeitweise von Demmer angemietet
5) REX nur 4./5.1913 eingesetzt, danach MARGERETHE und später HELENE

**Bild 5.52: Spekulationsbau REX, 1913 kurzzeitig im Saaleeinsatz** Quelle: Das Schiff

schließlich nur bis Lettin, wo die Fahrgäste an Land gehen mußten.
1916 wurde Karl Demmer die Erlaubnis zum Betreiben seines Schiffes nicht mehr erteilt. Es mußte jetzt auch zwangsversteigert werden. Damit endete eine der bedeutendsten Hallischen Reedereien. Demmer sah in seiner Heimat keine Existenzmöglichkeit mehr und verzog nach Heidelberg.
Den Hallensern waren von der einst stolzen Passagierschiffsflotte nur einige Motorboote verblieben. Aus Treibstoffmangel infolge der Kriegsergebnisse mußten 1917/18 zumindest MARGARETHE und HELENE ihre Fahrten einstellen. Carl Schwarz gab daraufhin sein Unternehmen auf und verkaufte beide Fahrzeuge.
Ein Neuanfang wurde in den Jahren 1919 und 1920 gemacht. Die kleine Maschinenbaufirma Gebr. Bergmann kaufte Anfang Juli 1919 das Motorschiff MONIKA an. Am 20. d. M. wurde mit ihm die Strecke Halle/S. - Neu-Ragoczi - Wettin - Rothenburg wiedereröffnet. Das erste Jahr war für Bergmann wohl nicht sehr erfolgreich, denn unter dem 7. Mai 1920 bot er die MONIKA in der Zeitschrift "Das Schiff" mit dem Hinweis *"evtl. als Fracht- und Fischerboot bei Abmontierung der Kajüte verwendbar"* zum Verkauf an. Daraus wurde dann allerdings nichts und Gebr. Bergmann sollten sich noch zu einer der bedeutendsten Hallischen Passagier-Reedereien entwickeln.
Die Jahre 1920 und 1921 brachten ein weiteres, wenn auch kurzlebiges Unternehmen nach Halle. Der Nelbener Schiffer Ernst Wolter setzte zusammen mit seinem Schwager Wilhelm Dönitz den Dampfer GIEBICHENSTEIN in Fahrt. Unmittelbar darauf übernahm er noch ein weiteres Schiff. Der GEORGSBURG genannte Heckradschleppdampfer war offensichtlich für den damaligen Bedarf zu groß, denn er wurde schon bald wieder veräußert. Hierfür legte sich die Reederei aber mit der FALKE einen weiteren Schrau-

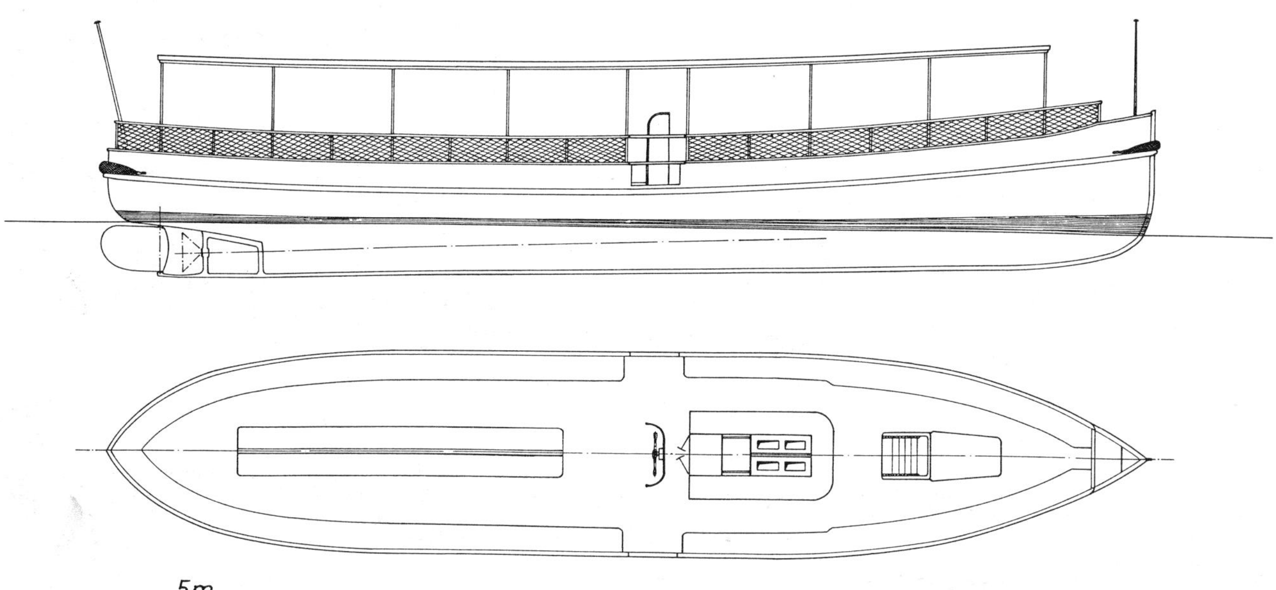


**Bild 5.53: Motorboote MARGARETHE und HELENE, Generalplan** Zeichnung: Nordmann

**Bild 5.54: MARGARETHE und HELENE auf der oberen Saale in Halle** Foto: Slg. Schröder

**Bild 5.55: MARGARETHE auf Land als Jugendklub "Thomas Müntzer" in Gallentin am Schweriner See, 1984** Foto: W. Kramer

**Bild 5.56: Dampfer CARL MARIA VON WEBER wird für den Abtransport vom Kellersee vorbereitet; auf der Saale als FALKE für Dönitz & Wolter in Fahrt** Foto: Slg. Schröder

bendampfer zu. Dönitz & Wolter faßte in Halle nicht Fuß. Die Passagierfahrten wurden mit Ende der Saison 1921 eingestellt und die Reederei bald darauf liquidiert.
Ebenfalls 1921 trat mit Otto Kretsch ein neuer Unternehmer in die Hallische Personenschiffahrt ein. Kretsch, der mit der Firma Hoffmann familiär verbunden war, bekam das Motorboot KAISER WILHELM übereignet. Dafür änderte er den Namen in WITWE HOFFMANN um, allerdings nur für wenige Jahre. Ende 1924 wurde hieraus SIEGFRIED. Otto Kretsch blieb mit seinem Fahrzeug im alten Revier auf der oberen Saale und setzte es dort weiterhin vorwiegend im Pendeldienst zur Rabeninsel ein.
Die Jahre 1922/23 brachten im Hallischen Passagierschiffsbestand keinerlei Veränderungen. Wohl auf Grund der Inflation und ihrer Folgen bestand kein allzu großer Bedarf an Ausflugsfahrten auf der Saale. Das sollte sich erst Mitte der 20er Jahre ändern. Im Frühjahr 1924 kaufte der Hallische Kaufmann Georg Boas ein Passagiermotorschiff in Berlin an und setzte es ab Anfang Juli als GIEBICHENSTEIN auf der alten Schräpler'schen Linie zur Rabeninsel ein. Boas sollte sich in den nachfolgenden Jahren zu einem soliden Motorbootsunternehmen entwickeln.
Waren seit dem Verkauf der GEORGSBURG von Dönitz & Wolter keine größeren Passagierschiffe mehr nach Halle gekommen - die Bergmann'sche MONIKA blieb mit ihren 160 Plätzen das größte Schiff - so sollte sich das 1925 ändern. Der Breslauer Schiffer Julius Strauch setzte seinen Heckraddampfer HERTA-FRIDA im Frühjahr im Hallischen Passagierverkehr ein. Die HERTA-FRIDA war ein Schlepper, der speziell für den Personenverkehr hergerichtet wurde. Außerhalb der Saison fand das Schiff im Frachtverkehr, vornehmlich auf der Elbe, Verwendung. Strauch beließ Breslau auch weiterhin als registrierten Heimatort. In den ersten Jahren ihres Saaleeinsatzes überführte er die HERTA-FRIDA in den Wintermonaten regelmäßig nach dort. Vermutlich verband er das mit Reparaturen bzw. kleineren Umbauten auf deren Bauwerft in Cosel. Am 9. April kündigte Strauch sein neues Unternehmen in den "Hallischen Nachrichten" wie folgt an:

*Dampfer-Fahrten Halle - Wettin, Abfahrtsstelle oberhalb der Peißnitzbrücke*

*Der verehrten Einwohnerschaft von Halle a.S. und Umgegend zur gefl. Kenntnisnahme, daß an den 3 Osterfeiertagen, den 12. - 14. April, ein großzügiger Dampfer-Verkehr des Dampfers HERTA-FRIDA zwischen Halle und Wettin stattfindet. Der Dampfer, welcher für 250 - 300 Personen Platz bietet, ist mit allem Komfort ausgestattet und so findet man an Bord alles das, was die Fahrt angenehm und abwechslungsreich gestaltet.*
*Sollte das Interesse für das, hier am Platze, ganz neue Unternehmen vorhanden sein, so wird es sich die Geschäftsleitung nicht nehmen lassen, Vereinen usw. für Fahrten in nächster Zeit billigste Preise in Anrechnung zu bringen.*

*Hochachtungsvoll J. Strauch*

Er lief vorerst zweimal täglich über Neu-Ragoczi nach Wettin. Bergmann

**Bild 5.57: HERTA-FRIDA am Anleger Peißnitzbrücke** Foto: Slg. Dexheimer

**Bild 5.58: Passagiermotorschiff MONIKA in Rothenburg** Foto: Slg. Schwarz

erkannte hierin natürlich sofort die Konkurrenz und pries sein Unternehmen als *"jahrelang eingeführte Dampferlinie"* (wobei es ein Motorschiff war!) an, die über ein Personenschiff verfüge, das *"allen Ansprüchen genügt und das einzige und besteingerichtete Tourenschiff der Saale ist"*. Vereins- und Schulfahrten wurden zu erheblich ermäßigten Preisen angeboten. Strauch konterte sofort mit Vorzugspreisen und warb damit, daß er den größten Dampfer auf der Saale im Einsatz hätte.

Bergmann und Strauch befuhren die gleichen Strecken bis Wettin bzw. Rothenburg. Hieraus entwickelte sich zwangsläufig eine gewisse geschäftliche Rivalität, die aber nie solch drastische Formen annahm, wie einst zwischen den Reedereien Schräpler und Demmer.

Strauch bemühte sich, seine HERTA-FRIDA dem Hallischen Publikums auf sympathische Weise näher zu bringen. So lud er im Juni die Insassen der Provinzial-Blindenanstalt zu einer Fahrt nach Röpzig ein. In der Presse fand das entsprechende Anerkennung.

Bergmann und Strauch erweiterten in den Sommermonaten fast gleichzeitig ihre Kapazitäten. Beide kauften je ein Motorboot an und setzten sie auf der unteren Saale ein. Das Bergmann'sche Boot wurde in Anlehnung an sein bisheriges Motorschiff KLEIN-MONIKA genannt, der Name aber bald in PREUSSEN geändert. In den zwei darauffolgenden Jahren betrieb er damit Personenverkehr ab Weißenfels.

Das von Julius Strauch übernommene Motorboot BRUNHILDE fuhr fast immer zusammen mit der HERTA-FRIDA. In den Sommermonaten wurden mehr und mehr Sonderfahrten angeboten. Eine Besonderheit waren Mondscheinfahrten mit Musik. Die beiden Schiffe fuhren hierbei in der Regel bis Salzmünde. Die BRUNHILDE stellte ihre Fahrten allerdings im Mai 1926 schon wieder ein.

Auch Otto Kretsch trat 1925 mit seiner SIEGFRIED etwas mehr hervor. Er bot Sonderfahrten bis Röpzig an. Diese Strecke mußte er sich mit Georg Boas teilen, der sie mit seiner GIEBICHENSTEIN ebenfalls befuhr.

Die Reederei Bergmann hatte 1926 einen Teilhaber bekommen. Man firmierte jetzt unter Bergmann & Schubert. Das sollte sich aber auch bald wieder ändern, um 1933 führte das Unternehmen dann sogar die Bezeichnung "Hallischer Lloyd".

Im Frühjahr 1926 versuchte der Sohn des ehemaligen Hallischen Reeders Karl Demmer, Richard Demmer, den Einstieg ins ehemals elterliche Fahrt-

**Bild 5.59: Passagiermotorschiff PREUSSEN ex KLEIN-MONIKA (1. Form)** Foto: Slg. Golzsch

**Bild 5.60: MÖVE ex MARGARETHE an der Anlegestelle Saalberg** Foto: Slg. Schröder

gebiet. Mit seinem kleinen hölzernen Motorboot MARTHEL unternahm er aber vermutlich nur wenige Fahrten. Ein weiterer Versuch im darauffolgenden Jahr mit dem Motorboot WITTEKIND scheiterte ebenfalls. Der Gondelbesitzer Hermann Heinrich hatte seine zwei Gondeln Nr. 161 und Nr. 163 motorisiert. Über den Einsatz beider Fahrzeuge ist nichts bekannt.
Julius Strauch setzte bei Saisonbeginn 1927 die neu angekaufte WETTIN ein.
Ende Mai 1927 eröffnete ein weiteres Passagiermotorschiff eine neue Verbindung. Der als Kellner bis dahin tätige Robert Böhme hatte die aus Berlin stammende MARGARETHE angekauft und verstärkte mit ihr das Platzangebot zur Rabeninsel.
Auch auf der unteren Saale verstärkte sich nach dem Auftauchen der WETTIN weiterhin das Platzangebot. Im Juni 1927 nahmen dort zwei weitere Schiffe ihre Fahrten auf. Die von Ernst Großmann selbst erbaute NIXE machte am 12. Juni ihre Jungfernfahrt nach Wettin und am 28. d. M. konnte Otto Kretsch seine LEIPZIG in Dienst stellen. Der Name des Kretsch'schen Neubaues deutet darauf hin, daß das Saaletal viel von Leipziger Ausflüglern besucht wurde und man auf diesen Kreis durch die Benennung eine besondere Werbewirkung ausüben wollte.
Das Jahr 1927 hatte also die Kapazitäten der einschlägigen Hallischen Unternehmen wesentlich erweitert und zumindest für Otto Kretsch auf der unteren Saale ein neues Fahrtgebiet eröffnet. Diese Entwicklung hätte zwangsläufig zu verschärfter Konkurrenzsituation führen müssen. Eventuell aus den Erfahrungen der Jahre vor dem 1. Weltkrieg heraus beschlossen einige Schiffseigner die Personenschiffahrt ab 1928 innerhalb einer Gemeinschaft zu betreiben. Dieser Verband nannte sich **Ha**llesche Saale-**P**ersonenschiffahrts-**I**nteressen-**G**emeinschaft (abgekürzt HAPIG). Dabei dürfte die Analogie in der Abkürzung zur HAPAG (**H**amburg-**A**merikanische **P**acketfahrt-**A**ctien-**G**esellschaft) kaum zufällig gewesen sein.
Gegründet wurde die Interessengemeinschaft von Julius Strauch, Gebr. Bergmann, Ernst Großmann und Otto Kretsch. Die Mitglieder stimmten ihre Fahrpläne aufeinander ab, betrieben eine gemeinsame Werbung und rechneten vermutlich auch gemeinsam ab. Berechtigt konnte sich die HAPIG als "größtes Passagierschiffsunternehmen auf der Saale" bezeichnen. Sie begann ihre Fahrten unterhalb der Gimritz-Schleuse bis Wettin, dehnte sie dann aber auch bald auf den oberen Bereich aus. Dabei brachten die verschiedenen Eigner aber nicht unbedingt alle ihre Schiffe in den neuen Verband ein bzw. die Mitgliedschaft war auch wechselnd. Bei Saisoneröffnung verfügte die HAPIG über HERTA-FRIDA, WETTIN (Strauch), MONIKA, PREUSSEN (Bergmann), NIXE (Großmann) und LEIPZIG

**Bild 5.61: LEIPZIG am Anleger Peißnitzbrücke** Foto: Slg. Schwarz

**Bild 5.62: MONIKA (links) und LEIPZIG (rechts) vollbesetzt** **Foto: Slg. Schröder**

(Kretsch). Bald schied Otto Kretsch wieder aus und 1933 schließlich wurde die IG nur noch von Julius Strauch und Ernst Großmann getragen. Die HAPIG bestand bis mindestens 1937. Zuletzt waren in ihr wieder die Reeder Bergmann, Boas, Kretsch und Ulrich vereinigt.

Das Jahr 1928 brachte über die Gründung der HAPIG hinaus aber noch weitere Veränderungen. August Schräpler, der bisher das Strauch'sche Unternehmen mit betrieben hatte, legte sich wieder ein eigenes Schiff zu. Zu Ostern begann er mit dem Dampfer STADT HALLE Fahrten bis Wettin. Hierbei handelte es sich um ein Schwesterschiff der zwei Jahre vorher in Bernburg angekauften ANNA-GERTRUD (I).

Die Firma Georg Boas konnte ebenfalls mit einem neuen Schiff aufwarten. Das im Herbst 1927 angekaufte Motorschiff WILHELM lief nun als MORITZBURG zur Baumblüte nach Röpzig.

Robert Böhme konnte sich mit seiner MARGARETHE wirtschaftlich nicht

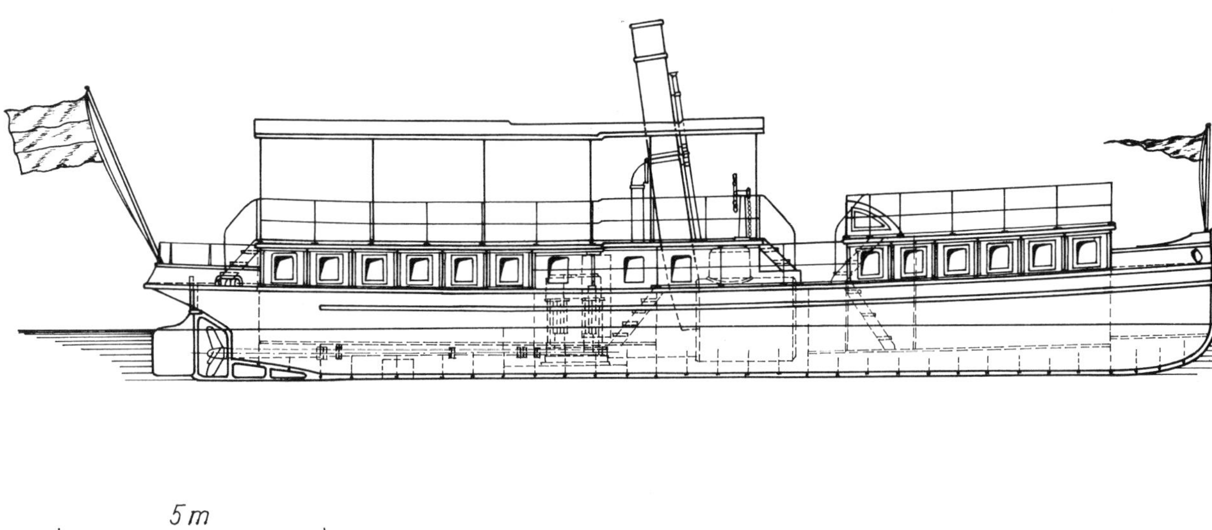


**Bild 5.63: Dampfschiff STADT HALLE, Generalplan** **Zeichnung: Lang**

**Tab. 5.4 Platzkapazitäten der Hallischen Passagierschiffsunternehmen 1919 - 1928**

| Reederei / Eigner | 1919 | 1920 | 1921 | 1922 | 1923 | 1924 | 1925 | 1926 | 1927 | 1928 |
|---|---|---|---|---|---|---|---|---|---|---|
| Hoffmann / Kretsch | 152 | 152 | 152 | 152 | 152 | 152 | 152 | 152 | 352 | 352 |
| Bergmann | 160 | 160 | 160 | 160 | 160 | 160 | 257 | 160 | 160 | 257 |
| Dönitz & Wolter | - | 342 | 280 | - | - | - | - | - | - | - |
| Boas | - | - | - | - | - | 99 | 99 | 99 | 99 | 179 |
| Strauch | - | - | - | - | - | - | 337 | 337 | 411 | 411 |
| | | | | | | | | 275[1)] | | |
| R. Demmer | - | - | - | - | - | - | - | 12[2)] | 20[2)] | - |
| Heinrichs | - | - | - | - | - | - | - | 19[2)] | - | - |
| Böhme | - | - | - | - | - | - | - | - | 75 | 75 |
| Großmann | - | - | - | - | - | - | - | - | 74 | 74 |
| A. Schräpler | - | - | - | - | - | - | - | - | - | 185 |
| Plätze max. | 312 | 654 | 592 | 312 | 312 | 411 | 845 | 779 | 1191 | 1533 |
| Schiffe max. | 3 | 5 | 5 | 3 | 3 | 4 | 7 | 9 | 8 | 12 |

1) nach Abgabe BRUNHILDE 5.1926
2) vermutlich nur kurzzeitig in Fahrt, in späteren Jahren kein Nachweis.

halten, so daß auch dieses Motorschiff von Georg Boas übernommen wurde. Boas nannte es sofort in MÖVE um. Innerhalb kurzer Zeit hatte seine Reederei einen erheblichen Kapazitätszuwachs erhalten. Der zur damaligen Zeit noch in der HAPIG fahrende Otto Kretsch und das mit ihm verbundene Unternehmen Carl Hoffmann Wwe. mußte das Angebot ebenfalls erweitern, um gegenüber Boas nicht zu unterliegen. Das tat er 1929 erst einmal mit dem Motorboot ERNI.

Während die obere Saale 1929 mit der ERNI nur ein kleines Schiff als Zugang hatte, kam mit dem Neubau SAALETAL (I) von Wilhelm Ulrich, Alsleben ein immerhin 240 Plätze fassendes Fahrzeug auf die Strecke unterhalb der Gimritz-Schleuse. Am Himmelfahrtstag fand die Jungfernfahrt von Halle nach Rothenburg statt. Ulrich arbeitete mit August Schräpler eng zusammen, was sich u. a. in einem abgestimmten Fahrplan ausdrückte.

Obwohl sich die wirtschaftliche Lage der Hallischen Passagierschiffsreedereien infolge der ausgebrochenen Wirtschaftskrise verschlechterte, mußte - bis auf August Schräpler - keiner liquidieren. Im Gegenteil, es kamen weiterhin neue Schiffe hinzu. Otto Kretsch erstellte im Frühjahr 1931 seinen zweiten und größeren Eigenbau - die MERSEBURG.

Zu diesem Zeitpunkt besaß dieses Schiff mit 314 Plätzen die größte Fahrgastkapazität auf der ganzen Saale. Die Konkurrenzsituation ver-

**Bild 5.64: STADT HALLE um 1929**

**Foto: Slg. Schröder**

Bild 5.65: MORITZBURG als WILHELM in Berlin

Foto: Slg. Groggert

Bild 5.66: SAALETAL (I) an der Hallischen Schieferbrücke

Foto: Slg. Krieg

Bild 5.67: SAALETAL (I) als ORLICE auf der Moldau, 1963 Foto: Slg. Bor

Bild 5.68: SAALETAL (I) als stationäres Gaststättenschiff auf der Waag (Vah) in Piestany nach 1967 Foto: Slg. Bor

Bild 5.69: MERSEBURG (1. Form) am Anleger Röpzig um 1950 Foto: Slg. Schwarz

Bild 5.71: SIEGFRIED ex WITWE HOFFMANN ex KAISER WILHELM um 1932 Foto: Slg. Golzsch

Bild 5.75: SCHWAN an der Hallischen Schieferbrücke

Foto: Slg. Schröder

Bild 5.76: SCHWAN als SONNENSCHEIN der Weißen Flotte Rathenow, 1987

Foto: Reichenbach

Bild 5.72: Plakat der HAPIG

Foto: Slg. Schwarz

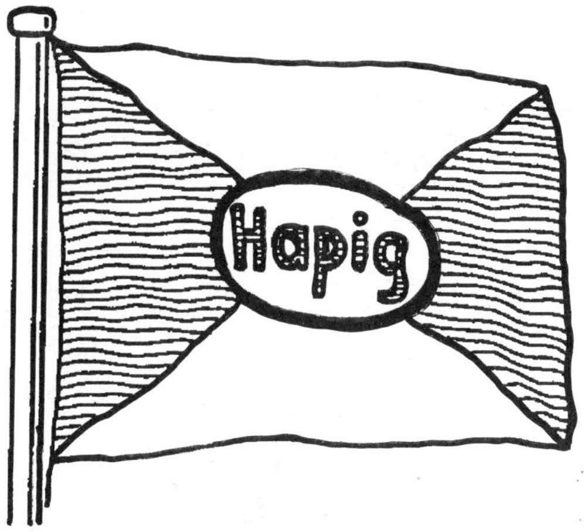


**Bild 5.73: Flagge der HAPIG**

schärfte sich immer mehr. Am 9. Mai 1931 erschien folgende Anzeige in der "Saale-Zeitung":

*"Hallische Saale-Personenschiffahrt Großer Preisabbau!*
*Motorschiff SAALETAL*
*Jeden Sonn- und Feiertag, sowie Mittwochs früh 9 Uhr nach Wettin, Rothenburg usw. ... Die Fahrpreise sind wie folgt und betragen pro Person für die Hin- und Rückfahrt nach Neu-Ragoczy 1 M, nach Salzmünde 1,20 M, Wettin 1,50, Closchwitz 2 M und Friedeburg-Rothenburg 2,20 M. Kinder überall die Hälfte. Erwerbslose u. Studierende zahlen an diesen Tagen 50 Pf. weniger. Vereine, Schulen, Gesellschaften usw. erhalten weitere bedeutende Preisermäßigungen ..."*

Dies war ein Zeichen für den immer mehr um sich greifenden Preisverfall. Die Reederei Kretsch / Hoffmann beschränkte sich zu dieser Zeit allerdings noch vorwiegend auf die obere Saale. Darauf deutete auch die Namensgebung des Neubaues hin. Die MERSEBURG fuhr in der Saison regelmäßig von Halle nach Merseburg zu einem Preis von 1,50 RM. Bis Waldbad Leuna kostete es 2,50 RM.

In diese für alle Unternehmen schwierige wirtschaftliche Lage platzte im Frühjahr 1932 die Nachricht hinein, daß demnächst ein weiteres über 300 Personen fassendes Passagierschiff in Halle seine Fahrten aufnehmen solle. Die HAPIG machte hiergegen sofort massiv Front und verlangte von der Wasserbauverwaltung, die dafür notwendige Erlaubnis zu verweigern. Dieses Ansinnen wurde abgelehnt und ab Mitte April konnte die SCHWAN, die im Besitz von Frau Albertine Schubert war, ihre Fahrten aufnehmen. Sie lief von der Hallischen Schieferbrücke talwärts nach Wettin oder Rothenburg, z. T. auch bis Bernburg. Frau Schubert verschärfte die Preissituation noch mehr und hatte natürlich auch selbst unter ihr zu leiden. Sie konnte unter diesen Umständen mit solch einem großen Schiff in Halle nicht über längere Zeit bestehen. Im Mai 1935 mußte die SCHWAN verkauft werden. Dabei hatte die Eignerin dem Publikum durchaus attraktive Angebote zu machen. Im Juli 1933 unternahm das Motorschiff eine mehrtägige Feriensonderfahrt nach Hamburg - eine Einmaligkeit in der Geschichte der ganzen Saalepassagierschiffahrt.

Es zeigte sich, daß die im Angebot befindlichen Kapazitäten für Halle zu dieser Zeit zu groß waren. Im Mai 1933 verkaufte Otto Kretsch seine LEIPZIG nach Bernburg. Julius Strauch wollte seine HERTA-FRIDA ebenfalls 1933 veräußern, gab dann aber schließlich erst 1935 die Schiffahrt völlig auf. Die WETTIN ging auch nach Bernburg, und die bei den Fahrgästen besonders beliebte HERTA-FRIDA wurde von seinem bisherigen Steuermann Franz Friedrich erworben, der das Schiff nun wieder durchgängig als Schleppdampfer einsetzte. Mit dem Ausscheiden der HERTA-FRIDA verlor die Hallische Passagierschiffahrt ihr letztes Dampfschiff. Dampfer kamen den Hallensern nun nur noch im Frachtverkehr und bei Fahrzeugen der Wasserbauverwaltung zu Gesicht.

Der Bestand an Personenschiffen war also um 1935 auf ein den tatsächlichen Bedürfnissen entsprechendes Maß geschrumpft. Die einzelnen Unternehmen erholten sich dann aber wieder langsam von den Folgen der Wirtschaftskrise. Ausflugsfahrten wurde immer gefragter. Nach Ende der Saison 1936 verkaufte Wilhelm Ulrich seine SAALETAL (I), um im darauffolgenden Jahr mit einer neuen und größeren SAALETAL (II) am Fahrgastaufkommen teilzuhaben.

Inzwischen hatten die Reedereien Bergmann und Kretsch ihre MONIKA bzw. SIEGFRIED total umbauen lassen. Mit Saisonbeginn 1937 tat die ehemalige MONIKA nun als HEIMATLAND Dienst. Ebenfalls in diesem Jahr vergrößerte Georg Boas seinen Fahrzeugbestand weiter. Er hatte in Berlin das Motorschiff KURMARK angekauft, das unter gleichem Namen in Halle eingestellt wurde. Die KURMARK lief meist von Halle nach Röpzig, z. T. aber auch bis Merseburg. Sie sollte das letzte Schiff sein, das vor Ausbruch des 2. Weltkrieges in Halle seine Fahrten aufnahm.

Wie auf den anderen Saalestrecken, so mußte Ende August 1939 auch in Halle die Personenschiffahrt fast völlig eingestellt werden. Für diese "kriegswirtschaftlich unwichtigen Zwecke" wurde von den zuständigen Stellen kein Treibstoff mehr genehmigt. Diese Situation versuchten auch hier die Schiffseigner durch verstärkten Schleppeinsatz zu umgehen. Nicht jedes Fahrzeug war dafür geeignet.

In Halle blieb mit der MERSEBURG nur ein einziges Passagierschiff in Fahrt. Otto Kretsch hatte es sofort mit zwei Holzgasgeneratoren ausgerüstet, die ihn von Treibstoffzuteilungen unabhängig machten. Obwohl Kretsch in einem Rüstungsbetrieb dienstverpflichtet wurde, führte er an Sonntagen noch Fahrten durch. Man beschränkte sich dabei aber weitgehend auf die kurze Strecke zur Rabeninsel. Immerhin fuhr die MERSEBURG bis mindestens 1943. Zuletzt war sie sogar noch mit einem Tarnanstrich gegen Fliegersicht versehen worden. Von den anderen Schiffen wurde lediglich die SAALETAL (II) weiterhin eingesetzt. Sie diente dem Berufsverkehr zwischen Alsleben und Rothenburg.

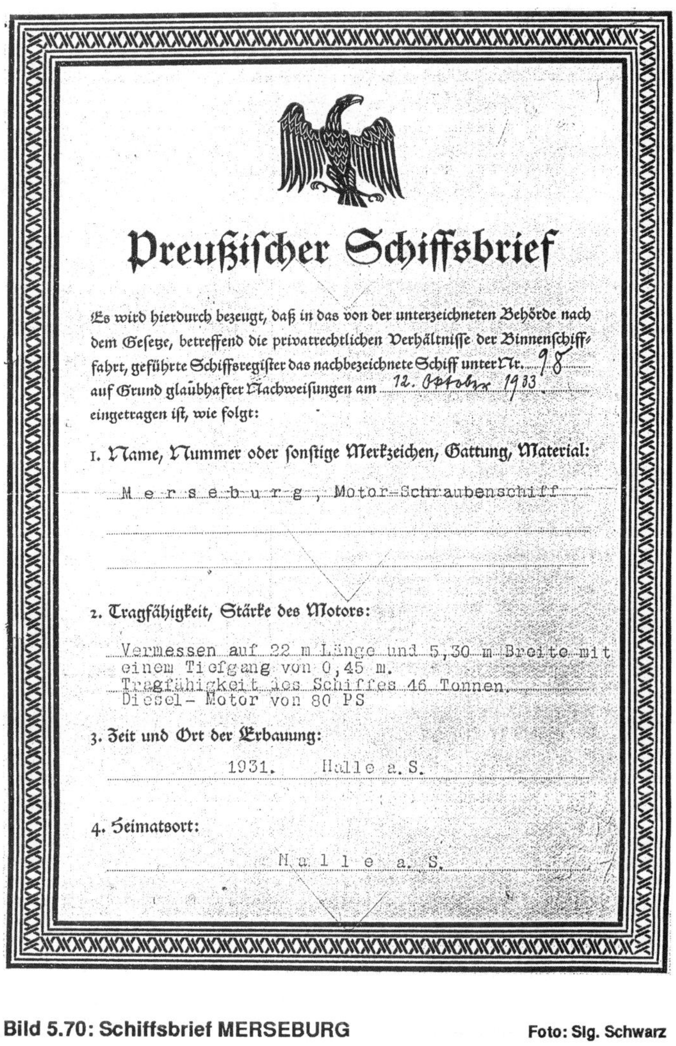

Preußischer Schiffsbrief

Es wird hierdurch bezeugt, daß in das von der unterzeichneten Behörde nach dem Gesetze, betreffend die privatrechtlichen Verhältnisse der Binnenschiffahrt, geführte Schiffsregister das nachbezeichnete Schiff unter Nr. 98 auf Grund glaubhafter Nachweisungen am 12. Oktober 1933 eingetragen ist, wie folgt:

1. Name, Nummer oder sonstige Merkzeichen, Gattung, Material:
M e r s e b u r g , Motor-Schraubenschiff

2. Tragfähigkeit, Stärke des Motors:
Vermessen auf 22 m Länge und 5,30 m Breite mit einem Tiefgang von 0,45 m.
Tragfähigkeit des Schiffes 46 Tonnen.
Diesel- Motor von 80 PS

3. Zeit und Ort der Erbauung:
1931. Halle a.S.

4. Heimatsort:
H a l l e a. S.

**Bild 5.70: Schiffsbrief MERSEBURG** **Foto: Slg. Schwarz**

Bild 5.77: Passagiermotorschiff PREUSSEN nach 1935 (2. Form) Foto: Slg. Golzsch

Während der Kriegsjahre verkleinerte sich der Hallische Passagierschiffsbestand durch verschiedene Abgänge. Um 1940 verkaufte Georg Boas seine beiden Schiffe MORITZBURG und MÖVE und im März 1942 veräußerte die Witwe Ernst Großmanns das Motorboot NIXE.

Kurz vor Kriegsende wurde die PREUSSEN der Bergmann-Linie noch durch Bombentreffer beschädigt, so daß sie für einen zukünftigen Passagierverkehr nicht mehr in Frage kam.

Im Mai 1945 waren die Verkehrsverbindungen in Deutschland weitgehend zusammengebrochen. In der Sowjetischen Besatzungszone versuchte man auf Anordnung der SMAD [1] bald mit Passagierschiffen - in den Bereichen wo dies möglich war - einen notdürftigen Ersatz zu schaffen. Auf der Saale engagierte sich hierfür besonders die Hallische Industrie- und Handelskammer. Am 3. November eröffnete die unter Regie der "Saale" - Mitteldeutsche Speditions- und Schiffahrts-Gesellschaft mbH (Sitz: Hafen Halle-Trotha) stehende MERSEBURG den regelmäßigen Personen- und Expreßgutverkehr von Halle-Trotha nach Bernburg. Dabei wurde an insgesamt 11 Zwischenstationen gehalten. Die Fahrgäste konnten pro Person 50 kg Gepäck, sowie Fahrräder und Kinderwagen mitnehmen. Weiterhin wurden bei jeder Fahrt 6 bis 7 t Stückgut transportiert, die über die Filialen der Gesellschaft in Halle, Alsleben und Bernburg abgefertigt wurden.

Ab 1. Dezember wurde die Linie über Nienburg nach Calbe weitergeführt, wobei in Bernburg auf das Anschlußschiff umgestiegen werden mußte. Der Fahrgast, dessen Schiff um 8.00 Uhr in Halle-Trotha ablegte, kam planmäßig 16.25 Uhr in Calbe an.

Die Absicht, den Saaleverkehr bis Barby weiterzuführen und damit an die Betriebsgemeinschaft Krietsch-Stahlberg, Magdeburg anzubinden, scheiterte aus Fahrzeugmangel. Die Planungen gingen hierzu recht weit. So existierten auch Überlegungen, die Verbindung bis Dessau auszudehnen, da dann hier Anschluß an den beabsichtigten Endpunkt der Sächsisch-Böhmischen Dampfschiffahrtsgesellschaft vorhanden gewesen wäre. Es hätte damit eine Passagierschiffsverbindung von Halle bis Dresden bestanden. Die angestrebte Anbindung an die Magdeburger Linien sollte einen Fahrgast- und Expreßgutverkehr bis Berlin ermöglichen. Wobei eine Fahrt

1) Sowjetische Militäradministration in Deutschland

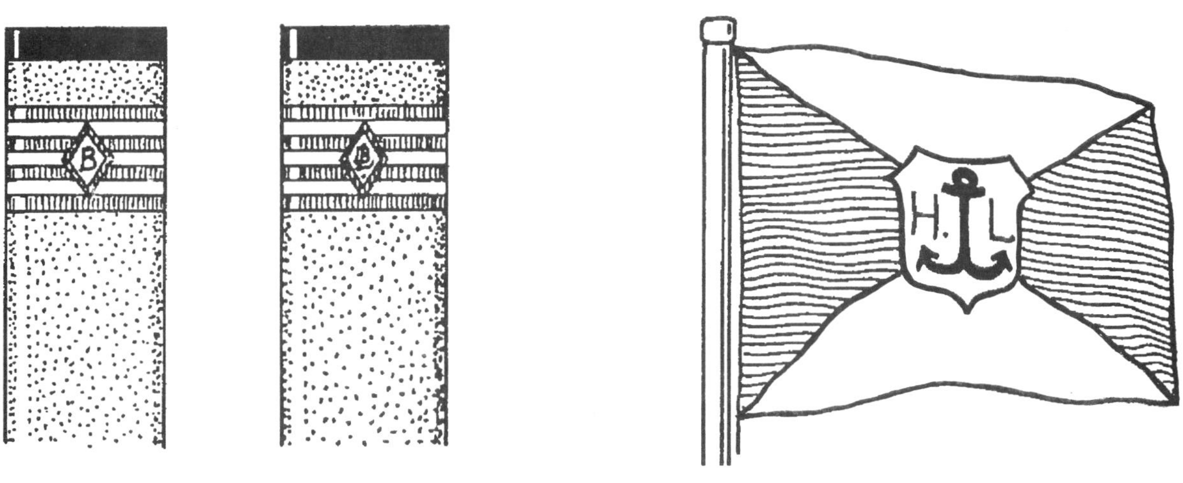


Bild 5.74: Schornsteinmarken und Flagge der Reederei Gebr. Bergmann / Hallischer Lloyd

# „SAALE"

Mitteldeutsche Speditions- und Schiffahrts-Gesellschaft m. b. H.
Halle (Saale), Hafen Trotha — Telefon 32591

## Fahrplan

für den Personen- und Expreßgutverkehr Halle - Bernburg und zurück.

Gültig ab 3. November 1945 bis auf weiteres.
**Verkehrstage:** Dienstag, Mittwoch, Sonnabend und Sonntag in beiden Richtungen.

| Zu Tal | | | | Station | | | Zu Berg | | |
|---|---|---|---|---|---|---|---|---|---|
| Tarif km | Fahrpreis | Abfahrt | | | | | Abfahrt | Fahrpreis | Tarif km |
| 0 | — | $8^{00}$ | ab | Halle-Trotha | Alte Landestelle | an | $16^{30}$ | 4,50 | 60 |
| 7 | 0,50 | $8^{40}$ | ↓ | Brachwitz | Saaletal | ↑ | $15^{50}$ | 4,00 | 53 |
| 10 | 0,70 | $9^{05}$ | | Salzmünde | Fortuna | | $15^{20}$ | 3,80 | 50 |
| 14 | 1,00 | $9^{35}$ | | Döblitz | | | $14^{30}$ | 3,50 | 46 |
| 18 | 1,30 | $10^{05}$ | | Wettin | Kaffee Schade | | $13^{50}$ | 3,20 | 42 |
| 22 | 1,60 | $10^{50}$ | | Kloschwitz | Zum Anker | | $13^{05}$ | 2,90 | 38 |
| 28 | 2,00 | $11^{25}$ | | Friedeburg | | | $12^{25}$ | 2,50 | 32 |
| 30 | 2,20 | $11^{50}$ | | Rothenburg | Saaleschlößchen | | $11^{50}$ | 2,30 | 30 |
| 34 | 2,50 | $12^{35}$ | | Könnern | Georgsburg | | $11^{05}$ | 2,00 | 26 |
| 40 | 3,00 | $13^{20}$ | | Alsleben | Julius Weimann | | $10^{20}$ | 1,50 | 20 |
| 47 | 3,50 | $14^{00}$ | | Wirschleben | Fähre | | $9^{30}$ | 1,00 | 13 |
| 54 | 4,00 | $14^{45}$ | ↓ | Gröna | Fähre | | $8^{35}$ | 0,50 | 6 |
| 60 | 4,50 | $15^{30}$ | an | Bernburg | Viktoria-Bootshaus | ab | $8^{00}$ | — | 0 |

**Die Abfahrts- und Ankunftszeiten** sind unverbindlich. Änderungen vorbehalten.
Kinder unter 4 Jahren sowie Handgepäck bis zu 10 kg frei.
**Mitnahmegut** pro Stück bis zu 50 kg, Kinder von 4 bis 10 Jahren und Kinderwagen die Hälfte der Sätze.
Fahrräder bis 20 km auf Kinderkarte, bis 30 km 75 Pf., bis 60 km 1.25 RM.
Zwischenstrecken kosten die Differenzpreise, mindestens 40 Pf. Die Fahrscheine sind beim Verlassen des Schiffes wieder abzugeben. Der Passagierraum wird bei kühler Witterung geheizt.
**Reisegenehmigungen sind nicht erforderlich.**

## Expreßgut-Tarif

**Expreßgut** wird mit Höchstgewicht pro Stück 50 kg von und nach Halle-Trotha, Alsleben und Bernburg angenommen.
**Expreßgutannahme und Auslieferung:**
**in Halle** bei uns. Firma im Hafen Halle-Trotha, Büro beim Getreide-Silo, wochentags v. 7.30 bis 16 Uhr. Tel. 325 91.
**in Alsleben** bei Julius Weimann zu gleicher Zeit. Tel. 302.
**in Bernburg** bei Friedrich Kaiser, Bootshaus Viktoria, Töpferwiese, zu gleicher Zeit. Tel. 2177.
Güteranlieferung nur bis eine Stunde vor der Abfahrt.
Weitere Stationen folgen später nach Bedarf. Wir bitten um Anregung. Zwei Frachtbriefe sind mitzugeben. Die Fracht ist bei Aufgabe zu entrichten. Nachnahmemöglichkeit besteht nicht. Die Frachtstücke müssen mit einem gut befestigten Anhänger oder Aufkleber mit Abgangs- und Empfangsadresse versehen sein.
**Die Frachtsätze** für normale Expreßgüter, Einzelgewicht nicht über 50 kg, betragen:

| | Alsleben - Bernburg<br>Bernburg - Alsleben | Halle - Alsleben<br>Alsleben - Halle | Halle - Bernburg<br>Bernburg - Halle |
|---|---|---|---|
| bis 20 kg | 0.50 | 1,00 | 1,50 |
| „ 30 kg | 1,00 | 1,50 | 2,00 |
| „ 50 kg | 2,00 | 2,50 | 3,00 |
| „ 75 kg | 3,00 | 3,50 | 4,00 |
| „ 100 kg | 4,00 | 4,50 | 5,00 |
| „ 150 kg | 5,00 | 5,50 | 6,00 |
| „ 250 kg | 7,50 | 9,00 | 10,00 |

Sperrige Güter werden nach dem Raumbedarf berechnet.
Für die Übernahme und Beförderung kommen die „Allgemeinen Verfrachtungsbedingungen für die Stromgebiete der Elbe usw. vom 1. 1. 1936" zur Anwendung. Ein- und Ausladekosten, sowie Wiegen werden extra berechnet. Versicherung ist in den Frachtsätzen nicht eingeschlossen.

2

**Bild 5.81: Fahrplan 1945** **Foto: Slg. Schwarz**

Im Frühjahr 1950 standen den Hallensern und ihren Gästen die nun unter Regie der Deutschen Schiffahrts- u. Umschlagzentrale fahrenden Motorschiffe SAALETAL (II), MERSEBURG, HEIMATLAND, KURMARK und GIEBICHENSTEIN für Ausflugsfahrten zur Verfügung. Die ERNI wurde wie in der Vorkriegszeit als Fähre zur Rabeninsel, zeitweise auch zu Ausflugsfahrten und zum Arbeitertransport nach Röpzig eingesetzt. Das Motorschiff SIEGFRIED lag auf Land und sollte erst viele Jahre später in Fahrt kommen.
Nach der Auflösung der Deutschen Schiffahrts- und Umschlagzentrale am 31. Dezember 1951 wurde die Hallische Fahrgastschiffahrt dem neu gegründeten Deutschen Schiffahrts- und Umschlagsbetrieb Dresden zugeordnet. Von 1957 bis 1959 lautete die Betriebsbezeichnung schließlich "Weiße Flotte" - VEB Fahrgastschiffahrt Dresden, Außenstelle Halle.
Der Unglücksfall des Berliner Motorschiffes HEIMATLAND am 5. Juli 1951 hatte auch seine Auswirkungen auf die Hallische Personenschiffahrt. Von den hier im Einsatz befindlichen Fahrzeugen war die GIEBICHENSTEIN mit einem Otto-Motor ausgerüstet. Am 26. Juli mußte sie ab sofort stillgelegt werden und konnte nach erfolgtem Motorenwechsel erst 1952 ihre Fahrten wieder aufnehmen.
Nach Abschluß der Saison 1953 gab Wilhelm Ulrich sein Geschäft altershalber auf. Die SAALETAL (II) wurde an den Bernburger Reeder Heinz Riedel verkauft, der mit diesem Schiff in die Hallische Passagierschiffahrt einstieg.
Fahrten auf der oberen und unteren Saale erfreuten sich bei den Hallensern - trotz der zunehmenden Verschmutzung des Flusses - steigender Beliebtheit. So boten z. B. die unter DSU-Regie fahrenden Schiffe Mitte der 50er Jahre 3-Stunden-Fahrten ins Saaletal mit Schleusendurchfahrt und Hafenpartie an - dies zu einem Kostenpunkt von 2,- DM für Erwachsene und 1,- DM für Kinder. Viele auswärtige Gäste schlossen ihrem Zoobesuch noch eine solche "Dampferfahrt" an. Trotz laufender Reparaturen und mancher Umbauten unterlagen die Fahrzeuge einem Verschleiß, der ihre Einsatzgrenzen absehen ließ. KURMARK und GIEBICHENSTEIN

allein von Magdeburg bis Berlin, einschließlich einer Übernachtung an Land, zwei Tage dauerte.
Auf der Saale kamen im Laufe der Zeit immer mehr Personenschiffe in Fahrt, so daß der Fahrplan entsprechend ausgebaut werden konnte. Nachdem man zuerst nur viermal wöchentlich verkehrte, kam es 1946 schließlich schon zu einer täglichen Verbindung Halle/S., - Wettin - Halle/S. und Rothenburg - Halle/S. - Rothenburg.
Die ehemalige HAPIG erfuhr Ende 1947 eine Neuauflage, wenn auch in veränderter Form und mit einer anderen Zielstellung. Die Schiffseigner Bergmann, Boas, Kretsch (alle Halle/S.), Neubert (Bernburg), Ulrich (Mukrena) und Luxenius (Nienburg/S.) hatten sich am 8. Dezember 1947 zur Saale-Personen-Schiffahrt e.G.m.b.H., Halle/S. zusammengeschlossen. Diese Genossenschaft nahm die Personenschiffahrt nun in eigene Hände.
Die Verkehrsverhältnisse normalisierten sich langsam. Ende 1948 wurde schließlich der Liniendienst unterhalb Bernburg eingestellt und ab Saisonbeginn 1950 fuhren alle Schiffe wieder im normalen Ausflugsverkehr. Die 1947 gegründete Genossenschaft löste sich auf.

**Tab. 5.5 Schiffe des Personen- und Expreßgutdienstes 1947 auf der Saale**

| Name | Eigner/Heimatort | Fahrgäste | Betriebsaufnahme |
|---|---|---|---|
| MERSEBURG | Kretsch/Halle/S. | 314 | 3.11.1945 |
| SAALETAL (II) | Ulrich, Mukrena | 340 | .11.1945 |
| KURMARK | Boas, Halle/S. | 134 | 1.12.1945 |
| SACHSEN - ANHALT | Luxenius, Nienburg | 220 | 1.12.1945 |
| HEIMATLAND | Bergmann, Halle/S. | 330 | 1.04.1946 |
| IRENE | Riedel, Bernburg | 74 | .06.1946 |
| GIEBICHEN- STEIN | Boas, Halle/S. | 100 | 29.3.1947 |
| ANNA - GERTRUD (III) | Neubert, Bernburg | 160 | . 1947 |

Bild 5.78: Die spätere KURMARK der Reederei Boas, Halle/Saale als EDELWEISS in Berlin

Foto: Slg. Groggert

Bild 5.79: KURMARK am Anleger Röpzig

Foto: Slg. Schwarz

**Bild 5.80: Nach Totalumbau: SACHSEN ex KURMARK ex EDELWEISS 1981 auf dem Kriebsteinstausee** **Foto: Reichenbach**

mußten nach Saisonschluß 1958 aus dem Verkehr gezogen werden. Die Aufwendungen für eine Generalreparatur wären zu groß geworden. Das war das Ende der Reederei Boas.
Die "Weiße Flotte" Dresden schied mit Jahresende 1959 aus der Hallischen Personenschiffahrt aus. Ihre Aufgaben wurdem vom VEB (K) Kraftverkehr Halle, Abt. Fahrgastschiffahrt fortgeführt. 1960 gab auch Otto Kretsch den Passagierdienst in Halle auf. Die MERSEBURG übernahm die Reederei Riedel, Bernburg, die ERNI der Kraftverkehr Halle. Die ERNI wurde somit zum ersten Fahrgastschiff eines volkseigenen Unternehmens auf der durchgängig schiffbaren Saale. Nach gewissen Umbauten nahm sie, nun unter dem Namen BRIGADIER, am 1. Juli 1960 ihren Dienst auf. Die MERSEBURG blieb trotz des Eignerwechsels auch weiterhin in Halle stationiert.
Im darauffolgenden Jahr konnte für die als reparaturunwürdig angesehenen Schiffe der Reederei Boas zwei Ersatzbauten ihren regelmäßigen Dienst aufnehmen. Bei den MORITZBURG und GIEBICHENSTEIN getauften Schiffen handelte es sich um Fahrzeuge, die in erster Linie für den Personenverkehr innerhalb des Stadtgebietes, wie z. B. die Verbindung zur Rabeninsel gedacht waren.
Schon 1954 hatte die Pionierorganisation, Station "Junge Techniker", Halle/S. ein Kontrollboot der Wasserschutzpolizei übernommen, das bis 1959 als "Pionierschiff" SEID BEREIT in Fahrt war. Nach seiner Außerdienststellung wurde im Rahmen des Nationalen Aufbauwerkes (NAW) die ehemalige SIEGFRIED der Reederei Kretsch als neuen "Pionierschiff" hergerichtet. Am 7. Oktober 1961 konnte sie nach einem Totalumbau als FRITZ WEINECK (I) in Dienst stellen.
Inzwischen hatte der Kraftverkehr Halle eine ältere Motorschute angekauft und innerhalb eines halben Jahres zu einem Passagiermotorschiff umbauen lassen. Am 26. März 1962 nahm dieses auf den Namen FREIHEIT getaufte Schiff seine Fahrten auf. Es war nach der Zeitung der Bezirksleitung der SED benannt, die gleichzeitig als sein Pate fungierte. Die damalige Presse schrieb: *"Alles im Schiff ist auf die Bequemlichkeit der Fahrgäste abgestimmt. Für flotte Musik sorgt eine Radioanlage mit sechs Lautsprechern. In der Diele im Vorschiff kann sogar getanzt werden. Getränke werden dort serviert. Es erübrigt sich fast zu sagen, daß eine elektrische Heizung nicht vergessen wurde, so daß die FREIHEIT auch außerhalb der Saison eingesetzt werden kann."*
Dem Hallischen Publikum wurden 1962 vom Kraftverkehr Halle, der Reederei Bergmann und der Bernburger Reiseverkehr KG auf 7 Schiffen insgesamt 1339 Plätze angeboten. Dazu kam noch das "Pionierschiff" mit 145 Plätzen. Es war das Jahr mit den größten Kapazitäten nach 1945 in Halle. Insgesamt wurden 1962 auf einer Fahrtstrecke von 40.642 km 275.000 Personen befördert, davon über 191.000 Fahrgäste auf den fünf in Halle beheimateten Schiffen.
1963 verringerte sich durch den Abzug der MERSEBURG nach Bernburg der Schiffsbestand. Allerdings war 1962 beim VEB Schiffswerft Berlin-Köpenick schon ein moderner Neubau bestellt worden. Das auf den Namen KOSMOS getaufte Schiff nahm seinen regulären Dienst am 4. Juli 1964 mit einer Sonderfahrt für Betriebsangehörige des VEB Pharmazeutisches Werk Halle auf. Es entsprach in Ausstattung und Angebot den gestiegenen Ansprüchen der Fahrgäste, wodurch es schnell zum Publikumsliebling avancierte. Die Reederei Bergmann mußte für ihre HEIMATLAND neue Einsatzgebiete erschließen, um im Geschäft zu bleiben. Da ein geplanter Verkehr nach Merseburg an zu niedrigen Brückendurchfahrten scheiterte, nahm man schließlich einmal pro Woche die schon früher betriebene Strecke vom Anleger Giebichenstein nach Röpzig wieder auf.
Da ab 1. Mai 1964 in Weißenfels die Personenschiffahrt durch den Kraftverkehr Halle wieder eröffnet wurde, mußten bis 1978 Hallische Schiffe nach dort abgezogen werden.
In den nachfolgenden Jahren verringerte sich der Schiffsbestand. Die HEIMATLAND hatte mit Ende der Saison 1970 ihre Einsatzgrenze erreicht und mußte außer Fahrt genommen werden. Damit schied auch die traditionsreiche Reederei Bergmann aus der Saalepassagierschiffahrt aus, die nun auf allen Teilgebieten von volkseigenen Unternehmen betrieben wurde. Um 1972 stellte BRIGADIER außer Dienst. Im Herbst 1975 wurde die SAALETAL (II) nach Bernburg umgesetzt. Das bedeutete weitere spürbare Verminderungen der Hallischen Kapazitäten.
Allerdings trat der VEB Naherholung Halle im Frühjahr 1975 mit neuen Ideen an die Öffentlichkeit. Dieser Betrieb, der schon seit 1972 die Motorfähre SALINE unterhielt, setzte anläßlich des III. Jugendfestivals UdSSR/DDR die zwei Motorboote PEISSNITZ 1 und PEISSNITZ 2 als "Wassertaxen" zwischen Elisabethbrücke und Halle-Trotha ein.
1978 wurde diese Linie noch durch PEISSNITZ 3 verstärkt. Ebenfalls 1978 nahmen zwei Motorboote vom Typ "Zeisig" den Verkehr zwischen Genzmerbrücke und Rabeninsel auf. Im darauffolgenden Jahr wurde diese Flottille durch die Tragflügelboote PEISSNITZ I und PEISSNITZ II erweitert, die ebenfalls auf den beiden schon betriebenen Strecken zum Einsatz kamen.

**Bild 5.82: ERNI um 1950 in der Schleuse Böllberg** Foto: Slg. Schwarz

**Bild 5.83: HEIMATLAND ex MONIKA** Foto: Slg. Schwarz

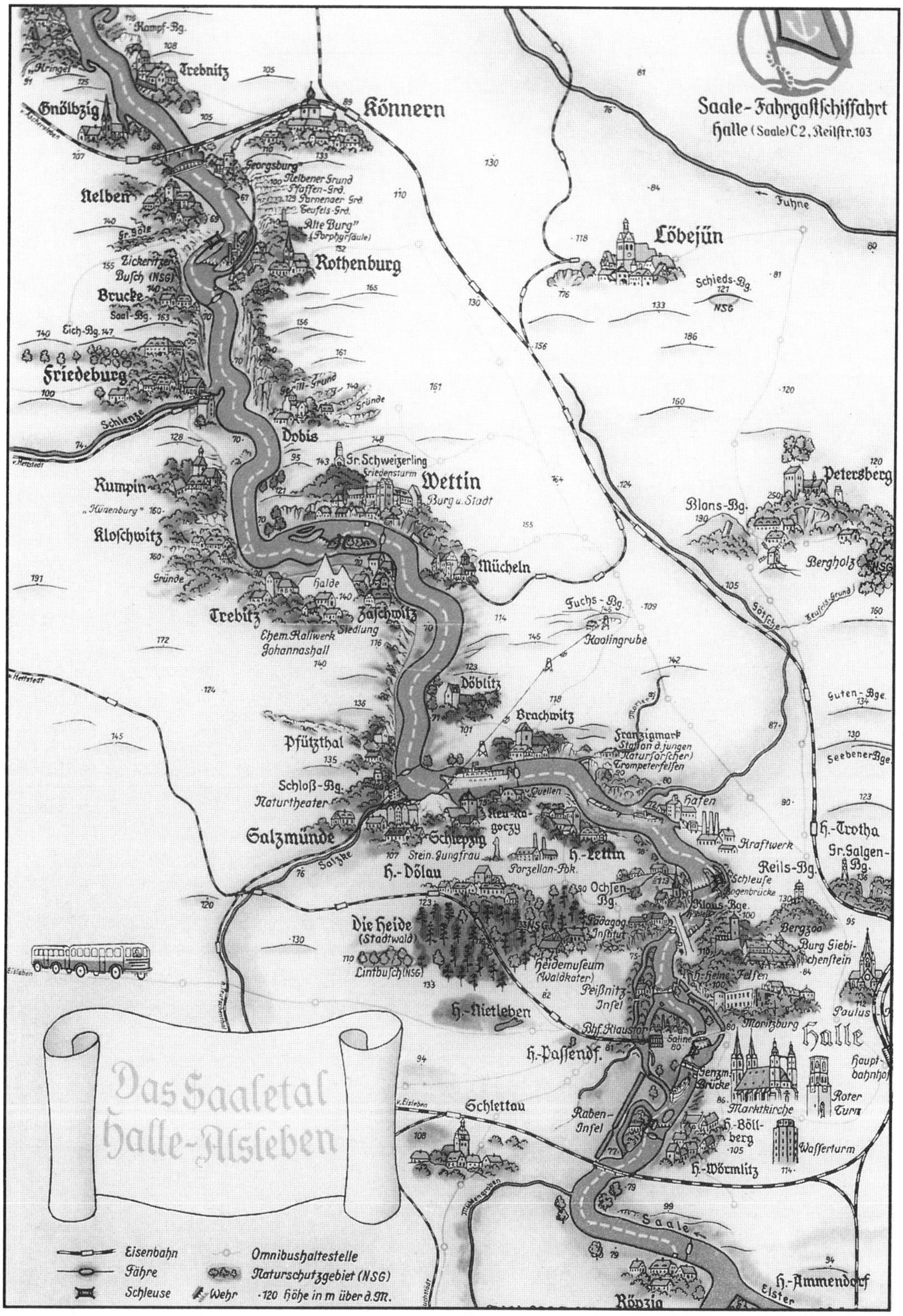


**Bild 5.84: Fahrtgebiet der Hallischen Personenschiffahrt um 1962** Foto: Slg. Schwarz

Eine geplante Schnellverbindung mit Tragflügelbooten zwischen Halle-Trotha und Wettin wurde nicht realisiert. Diese Motorbootsfahrten mußten mit Ende der Saison 1979 aus ökonomischen Gründen eingestellt werden. Der VEB Naherholung Halle brachte aber ab Sommer 1980 die Motorfähren RABENINSEL 1 und RABENINSEL 2 zum Einsatz und blieb somit in der innerstädtischen Passagierfahrt weiter präsent.

Das "Pionierschiff" FRITZ WEINECK (I) war inzwischen auch soweit verschlissen, daß es außer Dienst gehen mußte. Als Ersatz stellte der Kraftverkehr Halle die GIEBICHENSTEIN zur Verfügung. Ab 1980 lief sie als FRITZ WEINECK (II) unter der Flagge der Pionierorganisation. Ebenfalls wie sein Namensvorgänger unternahme das Schiff in den Sommerferien mit der Arbeitsgemeinschaft "Junge Matrosen" jährlich Fernfahrten (z. B. zur Mecklenburgischen Seenplatte).

Diese Kapazitätseinbußen kompensierte der VEB Kombinat Kraftverkehr Halle durch die Indienststellung des Bifa-III-Schiffes PEISSNITZ. Am 10. Oktober 1979 erfolgte die Eröffnungsfahrt mit diesem zum damaligen Zeitpunkt modernsten Schiff der Hallischen "Weißen Flotte".

Im Mai 1988 wurden die Hallischen Schiffe kurzzeitig durch die WEISSENFELS verstärkt. Allerdings fiel im gleichen Jahr und auch 1989 die MORITZBURG wegen Schäden in der Antriebsanlage aus.

In der Folge der Herbstereignisse des Jahres 1989 kam es auch in der Hallischen Personenschiffahrt erst zu Verunsicherungen und schließlich zu notwendigen Veränderungen. Von den einstigen Privatreedereien der Saaleschiffahrt war nur noch Heinz Riedel mit einer ansehnlichen Flotte im Westteil Berlins aktiv. Seit April 1991 weht seine Flagge wieder am Anleger unterhalb der Burg Giebichenstein.

Er übernahm die drei Passagierschiffe der Kraftverkehr Halle GmbH sowie vom Rat der Stadt Halle das ehemalige "Pionierschiff" FRITZ WEINECK (II). Hiervon taufte er die KOSMOS sofort auf den Traditionsnamen SAALETAL (III) um und brachte sie in Bernburg in Fahrt. Die in GIEBICHENSTEIN um- bzw. zurückgetaufte FRITZ WEINECK (II) verblieb in Halle.

Die Reederei Riedel verstärkte 1992 mit dem Charterschiff STADT MAGDEBURG ihren Schiffspark in Halle bzw. glich den Abgang der SAALETAL (III) nach Bernburg aus. Nach zwei Jahrzehnten der Konkurrenzlosigkeit im Hallischen Fahrgastgeschäft trat ab Mai 1992 erstmals wieder eine Wettbewerbssituation ein. Eine im März 1990 von "Seiteneinsteigern" in Halle gegründete Spedition erweiterte ihren Tätigkeitsbereich mit der Gründung der Tochtergesellschaft Weiße Flotte Saale GmbH, Halle auf die Fahrgastschiffahrt. Vorerst übernahm man von der Weißen Flotte Potsdam deren nicht in Fahrt gekommenen Neubau STORKOW in Charter und setzte ihn ab Mai 1992 als G. F. HÄNDEL ein.

Die Wasserqualität des Flusses bessert sich zusehends und somit ist zu erwarten, daß zukünftig wieder mehr Menschen auf der Saale Erholung und Entspannung suchen werden. Die Fahrgastschiffahrt wird dem sicherlich Rechnung tragen.

Nach wie vor ist das traditionelle Hallische Laternenfest am letzten Augustwochenende jeden Jahres für die Fahrgastschiffe, die dann die größten Einheiten im Bootskorso stellen, ein Höhepunkt. Die Fahrzeuge werden effektvoll geschmückt und erstrahlen in der Dunkelheit durch eine Vielzahl bunter Glühbirnen.

Das Bild einer "Dampferfahrt" ab Halle hat sich somit in den letzten 100 Jahren stark gewandelt.

Bild 5.85: Pionierschiff FRITZ WEINECK (I) vor Lehmanns Felsen in Halle Foto: Slg. Schwarz

Bild 5.86: FREIHEIT des VEB Kraftverkehr Halle Foto: Slg. Schwarz

**Bild 5.87: Passagiermotorschiff BRIGADIER ex ERNI am 9.10.1970 auf das Wehr Halle-Trotha getrieben** Foto: Slg. Schwarz

**Bild 5.88: MORITZBURG, Vorbereitung zum Laternenfest mit "zeitgemäßen" Losungen** Foto: Slg. Schröder

Bild 5.89: KOSMOS vor dem Amselgrund in Halle  Foto: Kraftverkehr Halle

Bild 5.90: RABENINSEL 2 nach der Fertigstellung in Roßlau  Foto: Slg. Schwarz

Bild 5.91: FRITZ WEINECK (II) ex GIEBICHENSTEIN während einer Ferienfahrt in der Schleuse Mirow, 8.1988 Foto: Golzsch

Bild 5.92: PEISSNITZ als "Nostalgieschiff" HALLENSIA anläßlich des Laternenfestes 1988 Foto: Slg. Schwarz

**VICTORIA**
Typ: ZDS oder GDS ? /Bj: 1861 / Werft:
Antrieb: 1 .z.fEM/ Wöhlert, Berlin; 1 K; 1 S
18.10.1861 für Friedrich Pape in Halle eingetroffen; Frachtfahrt Halle - Hamburg; Pfingsten 1862 Passagierfahrten; 6.5.1863 letzte Nennung; Verbleib ?

**FORTUNA**
Typ: PDHR oder PDR ? / Bj: / Werft:
Antrieb: 1 2z.fEM; 1 K / 9 atü; HR oder SR ?
23.6.1863 für D. L. Duvinage, Halle/S. in Fahrt; 18.8.1863 Wille, Halle/S.; 20.6.1865 Zwangsversteigerung; 7.9.1867 letzte Nennung; Verbleib ?

**ELLIDA**
Typ: PDS / Bj: / Werft:
ab 5.1873 Dr. Steinbrück, Halle/S.; 26.7.1873 letzte Nennung; Verbleib ?

**AUGUSTA**
Typ: PDS / Bj. 1880 / Werft: Sachsenberg (45)
Lpp: 16,50 / BaSp: 3,06 / T: 0,80 / SH: 1,35 / Tf: 18,9 (1902)
Antrieb: 1 1z1fEMmA / 16 PSi; 1 K / 6 atü; 1 S; 1 R
Bes: 3 / Pass: 100 / BA: Stahl
Neubau für August Schräpler, Halle/S.; bis Saison 1907 in Fahrt; vermutl. abgebrochen

**HOHENZOLLERN**
Typ: PDS / Bj: 1881 / Werft: Ernst Schildt, Halle/S.
techn. Daten --> GERMANIA S. 75; Tf: 22,5 (1886)
Bes: 2 / Pass: 140 (1881), 100 (1897)
Neubauauftrag Maschinenfabrik Wolff & Schäfer, Halle/S.; 2.4.1881 Stapellauf; 23.4.1881 erste Fahrt für Hermann Köcker u. Gustav Pönitzsch, Halle/S.; um 1888/89 Kgl. Wasserbauinspektion Halle/S.; 8.1896 Wilhelm Kuhrtzs, Halle/S.; 16.3.1902 Otto Schildt, Halle/S.; 5.1902 abgewrackt

**PRINZ HEINRICH**
Typ: PDS / Bj: 1881 / Werft: Sachsenberg (63)
Lpp: 14,18 / BaSp: 3,06 / T: 0,80 / SH: 1,20
Antrieb: 1 1z1fEMmA/ 15 PSi; 1 K / 7 atü; 1 S; 1 R
Bes: 3 / Pass: 70 (1881), 80 (1895) / BA: Stahl
Neubau für Heinrich Knothe, Giebichenstein; 20.4.1881 Fahrtaufnahme; 11.1895 Fährmeister Schule, Bernburg, vermutl. bis nach 1900; Verbleib ?

**SAALE**
Typ: ZDS / Bj: 1881 / Werft: Sachsenberg (66)
Lpp: 8,70 / BaSp: 2,91 / T: 0,85 / SH: 1,20
Antrieb: 1 1z1fEMmA / 15 PSi; 1 K / 7 atü; 1 S; 1 R
Bes: 2 / Pass: ? / BA: Stahl
Neubau für Fischer- u. Fährmeister Carl Hoffmann, Halle/S.; 22.5.1881 in Halle; ab 30.5.1883 für ca. 4 Wochen in Weißenfels; 7.1889 Holzhandelsfirma Fr. Rüping, Charlottenburg; ab 27.8.1894 in Kleinen/Schweriner See (Schleppen von Holzflößen); 17.10.1894 gesunken; später gehoben und repariert; 6.3.1897 C. Benduhn - Dampfsägewerk und Holzhandlung Schwerin; 1915 - 1922 aufgelegt; Verbleib ?

**VICTORIA**
Typ: PDS / Bj: 1881 / Werft: Sachsenberg (61)
techn. Daten: --> PRINZ HEINRICH; Tf: 12,56 (1902)
Bes: 3 / Pass: 80
Neubau für August Schräpler, Halle/S.; nach 1911 abgewrackt

**GERMANIA** --> S. 75

**MÖVE**
Typ: PMS / Bj: / Werft:
T: 0,65
Antrieb: 1 .z.tPM/Daimler
Bes: ca. 2 / Pass: 30
ab 28.5.1893 Dr. Steinbrück, Halle/S.; bis 1894 nachweisbar; Verbleib ?

**NEU-RAGOCZY**
Typ: PDS / Bj: 1877 / Werft: Dresden-Neustadt (50) [1]
techn. Daten --> STETTIN S. 81; Tf: 20,35 (1880)
Antrieb: 68 PSi (1896)
Bes: ca. 3 / Pass: ca. 300
Neubau KRONPRINZESSIN VICTORIA [1] für nicht eindeutig geklärten Besteller (ev. Dampfbootverein Parrau & Co., Dresden) für Einsatz in Berlin, wahrscheinlich Einsatz für Carl Strohkorb, Havelberg (Heimatort Berlin), wenige Fahrten auf Unterspree, bald verkauft; mind. 1880 MESSENTHIN, Robert Schröder, Stettin; 26.2.1882 Messenthiner Dampfschifffahrtsgesellschaft Oscar Henckel & Co., Stettin; 15.3.1883 Messenthiner Dampfschifffahrtsgesellschaft Henckel & Wichert, Stettin; 24.6.1884 Oscar Henckel, Stettin; 8.1885 Einsatz Zehdenick - Berlin; 3.4.1894 Charter Dr. Steinbrück, Halle/S., 4.6.1894 NEU-RAGOCZY [2]; 2.6.1896 Eigentum Dr. Steinbrück; 30.6.1897 letzte Nennung in Halle; vermutl. an Witwe Henckel; 2.9.1900 Paul Kube und Albert Strehlow, Berlin, MATHILDE; 19.3.1901 Hermann Kluge, Berlin; 1902 zeitweilig Otto Handke, Charlottenburg; 25.2.1903 Georg Apel, Berlin; 25.4.1903 August Schlemmer, Berlin; 6.4.1904 Franz Köhler, Landsberg/Warthe, KRONPRINZ; 15.12.1909 Ewald Schwarzenhauer, Frankfurt/Oder; 1910 Richard Barleben, Neuruppin, FREIA; 26.10.1912 August Riehle, Roßlau; bis 1917 nachweisbar; Verbleib ?

**FORTUNA**
Typ: PMS / Bj: / Werft:
Lüa: 10,00 / Büa: 2,00 / T: 0,70
Antrieb: 1 1z4tOM / Gasmotorenfabrik Kühne, Dresden / 4 PSe; 1 S; 1 R
Bes: 2 / Pass: 30 / BA: Stahl
4.1896 an Richard Knothe, Giebichenstein; bis 1898 nachweisbar; Verbleib?

**FISCHHAUS**
Typ: PMS / Bj: 1897 / Werft: Bootsbauerei Otto, Halle/S.
Lüa: 13,06 / Büa: 2,34 / Tf: 11,9 (1923); 8 (1933)
Antrieb: 1 1z.tPM / Swiderski - . / 4 - 6 PSe; 1 S; 1 R
Bes: 2 / Pass: 60 / BA: Stahl/Holz
Neubau für Carl Hoffmann, Halle/S.; 6.6.1897 erste Fahrt; mehrfach Eignerwechsel innerhalb Familie; bis ca. 1940 nachweisbar; später abgewrackt

**KAISER WILHELM --> WITWE HOFFMANN --> SIEGFRIED --> FRITZ WEINECK (I)** 11 M 77-37 (1960), P-721 (1961), P-243 (1962)
Typ: PMS / Bj: 1904 / Werft: Jacobsen (5)
Lüa: 18,00 (1904); 21,00 (1939); 19,86 (1961) / Büa: 3,40 (1904); 5,20 (1939); 5,02 (1961); / T,l: 0,80 (1904); 0,60 (1939); 0,66 (1961) / T,b: 1,05 (1961) / SH: 1,40 (1904); 1,50 (1939) / FH: 4,18 (1961) / Tf: 21 (1904); 11,9 (1924); 25,6 (1961)
Antrieb: 1 2z.tPM / Swiderski - ./ 12 PSe (1904); 1 4z.tBM/Bär - ./ 25 PSe (1925); 1 6z4tDM/MAN - ./110 PSe (1961); 1 4z4tDM / DMW Leipzig - 4 NVD 21 / 100 PSe (1961); 1 S; 1 R
Bes: 2 / Pass: 100 (1904); 92 (1925); 124 (1933); 145 (1961); 99 (1978) / BA: Stahl
Neubau für Carl Hoffmann, Halle/S.; 5.1904 erste Fahrt; 8.1909 zeitweise Charter Carl Demmer; 1918/19 aufgelegt; 1921 Otto Kretsch, Halle/S., WITWE HOFFMANN; 12.1924 SIEGFRIED; 1925 Umbau Vorderkajüte; 1938 Totalumbau; nach 9.1939 auf Land; ab 1960 Herrichtung Nationales Aufbauwerk; 16.2.1962 Registrierung für Rat der Stadt Halle/S., Abt. Volksbildung - Haus der Jungen Pioniere; 7.10.1962 erste Fahrt Pionierschiff FRITZ WEINECK (I); 4.1979 außer Dienst; bis 6.1982 abgewrackt

**KAISER FRIEDRICH**
Typ: PMS / Bj: 1904 / Werft: Cudell; Bootskörper im Unterauftrag Sachsenberg (525)
Lüa: 17,50 / Lpp: 16,65 / BaSp: 3,50 / T: 0,95 / Tf: 27 (1904)
Antrieb: 1 4z.tOM / Cudell - ./24 PSe (1904); 1 1z.tPM (1910); 1 S; 1 R
Bes: 2 / Pass: 110 / BA: Stahl
Neubau für Clara Schräpler, Halle/S.; Pfingsten 1904 erste Fahrt; 22.10.1912 Rudolf Heinrich, Magdeburg; 7.2.1913 Emil Stitterich, Schönebeck; 28.2.1920 August Heitmann / F. W. Krieg, Hamburg; 1921 Alfred Peters, Hamburg, GERTRUD; 1922 Lühe-Schulau Fähre eGmbH, Grünendeich, SCHULAU; 1936 Ritscher v. d. Heide, Hamburg; 1938 Wilhelm Rädnitz, Stettin-Bleichholm; Verbleib ?

---

1) --> Anmerkung STETTIN S. 81

2) Name NEU-RAGOCZY wahrscheinlich (ev. auch NEU-RAGOCZI), allerdings nur einmal in "Saale-Zeitung" v. 24.5.1897 eindeutig genannt; im BSR als MESSENTHIN geführt

**EMMY**
Typ: PDS / Bj: 1891 / Werft: Dresden-Neustadt (271)
Lpp: 12,00 / BaSp: 2,80 / T: 0,85 / SH: 1,13 / Tf: 11
Antrieb: 1 2z2fEM / 13 PSi; 1 K / 10 atü; 1 S; 1 R
Bes: 3 / Pass: 65 / BA: Stahl
Neubau für F. Nordt, Magdeburg; 10.2.1905 Clara Schräpler, Halle/S.; 22.10.1912 Rudolf Heinrich, Magdeburg; 8.3.1913 Karl Bremer, Marwedel-Hitzacker; bis mindestens 1921 im Besitz; Verbleib ?

**GERMANIA** -> S. 45

**PREUSSEN**
Typ: PDS / Bj: 1909 / Werft: Sachsenberg (606)
Lpp: 21,15 / BaSp: 4,00 / T: 0,95 / SH: 1,50 / Tf: 27,6
Antrieb: 1 2z2fEMmEK / 60 PSi; 1 K / 11 atü; 1 S; 1 R
Bes: 3 / Pass: 155 / BA: Stahl
vermutlich Bestellung Bromberger Schleppschiffahrts AG, Bromberg; Auftrag storniert; Sommer 1908 von Clara Schräpler, Halle/S. übernommen; 9.1909 erste Fahrt; 3.6.1912 Heinrich Schröder, Schönebeck; 29.7.1913 Paul Gerson, Magdeburg; 8.9.1913 Max Jeschke, Caputh u. Carl Seeger, Neuenhagen / Freienwalde, ERNA ERWIN (n. a. A. ERNA UND ERWIN), Heimatort Potsdam; 1925 DOROTHEE; 5.1930 Registereintragung Willi Bittkow, Dorotheenhof u. Karl Eckl, Woltersdorf; 1935 220 Passagiere; später motorisiert; 1945 vermutl. in Berlin-Spandau, schwimmendes Fotolabor, Walter Müller, Berlin-Schöneberg; 1955 Kurt Hinze, Berlin; 5.1956 Umbau Fiebig-Werft, Berlin-Spandau, RHEINPFALZ; 1965 Verlängerung Deutsche Industrie-Werke AG, Berlin-Spandau (250 Pass.); 1975 Heinz Riedel, Berlin; 1992 in Fahrt

**SIEGFRIED**
Typ: PDS / Bj: 1909 / Werft: Sachsenberg (615)
Lüa: 31,87 / Lpp: 30,00 / Büa: 5,32 / BaSp: 5,00 / T: 0,82 / SH: 1,80 (n. a. A. 2,40) / Tf: 103,1
Antrieb: 2 2z2fEMmEK/2 x 60 = 120 PSi; 1 K / 11 atü; 2 S; 1 R; v: 18
Bes: 5 / Pass: 310 / BA: Stahl
Neubau für Karl Demmer, Halle/S.; 11.4.1909 erste Fahrt; 9.2.1916 beschlagnahmt; 27.5.1916 durch Zwangsversteigerung an Hollandsche Scheepsverband Maatschappij AG, Amsterdam; später Ernst Rother, Berlin, mindestens 1.1918 noch dort; (ungesichert: ca. 1921 - 1923 Wischke & Reimer, Königsberg); später auf unterer Oder, Lübziner Dampfergenossenschaft eGmbH, Lübzin; 1930 Gustav Schulz, Stettin; 3.1945 Flüchtlingstransporte Stettin - Anklam / Lauterbach; Sowjet. Hafenkommandantur Stettin; 194. zurück; 1947 auf Peene, Heimatort Loitz; 6.8.1951 Bruno Langwaldt u. Karl Steinhöfel, Berlin, lt. BSR Berlin-Mitte ELLI-MIENE (tatsächliche Umbenennung erscheint fraglich); ca. 1957 abgewrackt

**BRUNHILDE**
Typ: PDS / Bj: 1910 / Werft: Sachsenberg (632)
Lpp: 26,00 / BaSp: 5,50 / T: 0,90 / SH: 1,50 / Tf: 51
Antrieb: 1 2z2fEMmEK / 100 PSi; 1 K / 11 atü; 1 S; 1 R; v: 18
Bes: 5 / Pass: 280 / BA: Stahl
Neubau für Karl Demmer, Halle/S.; 12.5.1910 in Halle/S.; 14.5.1910 Fahrteröffnung; 1913 nach Berlin verchartert; 10.1.1914 Ernst Rother, Charlottenburg; 23.2.1918 Heimatort Charlottenburg; nicht vor 3.1919 verkauft; später vermutl. Zimmermann & Sohn, Tiegenhof; um 1945 in Nordwestdeutschland; 1946 in HADAG-Charter auf Schwinge zwischen Stadt und Stadersand; Verbleib ?

**DEUTSCHLAND**
Typ: PDS / Bj: 1911 / Werft: Sachsenberg (659)
Lüa: 26,20 / Lpp: 25,00 / BaSp: 4,80 / T: 1,10 / SH: 2,20 / Tf: 33,2
Antrieb: 1 2z2fEMmEK / 140 - 150 PSi; 1 K / 12 atü; 1 S; 1 R
Bes: 5 / Pass: 210 / BA: Stahl
Neubau für Clara Schräpler, Halle/S.; 14.4.1911 abgeliefert; 4.1.1913 durch Zwangsversteigerung an Otto Kurth, Berlin-Stralau; 1917 Carl Franz Böttge u. Carl Friedrich Schmeil, Hamburg; 7.1919 Reederei Kirsten, Hamburg; 9.1922 Adolf Meyer, Hamburg; 11.1926 Luise Schünecke u. Willi Müller, Quitzöbel, ELISABETH LUISE; später MARIE LUISE; 192. auf ca. 30 m verlängert; 8.1927 Luise Schünecke, Berlin-Spandau; 5.1941 Hermann Krieger, Wernsdorf, BRIGITTE; 9.1942 Wilhelm u. Hermann Ihrke, Groß-Dölln, HERMANN WILLY; 7.1943 Erwin Kretschmer, Leubus u. Alfred Dalge, Rattwitz, BASILISK, Heimatort Breslau; Verbleib ?

**HERZOG WITTEKIND**
Typ: PDS / Bj: 1911 / Werft: Sachsenberg (660)
Lüa: 39,60 / Lpp: 38,00 / BaSp: 5,60 / T: 1,00 / SH: 2,10 / Tf: 52,2
Antrieb: 2 2z2fEMmEK / 2 x 150 = 300 PSi; 1 K / 12 atü; 2 S; 1 R
Bes: 5 / Pass: 400 / BA: Stahl
Neubau für Carl Demmer, Halle/S.; 18.5.1911 in Halle; 1912 an Burmester & Basedow Lauenburger Dampfschiffe verchartert; 28.4.1913 durch Zwangsversteigerung an Algemeene Scheepshypothekbank, Groningen; 5.7.1913 Robert Engelhardt, Graudenz, Heimatort Berlin; nach 1914 durch FECH, Schiffahrtsbeauftragter Bromberg erfaßt; um 1918 bei unbekanntem Eigner auf der Memel, SCHWARZORT; 1919 Bayerischer Lloyd Schiffahrts-AG, Regensburg, ZDS D VII; 10.1920 Umbau auf BL-Werft, Deggendorf; 1926 Manfred Weisz, Budapest-Csepel, HARALD (unter engl. Flagge!); später ZAGON; 1940 Tibor Galántai Fekete; 1943 Dnepr-Küstenschiffahrt; 8.1944 als Minensucher für Inspekteur Minenräumdienst Donau der deutschen Kriegsmarine erfaßt, nicht in Dienst; 29.8.1944 in Svistov selbstversenkt; gehoben; 9.1944 sowjet. WORONESCH; 1945 sowjet.-rumän. Reederei Sovrom; 19.. in Orsova umgebaut; ca. 1962 abgewrackt

**Otto'sches Motorboot**
Typ: PMS / Bj: ca. 1900 / Werft: Bootsbauerei Otto, Halle/S.
Lüa: ca. 7
Antrieb: 1 1z4tOM; 1 S; 1 R
BA: Holz
Einsatz für Erbauer; ca. 1910 - 1914 Fahrten zur Rabeninsel; Verbleib ?

**GUSTAV**
Typ: PDS / Bj: 1884 / Werft: . , Hamburg
Lüa: 17,34 / Büa: 3,73 / Tf: 17
Antrieb: 1 .z.fEM; 1 K; 2 S; 1 R
Bes: 3 / Pass: 87 / BA: vermutl. Stahl
bis 1912 vermutl. in märkischen Gewässern; 3.4.1912 Erlaubnisschein in Magdeburg; 18.4.1912 Charter für Clara Schräpler, Halle/S.; vermutl. Spätsommer 1912 Otto Freitag, Frohse; 25.2.1914 Hermann Köppen, Marienwerder (Bez. Potsdam); Verbleib ?

**HOHENZOLLERN**
Typ: DPi / Bj: vor 1910 / Werft:
Lüa: ca. 7 / Büa: ca. 2,5
Antrieb: 1 1z1fEM; 1 K; 1 S; 1 R
BA: Holz
Fahrzeug des Hallischen Schwimmvereins "Schwan"; Frühherbst 1912 kurzzeitige Charter durch Clara Schräpler; bis ca. 1923 vorhanden; auf oberer Saale gesunken

**REX**
Typ: PMS / Bj: 1912 / Werft: Knarr
Lüa: 22,00 / Büa: 4,40 / T: 1,80 / Tf: 60
Antrieb: 1 4z4tPM / Daimler - ./ 70 PSe; 1 S; 1 R
Bes: ca. 3 / Pass: 190 / BA: Stahl
vermutl. Spekulationsbau; 1912 Charter durch Personenschiffahrt des Kreises Teltow; 29.4.-27.5.1913 Einsatz für Carl Schwarz, Halle/S.; an Werft zurück; 1914 vermutl. über Anker-Werft, Berlin an Kaiserliche Werft, Kiel; 1919 Deutsche Werke, Kiel; 3.12.1921 August Pahl, Hamburg; 19.5.1925 Hamburg-Blankenese-Este-Linie, Cranz, MOZART; Umrüstung auf Dieselantrieb; 1.3.1963 HADAG, Hamburg; 23.3.1966 Franz Paszotta, Berlin; 10.1.1968 gesunken, später gehoben und weiter in Fahrt; Sommer 1977 schwimmendes Restaurant; Frühjahr 1983 Heinz Riedel, SPREENIXE; Umbau Deutsche Industrie-Werke AG, Berlin-Spandau; 1992 in Fahrt

**MARGARETHE**
Typ: PMS / Bj: 1913 / Werft: Knarr
Lüa: 17,61 / Büa: 3,64 / BaSp: 3,30 / T,l: 0,90 / SH: 1,30 / Tf: 17,5
Antrieb: 1 1z4tPM / Deutz - E 426 / 16 PSe; 1 S; 1 R
Bes: 2 / Pass: 111 / BA: Stahl
Neubau für Carl Schwarz, Halle/S.; 5.1913 abgeliefert; ca. 1917/18 aufgelegt; 5.1919 Dampfschiffahrtsgesellschaft Ostseebäderverkehr mbH, Lübeck; 1919 Karl Hoff u. Rudolf Jasch, Rostock; 1921/22 Carl Schröder, Schwerin, PRIBISLAV; 1939 GUNZELIN; 1940-1945 aufgelegt; 1947-1954 in Fahrt; 1969 Privateigner; 1975 FDJ-Sommerlager "Thomas Müntzer", Gallentin, als Klub THOMAS MÜNTZER auf Land; 1987 Wrack

**HELENE**
Typ: PMS / Bj: 1913 / Werft: Knarr
techn. Daten --> MARGARETHE S. 116 / Tf: 19,6
Neubau für Carl Schwarz, Halle/S.; 7.1913 abgeliefert; ca. 1917/18 aufgelegt; 5.1919 Dampfschiffahrtsgesellschaft Ostseebäderverkehr mbH, Lübeck; 9.10.1919 Johannes Ritz, Hardersleben / Haderslev; 15.9.1920 Johan Frederick Jensen, Assens, TURISTEN; bis ca. 1930 dort in Dienst; Verbleib ?

**MONIKA --> HEIMATLAND** 3-139; P-706
Typ: PMS / Bj: 1912 / Werft: Anker
Lüa: 22,04 (1933); 23,00 (1971) / Büa: 4,72 (1971) / BaSp: 4,69 (1933) / T,l: 0,48 (1933); 0,67 (1959) / T,b: 1,12 (1959) / SH: 1,49 / Tf: 46,9 (1912); 48,2 (1923); 20,9 (1933); 42,4 (1935); 35,8 (1963)
Antrieb: 1 3z4tOM / Kämper - . / 45 PSe (1912); 1 4z4tOM / Lanz - ./ 60 PSe (1936); 1 3z4tDM / Buckau-Wolf - 3 NVD 24 / 75 PSe (1937); 1 S; 1 R; v: ca. 20 (1964)
Bes: 3 + 1 Wirtschaftspers. / Pass: 160 (1919), 200 (1933), 330 (1937), 320 (195.), 284 (1963) / BA: Stahl
12.5.1912 für Gebr. Golland, Maltsch/Oder v. Stapel; 7.7.1919 Gebr. Bergmann, Halle/S.; 9.1925 Fahrten ab Weißenfels; 1937 Totalumbau, HEIMATLAND; 9.1939 aufgelegt; 1.4.1946 Neuaufnahme der Fahrten; 1959 Umbau Heck; 1965 Umbau Ruderhaus; 9.1970 letzte Fahrt; 1971 stationäres Restaurantschiff am Anleger Burg Giebichenstein; 20.3.1972 HO-Gaststätten, in Halle-Neustadt als Gaststätte PIRATENNEST auf Land; 1.1.1990 Hartmut Kreitel, Halle-Neustadt; 15.6.1990 Gaststätte PALOMA

**GIEBICHENSTEIN**
Typ: PDS / Bj: 1899 / Werft: Dresden-Neustadt (338)
Lpp: 16,60 / BaSp: 4,00 /T: 1,00 / SH: 1,54 / Tf: 27
Antrieb: 1 2z2fEM / 50 PSi; 1 K / 10 atü; 1 S; 1 R
Bes: ca. 3 / Pass: 120 / BA: Stahl
Neubau BERTHA für Karl August Jacob, Dresden; 31.5.1904 Franz Albrecht Jacob, Dresden; 1.7.1907 Emil Nordt, Magdeburg-Buckau, EMIL; 6.5.1920 Wilhelm Doenitz, Fürstenberg/O. u. Ernst Wolter, Nelben/S., GIEBICHENSTEIN; 20.4.1922 Maaß & Ellmenreich, Lübeck, KOHLE; 7.10.1922 KG- K. M. Farber & Co., Hamburg, K. M. FARBER; 28.1.1924 Mercur Reederei u. Handels AG, Hamburg, MERCUR; 18.5.1925 E. O. Hintze, Berlin; Verbleib ?

**GEORGSBURG**
Typ: (ZDHR --> ) PDHR / Bj: 1889 / Werft: Möller & Holberg (287)
Lüa: 31,35 / Lpp: 28,10 / Büa: 4,50 / BaSp: 4,40 / T: 0,94 / SH: 1,90 / Tf: 59 (1912)
Antrieb: 1 2z2fEM / 60 PSi (1889), 90 PSi (1912); 1 K / 8 atü; 1 HR; 1 R
Bes: . /Pass: 220 / BA: Stahl
Neubau AMALIE für Rhederei Vereinigter Schiffer, Breslau; 1907 Schlesische Dampfer-Compagnie, Breslau; vermutl. 1912 Hermann Burow, Gollnow, STADT GOLLNOW; 22.4.1920 Wilhelm Doenitz, Fürstenberg/O. u. Ernst Wolter, Nelben/S., GEORGSBURG; 21.1.1921 Karl Scharf, Fürstenwalde; Verbleib ?

**FALKE**
Typ: PDS / Bj: 1885 / Werft: Howaldt (125)
Lüa: 17,90 / Büa: 3,98 / T: 1,18 / Tf: 19 (1917) / V: 37 BRT
Antrieb: 1 .z.fEM / 35 PSi (1885), 50 PSi (1921); 1 K / 6 atü; 1 S; 1 R; v: 15
Bes: ca. 3 / Pass: 200 (1885), 160 / BA: Stahl
Neubau CARL MARIA VON WEBER für C. F. Janus, Eutin; 17.5.1885 Eröffnungsfahrt; 13.8.1919 Franz W. Krieg, Altona; 16.4.1921 Ernst Doenitz, Halle/S., FALKE; 20.4.1922 E. H. Th. Meinen, Lübeck; 21.9.1922 H. Kongsback, Lübeck zum Abbruch; 27.2.1923 Registerlöschung

**GIEBICHENSTEIN** 3-138, P-234
Typ: PMS / Bj: 1912 / Werft: . , Berlin-Stralau
Lüa: 16,36 / Büa: 3,37 (1924); 3,23 (1947) / T,l: 0,51 / T,b: 0,99 (1924); 1,06 (1947) / SH: 1,35 / Tf: 17 (1912), 18
Antrieb: 1 4z4tOM/Deutz - ./ 23 PSe (1924); 1 .z.tDM / Kämper - . / 35 PSe (ca. 1952); 1 S; 1 R; v: 15
Bes: 2 - 3 / Pass: 99 (1924), 130 (1948) / BA: Stahl
6.4.1924 durch Georg Boas, Halle/S. in Berlin gekauft, GIEBICHENSTEIN; 5.7.1924 erste Fahrt in Halle/S.; 9.1939 aufgelegt; 1946 Generalreparatur; 29.3.1947 erneuter Fahrtbeginn; bis 1949 Einsatz Alsleben - Bernburg; 26.7.1951 vorläufige Stillegung, Umrüstung auf DM; 10.8.1958 Rat des Kreises Heinichen, MITTWEIDA (Kriebsteinstausee); 1989 in Fahrt

**HERTA-FRIDA**
Typ: ZDHR / PDHR / Bj: 1910 / Werft: Wollheim (321 ?)
Lpp: 33,50 / Büa: 4,93 / BaSp: 4,75 / T: 0,80 / SH: 2,10 / Tf: 52
Antrieb: 1 2z2fEMmEK / 228 PSi; 1 K / 13 atü; 1 HR; 1 R
Bes: 4 - 5 / Pass: 275 (1926), 303 (1933) / BA: Stahl
Neubau für Julius Strauch, Breslau; nach 1914 durch FECH, Schiffahrtsgruppe Breslau erfaßt, später auch auf Rhein; Frühjahr 1925 nach Halle/S.; 12.4.1925 Aufnahme Personenverkehr, außerhalb Saison Schleppeinsatz; 1935 Franz Friedrich, Toppel (Westpriegnitz); 1945 in Hamburg; 13.12.1956 zum Deichbau nach Niederlande; Verbleib ?

**KLEIN-MONIKA --> PREUSSEN**
Typ: (MB --> ) PMS / Bj: 1911 / Werft: Fleischhauer
Lüa: 18,40 / Büa: 3,35 / T,l: 0,56 / T,b: 1,09 / Tf: 21
Antrieb: 1 4z4tOM / Deutz - . / 30 PSe (1911); 1 4z4tOM / Vomag - . / ca. 40 PSe (ca. 1935); 1 S; 1 R
Bes: 2 - 3 / Pass: 40 (1911), 97 (1926) / BA: Stahl
1925 durch Gebr. Bergmann, Halle/S. von Schulte & Bruns, Abt. Schiffswerft, Emden angekauft, KLEIN-MONIKA; 27.2.1926 PREUSSEN; 1926/27 zeitweise ab Weißenfels; um 1935 umgebaut; 9.1939 auf Land; Sommer 1945 durch Hochwasser beschädigt; 21.9.1945 Ernst Wirth, Halle/S., MARIE; 1946 Richard Paul, Roßlau; Verbleib ?

**BRUNHILDE**
Typ: PMS / Bj. 1912 / Werft: , Berlin-Stralau
Lüa: 12,50 / Büa: 2,50 / T,l: 0,50 / T,b: 0,70
Antrieb: 1 4z.OM/Bosch - . / 20-30 PSe; 1 S; 1 R; v: 12-15
Bes: ca. 2 / Pass: 62 / BA: Stahl
5.1925 durch Julius Strauch, Breslau in Staaken angekauft; 6.1926 letzter Einsatz in Halle/S.; Verbleib ?

**MARTHEL**
Typ: PMS / Bj: 1925 / Erbauer: Richard Demmer, Halle/S.
Lüa: 5,75 / Büa: 1,46 / T: 0,30 / SH: 0,52
Antrieb: 1 1z.tOM / Motorenwerke Frankfurt/O. - ./2,5 PSe; 1 S; 1 R
Bes: 2 / Pass: 12 / BA: Holz
1926 kurzzeitig für Erbauer in Fahrt; Verbleib ?

**NR. 161**
Typ: mot. Gondel / Bj: 1911
Lüa: 5,50 / Büa: 1,65 / SH: 0,60
Antrieb: 1 1z.tOM/Magdeburger Motorenwerk - . / 3 PSe; 1 S; 1 R
Bes: 1 / Pass: 10 / BA: Holz
1926 für Gondelbesitzer Hermann Heinrich, Halle/S. in Fahrt; Verbleib ?

**NR. 163**
Typ: mot. Gondel / Bj: 1918
Lüa: 5,00 / Büa: 1,45 / SH: 0,65
Antrieb: 1 1z.tOM / Booden - . / 6 PSe; 1 S; 1 R
Bes: 1 / Pass: 9 / BA: Holz
--> NR. 161

**MARGARETHE --> MÖVE**
Typ: PMS / Bj: 1920 / Werft: , Erkner
Lüa: 13,40 / Büa: 3,10 / T,l: 0,24 / T,b: 0,84 / Tf: 18
Antrieb: 1 4z.tOM / Kämper - . / 30 PSe; 1 S; 1 R
Bes: ca. 2 / Pass: 75 / BA: Stahl
Neubau LÖCKNITZ I für Motorbootsbetrieb Löcknitz GmbH, Erkner; 1924 Karl Hartwig, Müggelheim; 25.7.1925 Wilhelm Grasse u. Otto Schliemann, Gosen, BUBIKOPF; 25.11.1926 Franz Schläfke, Berlin, MARGARETHE; 1.4.1927 Robert Böhme, Halle/S.; 21.5.1927 erste Fahrt in Halle; 1.10.1928 Georg Boas, Halle/S., MÖVE; 9.1939 aufgelegt; vermutl. um 1940 abgewrackt

**WETTIN --> ANNA-GERTRUD (III)** 3-135; P-704
Typ: PMS / Bj: 1921 / Erbauer: Johann, Kreß, Untereuernheim/Main
Lüa: 20,54 / Büa: 3,78 / BaSp: 3,50 / T,l: 0,70 / T,b: 0,95 / Tf: 25 (1925); 18,3 (19 . . ); 22,1 (1949)
Antrieb: 1 4z.tOM / Deutz - ./55 PSe; 1 6z4tDM/MAN - . / 60 PSe (1948); 1 S; 1 R; v: 15
Bes: 2 / Pass: 136 (19 . . ), 110 (19 . . ), 160 (19 . . ) / BA: Stahl
Neubau für MAINPERLE des Erbauers; 1925 Reederei Krietsch, Magdeburg, CÄCILIE; 1927 Julius Strauch, Breslau, WETTIN; 15.4.1927 erste Fahrt ab Halle/S.; 30.4.1935 Franz Neubert, Bernburg, ANNA-GERTRUD

(III); Frühjahr 1939 Treibgasantrieb; 5.1942 vorläufige Sperrung; 21.6.1942 endgültige Fahrteinstellung; 1946 Generalüberholung; 15.7.1947 erneuter Fahrtbeginn; Saisonende 1958 stillgelegt; später in Nienburger Gartensparte auf Land; 196. bei Robert Otto, Nienburg/S. abgewrackt

**NIXE**
Typ: PMS / Bj: 1927 / Erbauer: Ernst Großmann, Halle/S.
Lüa: 15,00 / Büa: 3,41 / Tf: 18,9
Bes: / Pass: 74 / BA: Stahl
für Erbauer ab 12.6.1927 in Fahrt; 9.1939 aufgelegt; 7.1941 Frankfurter Personenschiffahrt Anton Nauheimer, Frankfurt/Main (auf Saale verblieben); 3.1942 durch Reichskommissar für die Ukraine / Dnepr-Strombauverwaltung, Kiew angefordert; 9.4.1942 abgeschleppt; Verbleib ?

**LEIPZIG --> GERMANIA --> FREIHEIT (I)**
Typ: PMS / Bj: 1927 / Erbauer: Otto Kretsch sen., Halle/S.
Lüa: 24,00 / Büa: 4,00 / BaSp: 3,90 / T,l: 0,55 / Tf: 46
Antrieb: 1 .z.tOM / 38 PSe (1927); 1 4z4tOM / Hanomag - . / 80 PSe (ca. 1928); 1 6z.tDM / 150 PSe (1940); 1 S; 1 R
Bes: 3 / Pass: 200 (1927), 185 (1933), 223 (1938) / BA: Stahl
für Erbauer ab 28.6.1927 in Fahrt; 19.5.1933 Lina Fabiansson, Bernburg, GERMANIA; 3.3.1936 Herbert Grundmann, Berlin-Spandau, FREIHEIT (I); ab 1938 in Weißenfels; 1940 nach Motorenwechsel als ZMS eingesetzt; 28.3.1941 Posener Straßenbahn AG, Posen (Poznan); Verbleib ?

**WITTEKIND**
Typ: PMS / Bj: 1927 / Erbauer: Richard Demmer, Halle/S.
Lüa: ca. 10 / Büa: ca. 1,80
Antrieb: 1 1z.tOM; 1 S; 1 R
Bes: 1 / Pass: ca. 20 / BA: Holz
1927 kurzzeitig für Erbauer in Fahrt; später auf Süßen See / Seeburg, FORELLE; Verbleib ?

**STADT HALLE**
Typ: PDS / Bj: 1896 / Werft: Howaldt (308 ?)
Lüa: 20,00 / Büa: 4,20 / T,b: 1,20 / SH: 1,53
Antrieb: 1 2z2fEMmA / 60 PSi; 1 K / 6 atü; 1 S; 1 R
Bes: ca. 3 / Pass: 185 / BA: Stahl
vermutl. ex PRINZ JOACHIM, Neubau für Heinrich Dietrichsen, Kiel; 1896 Anker-Schiffswerft- u. Rhederei GmbH, Rummelsburg; später Spree-Havel-Dampfschiffahrtsgesellschaft "Stern", Berlin; 1921/22 in Berlin-Stralau aufgelegt; 1928 durch August Schräpler, Halle/S., gechartert, STADT HALLE; bis 1930 auf Saale im Einsatz; 1.1931 zurück nach Berlin, dort kurzzeitig in Fahrt; Verbleib ?

**MORITZBURG --> PANTHER** 1-372, 2 M 97-10
Typ: PMS --> ZMS / Bj: 1906 / Werft: Anker
Lüa: 14,20 / Büa: 2,80 / T,l: 0,67 / T,b: 0,78 / SH: 1,00 / Tf: 13 (1909); 5 (1946)
Antrieb: 1 .z.tM / 14 PSe (1906); 1 .z.tDM / 80 PSe (194 . ); 1 S; 1 R
Bes: 2 / Pass: 80 / BA: Stahl
Neubau WILHELM für Motorbootsunternehmen Richard Eckner, Grünau; ca. 1924 Franz Müller & Söhne, Erkner; 28.11.1927 Georg Boas, Halle/S., MORITZBURG; ca. 1939/40 August Beer, Halle/S., PANTHER; Umbau ZMS; 28.11.1950 Helmut Görnemann, Halle/S.; 2.11.1954 letzte Aktennennung; Verbleib ?

**ERNI --> BRIGADIER** 2-F-603, P-236
Typ: PMS / Bj: 1929 / Werft: Otto
Lüa: 14,00 (1929); 14,85 (1960) / Büa: 3,15 (1929); 3,38 (1960) / T,l: 0,60 (1929); 0,80 (1960) / T,b: 0,95 (1929) / SH: 1,31 (1960) / Tf: 21 (1929); 9,8 (1962)
Antrieb: 1 2z4tDM / Deutz - . / 12 PSe (1929); 1 2z2tDM/DMW K.-M.-Stadt - 1 HK 65 / 25 PSe (1962); 1 S; 1 R
Bes: 2 / Pass: 92 (1929), 50 (1960), 73 (19 . . ) / BA: Stahl
Neubau für Otto Kretsch / Auguste Hoffmann, Halle/S.; 9.1939 aufgelegt; ca. 1946 erneuter Fahrtbeginn; 1960 VEB (K) Kraftverkehr Halle, BRIGADIER; 1965 - 1966 ab Weißenfels; ca. 1972 außer Dienst; ca. 1974 beim VEB Verschrottungswerft Aken abgewrackt

**SAALETAL (I)**
Typ: PMS / Bj: 1928 / Werft: Fikkers
Lüa: 25,50 / Büa: 4,40 / T,l: 0,78 / T,b: 0,98 / SH: 2,33 / Tf: 34,6
Antrieb: 1 .z4tDM / Bohn & Kähler - KR 17 V / 80 PSe; 1 S; 1 R
Bes: ca. 3 / Pass: 240 / BA: Stahl
Neubau für Wilhelm Ulrich, Alsleben; ab 5.1929 Fahrten ab Halle/S.; 29.9.1936 Vertretung der Tschechoslowakischen Elbschiffahrts AG (CPSL), Hamburg, M IV; Einsatz in Prag; 1942 MO 1; 1945 MO IV; 1952 ORLICE; 1953/54 umgebaut; 1966 außer Dienst; Anfang 1967 stationäres Restaurantschiff DELFIN in Piestany / Vah; 1981 durch Hochwasser beschädigt; abgewrackt

**MERSEBURG** 3-140, P-720, P-260
Typ: PMS / Bj: 1931 / Erbauer: Otto Kretsch, Halle/S.
Lüa: 21,90 / Büa: 5,28 / T,l: 0,45 (1931); 0,70 (1964) / T,b: 0,70 (1931); 1,30 (1964) / SH: 1,66 / Tf: 46 (1931); 27,9 (1946)
Antrieb: 1 6z4tDM/MAN - . / 80 PSe (1931); 1 6z4tDM / DMW Leipzig - 6 NVD 21 / 150 PSe (1964); 1 S; 1 R; v: 14
Bes: 2 + 2 Wirtschaftspers. / Pass: 314 (1931), 300 (1940), 293 (1959), 215 (1968) / BA: Stahl
für Erbauer ab 7.6.1931 in Fahrt; 1940 Einbau zweier Holzgasgeneratoren; bis 1943 im Einsatz; 1944/45 Tarnanstrich; 3.11.1945 Wiederaufnahme Personenverkehr; 1946 Generalüberholung; 25.2.1960 Heinz Riedel KG, Bernburg, aus Mitteln der Staatl. Beteiligung finanziert; 2.3.1961 VEB Kraftverkehr Köthen / Bernburger Reiseverkehr KG; bis 1962 Fahrten ab Halle; 1963/64 Totalumbau bei Robert Otto KG, Nienburg/S.; Einsatz ab Bernburg; Saisonende 1977 Fahrten eingestellt; beim VEB Schiffswerft Mukrena erneut umgebaut, 10.1977 - 6.1981 schwimmendes Restaurant in Bernburg; Frühjahr 1982 GST, an Bodemündung auf Land; geplanter Ausbau zum Klub-Heim nicht verwirklicht; Wrack 1992 vorhanden

**SCHWAN**
Typ: PMS / Bj: 1928 / Werft: Ziethmann (21 ?)
Lüa: 25,00 / Büa: 4,64 / T,l: 0,80 / T,b: 1,00 / Tf: 53
Antrieb: 1 .z.DM / HANOMAG - . / ca. 80 PSe; 1 S; 1 R
Bes: ca. 3 / Pass: 335 / BA: Stahl
Neubau LA PALOMA für Otto Bathke, Berlin-Spandau; 23.2.1932 Albertine Winckler, Halle/S., SCHWAN; 4.1932 Fahrtaufnahme auf Saale; 15.5.1935 Adolf Götze, Bergzow u. Herbert Grundmann, Berlin-Spandau, LUSITANIA, Heimatort Berlin-Spandau; um 1936 Hermann Antrick, Brandenburg, SONNENSCHEIN II; Umbau auf Wiemann-Werft; 9.1939 aufgelegt; 1940 Wiederaufnahme der Fahrten im Schlepp des Dampfers WILHELM; 1942 Einbau Anthrazit-Gasanlage; 1944/45 Transportfahrten; Frühjahr 1946 Linienverkehr Brandenburg - Potsdam; 1950 Ausflugsfahrten; 1960 Weiße Flotte, Brandenburg, SONNENSCHEIN; 1969 Weiße Flotte, Rathenow; 1990 Bolz, Rathenow

**SAALETAL (II)** 3-136, P-703, P-261
Typ: PMS / Bj: 1937 / Werft: Mukrena
Lüa: 25,77 / Lpp: 25,25 / Büa: 5,24 / BaSp: 4,88 / T,l: 0,55 (1937); 0,70 (19 . . ) / T,b: 1,00 / Tf: 60 (1937)
Antrieb: 1 .z.tDM / 115 PSe (1937); 1 6z4tDM / DMW Leipzig - 6 NVD 21 / 150 PSe (19 . . ); 1 S; 1 R
Bes: 3 / Pass: 340 (1937), 346 (19 . . ), 300 (1968) / BA: Stahl
Neubau für Wilhelm Ulrich, Alsleben; 29.4.1937 Stapellauf; 6.1937 Fahrtaufnahme ab Halle; im 2. Weltkrieg Arbeitertransporte Alsleben - Rothenburg; ab 5.11.1945 Personenverkehr; 9.1953 Heinz Riedel KG, Bernburg; Einsatz weiterhin ab Halle; 1955 umgebaut; 2.3.1961 VEB Kraftverkehr Köthen / Bernburger Reiseverkehr KG; 1.1.1973 VEB Naherholung Bernburg; 1976 ab Bernburg in Fahrt; Herbst 1977 Restaurantschiff; 5.10.1987 letzte öffentliche Fahrt auf der Saale; 9.1.1988 Weiße Flotte, Magdeburg, stationäres Versorgungsschiff; 1991 Reederei Heinz Riedel, Berlin; Ende 1992 im Umbau bei Deutsche Industrie-Werke AG, Berlin-Spandau

**KURMARK** 3-141
Typ: PMS / Bj: 1927 / Werft: Winkler
Lüa: 20,00 / Büa: 3,80 / T,l: 0,75 / T,b: 1,45 / SH: 1,65 / Tf: 24 (19 . . ); 31,1 (1948)
Antrieb: 1 .z.tDM / 50 PSe; 1 S; 1 R
Bes: 2 / Pass: 134 (1948), 154 (1954) / BA: Stahl
Neubau EDELWEISS auf eigene Rechnung der Werft; später Reederei David, Berlin, KURMARK; 26.5.1937 Georg Boas, Halle/S.; 9.1939 aufgelegt; 1.12.1945 Wiederaufnahme Personenverkehr; 1946 Generalüberholung; 1959 Rat des Kreises Hainichen, SACHSEN (Kriebsteinstausee); Totalumbau auf Werft Dresden-Laubegast; 1989 in Fahrt

**SEID BEREIT**
Typ: (SAB --> ) PMS / Bj: / Werft:
Lüa: ca. 12,5 / Büa: ca. 3
Antrieb: 1 6z4tDM / Daimler-Benz - . / 55 PSe; 1 S; 1 R

Bes: ca. 2 / Pass: ca. 20 / BA: Stahl
ursprünglich Kontrollboot der Deutschen Volkspolizei / Wasserschutz, Halle/S.; 27.4.1954 Station Junge Techniker, Halle/S., SEID BEREIT; bis 1959 Pionierschiff; Verbleib ?

**MORITZBURG** P-240
Typ: PMS / Bj: 1961 / Werft: Aken
Lüa: 17,32 / Büa: 3,52 / T,l: 0,75 / T,b: 0,85 / SH: 1,46 / Tf: 23 (1961); 13 (19..)
Antrieb: 1 3z4tDM / DMW Leipzig - 3 NVD 21 / 67 PSe (1961); 1 4z4tDM / DMW Schönebeck - 4 VD 14.5 SRW / 104 PSe / 76,7 kW (1983); 1 S; 1 R
Bes: 2 / Pass: 55 (1961), 50 (1983) / BA: Stahl
Neubau für VEB (K) Kraftverkehr Halle; 1968 - 1971 Einsatz ab Weißenfels; 1973/74 Umbau Schiffswerft Georg Placke KG, Aken; 1988-1990 infolge unklarer Antriebsanlage kein Einsatz; 1990 Kraftverkehr Halle GmbH; 1.4.1991 Reederei Heinz Riedel, Niederlassung Halle; 1992 in Fahrt

**GIEBICHENSTEIN -> FRITZ WEINECK (II) -> GIEBICHENSTEIN** P-239
Typ: PMS / Bj: 1961 / Werft: Aken
Abmessungen -> MORITZBURG
Antrieb: 1 3z4tDM / DMW Leipzig - 3 NVD 21 / 67 PSe / 49,4 kW; 1 S; 1 R
Bes: 2 / Pass: 55 (1961), 33 (1980), 55 (1991) / BA: Stahl
Neubau für VEB (K) Kraftverkehr Halle; 1967/68, 1976-1978 Einsatz ab Weißenfels; 1973/74 Umbau Schiffswerft Georg Placke KG, Aken; 1980 Rat der Stadt Halle, Abt. Volksbildung, FRITZ WEINECK (II); Einsatz für Pionierorganisation / AG "Junge Matrosen"; mehrmalige Fernfahrten nach Mekklenburg, Oberelbe u. ä.; 1990 Magistrat der Stadt Halle/S.; aufgelegt; 6.1991 Reederei Heinz Riedel, Niederlassung Halle; 7.1991 GIEBICHENSTEIN; 1992 in Fahrt

**FREIHEIT** 2-P-459, P-242
Typ: (BP -> MS -> ) PMS / Bj: 1925 od. 1937 (?) / Werft: , Hoopte
Lüa: 29,20 / Büa: 5,00 / BaSp: 4,87 / T,l: 0,90 / T,b: 1,00 / SH: 1,12 / FH: 4,20 / Tf: 107 (1937); 97,3 (1949); 29,1 (1962)
Antrieb: 1 .z.tDM / 80 PSe (1949); 1 6z4tDM / SKL - 6 NVD 24 / 150 PSe (1962); 1 6z4tDM / DMW Leipzig - 6 NVD 21 / 119 PSe (1979); 1 S; 1 R; v: 16
Bes: 3 + 3 Wirtschaftspers. / Pass: 220 / BA: Stahl
als Bauprahm P VI 1.2 für Reichswasserstraßenverwaltung / Heimatort Magdeburg 1937 registriert; 1.6.1948 Karl Will, Aken, ANNE; Umbau zur MS; 1961 VEB (K) Kraftverkehr Halle, FREIHEIT; Umbau beim VEB (K) Schiffswerft Aken zum PMS; 25.3.1962 in Halle eingetroffen; 25.3.1962 Fahrtaufnahme; 1964, 1971-1975 Einsatz ab Weißenfels; 6.1979 Motor von P-143 MÜGGELTURM ex ZUKUNFT; bis 10.1979 in Fahrt; ab 4.1982 Holzteile in Halle ausgeschlachtet; Rumpf danach beim VEB Verschrottungswerft Aken abgwrackt

**KOSMOS -> SAALETAL (III)** P-249
Typ: PMS / Bj: 1964 / Werft: Berlin-Köpenick (1)
Lüa: 35,78 / Lpp: 32,60 / Büa: 5,90 / BaSp: 5,80 / T,l: 0,83 / T,b: 1,11 / SH: 2,37 / FH: 4,09 / Tf: 49 (1964); 47,4 (19 . . ); 34,5 (19 . . )
Antrieb: 2 6z4tDM / DMW Leipzig - 6 NVD 21 / 2 / 2 x 140 = 280 PSe (1964); 2 6z4tDM / DMW Schönebeck - 6 VD 14.5 / 12-1 / 2 x 104 = 208 PSe / 153 kW gedrosselt (1984); 2 S; 2 R; v: 12
Bes: 2 + 8 Wirtschaftspers. / Pass: 280 / BA: Stahl
Neubau für VEB (K) Kraftverkehr Halle; 6.1964 übernommen; 1.7.1964 in Halle eingetroffen; 3.7.1964 Fahrtaufnahme; 1990 Kraftverkehr Halle GmbH; 1.4.1991 Reederei und Omnibusbetrieb Heinz Riedel, Bernburg; 27.4.1991 SAALETAL (III); 1991 Einsatz ab Bernburg, 1992 in Fahrt

**SALINE** 15 M 21-253
Typ: MF / Bj: 1972 / Werft: Otto
Lüa: 12,12 / Büa: 3,04 / T: 0,60 / SH: 0,85 / Tf: 9,5
Antrieb: 1 2z2tGDM / Junkers - 2 NZD 9 / 12 / 25 PSe / 18,5 kW; 1 S; 1 R
Bes: 1 / Pass: 63 / BA: Stahl
1972 - 1980 VEB Naherholung Halle; 1989 Gemeinde Wettin

**PEISSNITZ** P-118
Typ: PMS / Bj: 1979 / Werft: Yachtwerft (16)
techn. Daten -> SAALBURG S. 65
1977 Neubauauftrag für VEB Kombinat Kraftverkehr Halle; 7.1979 Stapellauf; 28.9.1979 Übernahme auf Bauwerft; 10.10.1979 Eröffnungsfahrt; 1988 "Nostalgieschiff" HALLENSIA bei Laternenfest; 1990 Kraftverkehr Halle GmbH; 1.4.1991 Reederei Heinz Riedel, Niederlassung Halle; 1992 in Fahrt

**RABENINSEL 1 -> WAPPEN VON WETTIN**
Typ: MF / Bj: 1980 / Werft: Elbewerften (3445)
Lüa: 15,00 / Lpp: 14,00 / Büa: 3,62 / BaSp: 3,60 / SH: 1,10 / T: 0,60
Antrieb: 1 4z4tDM / MW Cunewalde - 4 VD 8 / 8-2 / 27 PSe / 20 kW; 1 S; 1 R; v: 10
Bes: 1 / Pass: 80 / BA: Stahl
13.9.1979 Neubauauftrag für VEB Naherholung Halle; 29.4.1980 Übernahme auf Bauwerft; 1985 außer Dienst; 1990 Magistrat der Stadt Halle/S., weiter aufgelegt; 9.12.1991 Reinhard Zametschnik, Wettin; 1992 Totalumbau zum PMS WAPPEN VON WETTIN; für 1993 Passagierfahrten geplant

**RABENINSEL 2**
Typ: MF / Bj: 1980 / Werft: Elbewerften (3446)
techn. Daten -> RABENINSEL 1
13.9.1979 Neubauauftrag für VEB Naherholung Halle; 30.6.1980 Übernahme auf Bauwerft; 1990 Magistrat der Stadt Halle/S.; 1992 in Fahrt

**WEISSENFELS -> S. 76**

**Tab. 5.6 Motorboote des VEB Naherholung Halle/S.**

| Name | Paß-Nr. [1] | Bauj. | Werft | Lüa | Büa | T | Antrieb | Bes/Pass | BA |
|---|---|---|---|---|---|---|---|---|---|
| -- | | | | | | | | | |
| Motorboote | | | | | | | | | |
| **PEISSNITZ 1** | 4 M 21-366 | 1974 | (3018) | | | | 1 2z2tOM/AWE- | | |
| **PEISSNITZ 2** | 4 M 21-367 | 1974 | Müggel-Spree (3070) | 5,50 | 2,00 | 0,29 | ./50 PSe (37 kW) | 1/4 | GFK |
| **PEISSNITZ 3** | 4 M 21-392 | 1974 | (3075) | | | | 1 S; 1 R | | |
| **Typ "Zeisig" (I)** | | 1976 | | | | | | | |
| **Typ "Zeisig" (II)** | 4 M 21-394 | 1976 | Hülsekopf | 5,70 | 1,65 | - | -"- | 1/3 | Holz |
| Tragflächenboote | | | | | | | | | |
| **PEISSNITZ I** | 4 M 21-401 | - | | | | | 1 6z4tOM / "Tschaika"- | | |
| **PEISSNITZ II** | 4 M 21-402 | - | sowjet. | 8,54 | 2,30 | 0,85[2] | 77 PSe (57 kW) [3] | 1/9 | Alu |
| **(III)** | 4 M 21-403 | - | Werft | | | | 1 S; 1 R | | |
| **(IV)** | 4 M 21-404 | - | | | | | | | |

1) Paß-Nr. innerhalb der einzelnen Typen z. T. nicht eindeutig zuordenbar
2) Tiefgang, ausgetaucht: 0,50 m
3) max. Geschwindigkeit: 60 km/h

**PEISSNITZ 1 - PEISSNITZ 3**
Typ "Lotos"; PEISSNITZ 1, 2 erstmals zum III. Jugendfestival UdSSR - DDR vom 14.5.-22.5.1975 eingesetzt; PEISSNITZ 3 ab 6.1978 im Einsatz; verkehrte als "Wassertaxi" zwischen Elisabethbrücke und Halle-Trotha; 13.6.1980 PEISSNITZ 1, 2 an Privateigner; PEISSNITZ 3 als Arbeitsboot beim Eigner verblieben

**Typ "Zeisig" (I) - (II)**
1978 - 1979 zwischen Genzmerbrücke und Rabeninsel in Fahrt; (I) am 18.6.1980 an Privateigner; (II) am 5.6.1981 an Deutsche Reichsbahn

**PEISSNITZ I - II, (III) - (IV)**
Typ: TFL-B; ursprünglich Deutsche Volkspolizei / Wasserschutz, Berlin; nur PEISSNITZ I, II in Fahrt; 26.6.1979 Probefahrt Peißnitz - Elisabethbrücke; bis Anfang 1980 im Einsatz; 13.6.1980 PEISSNITZ I, II verkauft; (III), (IV) z. T. abgebrochen; bis 1990 noch ein Wrack (ex WS-213) im Sophienhafen, Halle/S. vorhanden, dann verkauft

**STADT MAGDEBURG** P-175
Typ: PMS / Bj. 1987 / Werft: Yachtwerft (49)
Lüa: 32,00 / Lpp: 30,80 / $D_{Konst}$: 85
Pass: 164
alle weiteren techn. Daten --> SAALBURG (III) S. 65
Typ Bifa III-lang; Auftragsvergabe durch VEB Verkehrsbetriebe Magdeburg; 2.1987 Stapellauf; 31.3.1987 Werftübergabe; 6.1987 Indienststellung; 5.-10.1992 Einsatz in Halle/S. in Charter durch Reederei Heinz Riedel, Halle/S.

**G. F. HÄNDEL**
Typ: PMS / Bj: 1991 / Werft: Yachtwerft (3135)
Lüa: 32,10 / Lpp: 30,80 / Büa: 5,10 / BaSp: 4,88 / T,b: 0,90 / SH: 1,35 / $D_{Konst}$: 89,5
Antrieb: 1 6z4tDM / DMW Schönebeck - 6 VD 12,5 / 14,5 / 122 PSe (90 kW); 1 S; 3 R; $v_{Dienst}$: 15
Bes: 2 + 3 Wirtschaftspersonal / Pass: 140 / BA: Stahl
Typ Bifa IV; 8.1991 Kiellegung; 12.1991 Stapellauf; 30.4.1992 Weiße Flotte Potsdam GmbH, STORKOW, nicht in Fahrt; verchartert an Weiße Flotte Saale GmbH, Halle/S., G. F. HÄNDEL; 16.7.1992 Überführung nach Halle; 27.7.1992 Fahrtaufnahme; Einsatz auch als stationäres Gaststättenschiff

## 5.6 Personenschiffahrt in Alsleben, Bernburg, Calbe und auf der Bode

Die Stadt Bernburg ist am Unterlauf der Saale heute der letzte Ausgangspunkt für die Personenschiffahrt. In Bernburg wurden nach Halle die meisten Passagierschiffe in Fahrt gebracht. Der Verkehr ab Alsleben, Calbe und auf der Bode blieb dagegen nur Ausnahme.

Vor 1880 kann in Bernburg und Umgebung kein Personendampfer oder eine in diese Richtung zielende Aktivität nachgewiesen werden. Allerdings muß es schon gewisse Überlegungen und Projekte gegeben haben, die aber wohl alle nicht nachdrücklich verfolgt wurden.

Am 29. Juni 1880 fand im Bernburger Café "Helgoland" eine Zusammenkunft interessierter Kreise unter Leitung des Ingenieurs J. W. Albert Huss statt, die zur Gründung eines Dampfschiffahrts-Vereins aufriefen. Ziel des Unternehmens sollte die *"versuchsweise Inbetriebsetzung einer Dampfschifffahrtslinie Bernburg - Cönnern und Bernburg - Calbe zunächst für Vergnügungstouren, den sich auch regelmäßiger Personen- und Güter ev. Gepäckverkehr event. auch Kahnschleppdienst anschließen könne"* sein. Zusammen mit den Bernburger Unternehmern und Kaufleuten Rienecker, Söhns und Plötz hatte Huss den Schraubendampfer MERKUR angemietet. Am 8. August kündigte der "Dampfschifffahrtsverein Bernburg" die Aufnahme der Fahrten für diesen Tag an. Die MERKUR fuhr im halbstündlichen Pendelverkehr zum Parforcehaus. Das Schiff war für die Bernburger *"trotz seines nicht gerade sehr einladenden Äußeren"*[1] eine kurzzeitige Attraktion. Es entsprach aber in keiner Weise den Anforderungen des Passagierverkehrs. Ein Ankauf kam nicht zustande und schon Ende August verließ MERKUR die Saale.

Huss verfolgte sein Ziel aber weiter, wenn jetzt auch mit anderen Partnern. Einen Heckraddampfer wollte er zweimal täglich auf der Strecke Könnern - Bernburg - Calbe verkehren lassen, der neben einem regelmäßigen Personenverkehr auch Gütertransporte übernehmen sollte.

Die Tarife sollten niedriger als die der Eisenbahn sein, wodurch sich Huss einen besonders großen Zuspruch versprach. Er hatte auch schon Kontakte zu einer Werft aufgenommen, die ein entsprechendes Projekt vorlegte und die Ablieferung nach einer Bauzeit von fünf Monaten garantierte. Die Baukosten für den Dampfer hätten 24000,- M betragen. Huss fand für seine Absicht keine Geldgeber. Die Gründung einer Aktiengesellschaft scheiterte, obwohl sich die Werft mit 3000,- M unter der Voraussetzung, alle zukünftigen Aufträge der "Saale-Dampf-Gesellschaft" zu erhalten, beteiligen wollte. Auch eine am 21. Januar 1881 in verschiedenen anhaltinischen Zeitungen abgedruckte ausführliche Rentabilitätsrechnung brachte nicht das notwendige Geld. Schließlich trat Huss sogar an den Herzog von Anhalt mit Bitte um Unterstützung heran. Der hatte allerdings Zweifel an der Lebensfähigkeit des Unternehmens und lehnte ab.

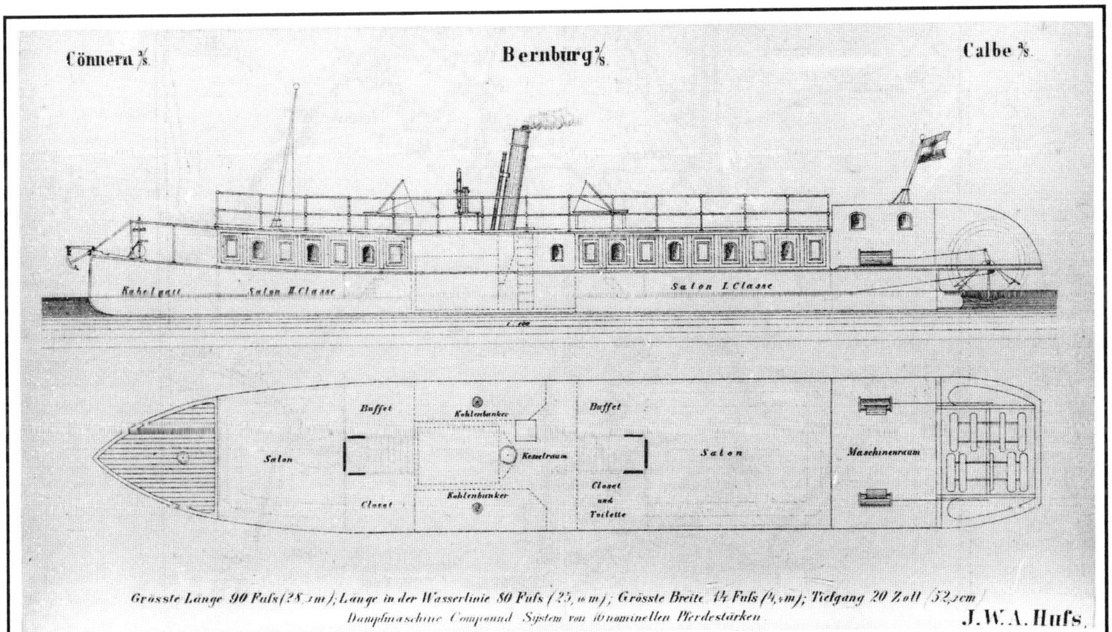


**Bild 5.93: Huß'sches Heckraddampferprojekt von 1880, Generalplan** Foto: Archiv Oranienbaum

Inzwischen hatten zwei frühere Partner des Ingenieurs Huss mit drei weiteren Bernburger Unternehmern die "Saale-Dampfschifffahrts-Compagnie Rienecker - Grauel - Plötz" gegründet. Am 1. Januar 1881 wurden deren Absichten in der Bernburger Presse veröffentlicht. Sie wollten ein sogenanntes Zwillingsboot, was einem Katamaran entspricht, mit einer axial liegenden "Flügelwelle", die sieben sechsflüglige Schrauben tragen sollte, in Fahrt bringen. Weiterhin sprachen sie sich gegen einen Heckraddampfer auf der Saale aus.

Huss sah in dem neuen Unternehmen eine Konkurrenz und sprach sich verständlicherweise dagegen aus. Er hatte mit seiner Kritik an der abenteuerlichen Konstruktion des geplanten Schiffes sicherlich die besseren technischen Argumente, aber Rienecker - Grauel - Plötz hatten das Geld und setzten sich schließlich auch durch.

Das neue Schiff sollte schon am 15. Mai 1881 mit einer Extrafahrt zur Hallischen Gewerbeausstellung seinen Dienst aufnehmen. Der NEPTUN getaufte Dampfer traf dann allerdings erst im Juli in Bernburg ein und wurde umgehend eingesetzt. Schon nach wenigen Tagen mußte das Schiff wieder aus dem Verkehr gezogen und zur Reparatur und Umbau der Kesselanlage nach Buckau bei Magdeburg überführt werden. Nach Abschluß dieser Arbeiten fuhr es u. a. anläßlich eines Schützenfestes für mehrere Tage in Magdeburg zwischen Strombrücke und Rote Horn. Ende August befand sich die NEPTUN wieder in Bernburg.

Im Juni des darauffolgenden Jahres fand sich folgende Notiz in der Bernburger Presse: *"Das hier seit vorigem Jahre existierende Personenschiff (Doppelschiff mit Propeller in der Mitte) fährt so langsam, daß man durch Gehen fast schneller fortkommt, als mit dem Schiff. Ein Schleppboot für Lastkähne und ein kleiner Raddampfer für 50 Personen wären momentan hier erstes Bedürfnis."* Huss hatte mit seiner damaligen Kritik recht behalten. Die NEPTUN war eine Fehlkonstruktion, die dann vermutlich auch bald von der Saale verschwand.

Für 1888 beabsichtigte der in Roßlau wohnhafte Maschinenbauer Richard Hagemann, eine Personendampfschiffahrt ab Bernburg einzurichten. Hagemann plante *"auf der Saale bei Bernburg ... einen Personendampfer in der Weise coursieren zu lassen, daß derselbe auf etwa 3 Stunden weit unterhalb und eine gleiche Entfernung oberhalb der Schleuse bei Bernburg seinen Lauf nimmt und namentlich im Sommerhalbjahr von April bis October in Thätigkeit tritt."*[2] Sein Gesuch an die zuständige Behörde war allerdings mit der Bitte verbunden, eventuellen Mitbewerbern für ein bis zwei Jahre die gleichzeitige Einrichtung von Dampferlinien zu untersagen. Dieses Ansinnen wurde vom Anhaltinischen Innenministerium abgelehnt, worauf Hagemann seine Pläne aufgab.

Die Personendampfschiffahrt war seit 1880 in Bernburg nicht über Versuchs- und Planungsphasen hinausgekommen. Erst ab 1894 läßt sich regelmäßiger Fahrgastverkehr nachweisen. Ende April 1894 brachte der Fährmann A. Schule ein Motorboot in Fahrt. Es wurde zur regelmäßigen

---

1) Bernburger Wochenblatt v. 12.8.1880

2) zitiert aus Hagemanns Gesuch an die Herzogl. Anhaltinische Regierung vom 19.8.1887

**Bild 5.94: PRINZ HEINRICH, links ein Eilfrachtdampfer der Fa. Mann, Halle/S.** **Foto: Slg. Stephan**

Verbindung zwischen dem Stadtpark und dem Parforcehaus eingesetzt. Darüber hinaus wurden auch Sonderfahrten, z. B. zur Georgsburg oder nach Alsleben unternommen. Am 13. und 16. Juni kündigte ein gewisser Fritz Müller für den 17. d. M. im "Bernburger Wochenblatt" Extrafahrten mit zwei Dampfschiffen auf der Saale an. Sehr wahrscheinlich handelte es sich hierbei um keinen am Ort ansässigen Schiffseigner. Weitere Aktivitäten Müllers konnten nicht nachgewiesen werden.

Der Fährmeister Schule hatte mit seinem Motorboot offensichtlich gute Gewinne erzielt, so daß man schnell an die Vergrößerung der Platzkapazitäten denken konnte. Er kaufte den in Halle nicht mehr wirtschaftlich einsetzbaren Dampfer PRINZ HEINRICH an und ließ ihn ab 1895 auf der Strecke Stadtpark - Parforcehaus verkehren.
Inzwischen war A. Schule verstorben und seine Frau Sophie hatte das Geschäft übernommen. Damit existierten damals auf der Saale - mit Schräpler in Halle - zwei Personendampferunternehmen unter weiblicher Leitung, die immerhin zu den erfolgreichsten und langlebigsten gehörten.
Die PRINZ HEINRICH versah nun mehrere Jahre in Bernburg ihren Dienst. Sophie Schule ersetzte sie offenbar nach der Jahrhundertwende durch den Passagierdampfer FORTUNA. Dieses Schiff kam vermutlich vor 1906 in Bernburg zum Einsatz. Im Juni 1906 bemühte sich ihr Sohn Friedrich Schule in Magdeburg um ein größeres Schiff. Ob er sofort einen weiteren Dampfer ankaufen konnte, bleibt ungeklärt, aber mindestens seit Juli 1907 verfügte die Reederei Schule neben ihrer FORTUNA noch über den Fahrgastdampfer HOHENZOLLERN. Nach wie vor war die Personenschiffahrt auf der Strecke Stadtpark - Parforcehaus die Haupterwerbsquelle, aber man fuhr auch regelmäßig weitere Strecken stromauf und -ab. So richtete Friedrich Schule 1912 allein im Forstrevier Aderstedt drei Anlegestellen ein. Es gab Sonderfahrten zur Baumblüte nach Gröna und zur Lösewitzer Laube.
Die FORTUNA war nach 1910 außer Fahrt genommen worden. Schule kam vor Ausbruch des 1. Weltkrieges vermutlich in gewisse Schwierigkeiten. Er beabsichtigte, seine Fahrgastschiffahrt aufzugeben. Am 8. Mai 1914 erschien in der Zeitschrift "Das Schiff" eine Anzeige, in der mitgeteilt wurde,

**Bild 5.95: Personendampfschiff HOHENZOLLERN am Anleger unterhalb des Bernburger Schlosses** **Foto: Slg. Dexheimer**

**Bild 5.96: Passagiermotorschiff JOH. BRAUNSTEDTER (1. Form)** Foto: Slg. Schwarz

daß in Bernburg ein ca. 150 Personen fassender Fahrgastdampfer billig zu verkaufen sei. Offensichtlich fand sich für die hier gemeinte HOHENZOLLERN kein Käufer, trotzdem waren die Tage der Bernburger Personenschiffahrt vorläufig gezählt. Der Grund hierfür lag in dem inzwischen ausgebrochenen Krieg. Die HOHENZOLLERN konnte nur noch bis 1915 weiterbetrieben werden, da Friedrich Schule zum Militärdienst einberufen wurde.

Der 1. Weltkrieg war kaum beendet, da erschien in "Das Schiff" unter dem 27. Dezember 1918 eine Anzeige, nach der man in Bernburg einen gut erhaltenen Personendampfer (150 - 180 Personen) zu kaufen suchte. Ob Friedrich Schule noch einmal die Personenschiffahrt beginnen wollte oder ob es sich hierbei um einen anderen Interessenten handelte, ist nicht bekannt.

Die Stadt Calbe war nur in einem Fall nachweisbar Heimatort eines Passagiermotorbootes. Der Geschäftsmann Gustav Wilhelm Aßmann kaufte im Frühjahr 1919 das Motorboot MÖVE an, um es im Personenverkehr, aber auch für Fischereizwecke einzusetzen. Das Fahrzeug verkehrte einige Male zwischen Calbe und Nienburg mit Haltestelle Hohendorfer Busch. Der letzte Einsatz der MÖVE fand vermutlich Pfingsten 1919 statt. Calbe wurde später zwar vielfach von Passagierschiffen, insbesondere von Bernburg aus angelaufen, hatte aber kein eigenes einschlägiges Unternehmen.

Es sollte noch bis 1925 dauern, ehe den Bernburgern wieder ein Passagierschiff zur Verfügung stand. Allerdings war hier schon die Zeit der Dampfer vorbei.

Der Bootsverleih Joh. Braunstedter Wwe. hatte schon längere Zeit die Einrichtung eines Personenverkehrs geplant. Nach Überwindung verschiedener Schwierigkeiten, insbesondere von Seiten der Anhaltinischen Wasserbauverwaltung, gab man bei der Nienburger Werft Nultsch & Co. ein Passagiermotorschiff in Auftrag.

Das neue Schiff, das am 9. Mai seine Jungfernfahrt mit geladenen Gästen aus Magistrat, Vereinen und örtlichen Pressevertretern unternahm, war auf den Namen JOH. BRAUNSTEDTER getauft worden. Unter der rot-weiß-grünen anhaltinischen Landesflagge fuhr das weiß gestrichene Schiff saaleaufwärts nach Alsleben. Dies entsprach in etwa der zukünftigen Streckenführung, die vom Bernburger Schloß über Hubertusgarten, Gröna und Lösewitzer Laube nach Alsleben führte. Das neue Schiff fand so großen Anklang, daß die Firma Braunstedter schon im nächsten Jahr ein weiteres 100 - 150 Personen tragendes Schiff in Dienst stellen wollte. Diese Absicht konnte nicht verwirklicht werden, denn 1926 war Joh. Braunstedter Wwe. nicht mehr das einzige in Bernburg Passagierschiffahrt treibende Unternehmen. Wohl auch auf Grund seines Erfolges hatte sich der "Salondampferbetrieb Neubert & Müller" gebildet, der von der unteren Elbe einen Personendampfer angekauft hatte. Die Firmenbezeichnung war insofern nicht ganz korrekt, denn das Schiff wurde sofort nach Übernahme auf Motorantrieb umgerüstet. Die ANNA-GERTRUD (I), so hieß das neue Fahrzeug, verkehrte auf den selben Strecken wie die JOH. BRAUNSTEDTER. Zwar mußten sich nun zwei Unternehmen das Passagieraufkommen teilen, trotzdem hielt sich der Konkurrenzkampf in der Bernburger Passagierschiffahrt zu dieser Zeit noch in erträglichen Grenzen. Wohl auch auf Grund dieser neuen Wettbewerbsverhältnisse vercharterte die Firma Braunstedter 1927 ihr Schiff für mehrere Wochen nach Weißenfels.

**Bild 5.97: ANNA-GERTRUD (I) in einer Werbung für Junkers-Motoren** Quelle: Das Schiff

**Bild 5.98: ANNA-GERTRUD (I) zum 75jährigen Jubiläum ihrer Indienststellung am 6.9.1971 als CASTOR in Minden** **Foto: Slg. Schwarz**

Im Jahre 1928 eröffnete in Staßfurt der Fischhändler P. Lindenberg mit einem Personenmotorboot den Verkehr auf der Bode. Lindenberg war ehemaliger Angehöriger der Kaiserlichen Marine, woher auch sein Interesse an der Schiffahrt rührte. Das Fahrzeug verkehrte zwischen Staßfurt und dem Gänsefurter Busch, einem lokalen Ausflugsgebiet mit entsprechenden Einkehrmöglichkeiten. Für 30 Pfennig konnten die Fahrgäste in 45 Minuten bodeaufwärts bzw. in 30 Minuten bodeabwärts fahren. Am 13. Mai erfolgte die Eröffnungsfahrt, die mit einem Fehlschlag endete. Infolge eines am Staßfurter Wehr gezogenen Schützes war der Wasserstand zu niedrig und das Motorboot blieb im Schlamm stecken. Die Fahrgäste mußten aussteigen und zurücklaufen. Trotzdem wurde das Lindenberg'sche Motorboot für die nächsten Jahre zu einer beliebten Einrichtung. Der 18. Juli 1932 brachte dem kleinen Unternehmen ein tragisches Ende. Lindenberg verunglückte während einer Fahrt infolge einer Unachtsamkeit tödlich. Damit war dieser episodenhafte Motorbootsverkehr auf der Bode beendet.

In Bernburg verkaufte Franz Neubert 1930 die ANNA-GERTRUD (I), um sich ein moderneres Schiff zuzulegen. Dieses Fahrzeug, das ebenfalls ANNA-GERTRUD (II) genannt wurde, stellt eine Besonderheit in der Saaleschiffahrt dar. Es blieb bis heute das einzige ursprünglich als Seeschiff geplante und gebaute Fahrzeug.

Die Reederei Braunstedter sah sich gezwungen, mit Verbesserungen an ihrem Schiff nachzuziehen, um konkurrenzfähig zu bleiben. Zuerst wurde ein stärkerer Motor eingebaut und schließlich das Schiff verlängert, was eine Erhöhung der Kapazität von 75 auf 180 Plätze brachte.

Der Wettbewerb nahm durch Neuzugänge immer schärfere Formen an. Die alte Nienburger Schifferfamilie Luxenius kaufte 1930 ein bisher im Unterelbebereich eingesetztes Personenmotorschiff an und brachte es als SACHSEN-ANHALT in Fahrt. Das Fahrzeug wurde außerhalb der Saison viel zum Schleppen, vorzugsweise der eigenen Kähne eingesetzt.

Die wirtschaftliche Lage Neuberts entwickelte sich durch die verstärkte Konkurrenz immer ungünstiger, so daß die ANNA-GERTRUD (II) nach Konkurs seiner Firma im April 1932 zwangsversteigert werden mußte. Das

**Bild 5.99: ANNA-GERTRUD (II) als SCHWARZORT im Memelgebiet** **Foto: AGM**

**Bild 5.100: Passagiermotorschiff JOH. BRAUNSTEDTER (2. Form)** **Foto: Slg. Krieg**

hinderte ihn allerdings nicht, mit der IRENE sofort ein neues Passagiermotorschiff in Fahrt zu bringen.
Die ANNA-GERTRUD (II) war von dem in Bernburg ansässigen Kaufmann Fabiansson erworben worden, der sie unter dem Namen seiner Frau ins Register eintragen ließ. Fabiansson war gebürtiger Schwede.
Innerhalb weniger Jahre waren mehrere Passagierschiff in Bernburg in Fahrt gekommen. Die Platzkapazität erhöhte sich von 75 im Jahre 1925 auf 654 im Jahre 1932, was einer Steigerung auf fast das neunfache entspricht. Dies stellte ein erhebliches Überangebot dar, das sich in scharfen und aggressiven Auseinandersetzungen der Schiffseigner untereinander niederschlug. Jeder kämpfte gegen jeden, wobei vorläufige und wechselnde Koalitionen an der Tagesordnung waren. Man scheute sich auch nicht, seinen Konkurrenten mit politischen Mitteln zu schädigen. So forderte einer der Schiffseigner in einem Schreiben vom 6. März 1933 an das Anhaltinische Kreisamt in Bernburg, also nur wenige Wochen nach der Machtübernahme Hitlers, dem "Ausländer" Fabiansson die Erlaubnis mit der Begründung *"auf deutschen Flüssen sollen nur deutsche Schiffer deutsche Menschen befördern"* zu entziehen. Die Behörde "bedauerte" nicht entsprechend handeln zu können, da ihr die gesetzliche Basis fehle.
Immer stärker entbrannte der Kampf um die günstigsten Liegeplätze am Saaleufer. Je näher sie am Schloß lagen, um so größer war der Zustrom der Fahrgäste. Schließlich schritt die Anhaltinische Wasserbauverwaltung ein und zwang die Schiffseigner zu einheitlich abgestimmten Preisen. Man hatte wohl dadurch die Hoffnung, kultiviertere Umgangsformen zu erreichen. Alle Schiffseigner unterboten daraufhin die amtlich festgesetzten Preise z. B. durch "Stiftungen" an Vereine, Bedürftige usw.. Resigniert gab man die Preise wieder frei. Der Nutznießer dieser Verhältnisse war natürlich das Publikum.
Den Fahrgästen wurden von den verschiedenen Eignern recht große Fahrtmöglichkeiten offeriert. So bot Lina Fabiansson mit ihrer ANNA-GERTRUD (II) folgendes an:
*"Jeden Mittwoch und Sonntag nach Parforcehaus, Gröna, Lösewitz, Custrena Passagierfahrten - Abfahrt Bernburg, Töpferwiese. Nach Calbe jeden zweiten Donnerstag. Auch Fahrten von Calbe nach der Georgsburg und Rothenburg."*
Im April 1933 verkaufte die Firma Fabiansson die ANNA-GERTRUD (II) und ersetzte sie sofort durch die bisher in Halle für Otto Kretsch fahrende LEIPZIG. Fabiansson taufte das Schiff in GERMANIA um. Dieses Fahrgastschiff blieb bis Ende der Saison 1935 im Einsatz. Im Frühjahr des darauffolgenden Jahres gab er den Fahrgastbetrieb völlig auf und veräußerte die GERMANIA.
Schon 1934 beabsichtigte Franz Neubert, seinen Fahrgastschiffsbetrieb zu erweitern. Vorerst wollte er ein 40 Personen fassendes Anhängeboot zusammen mit der IRENE einsetzen. Diese Art der Beförderung war von der Saale inzwischen seit Jahrzehnten verschwunden. Die Anhaltinische Wasserbauverwaltung verweigerte dafür auch die Genehmigung. 1935 erwarb er aber schließlich das durch die Auflösung der Reederei Julius Strauch in Halle zum Verkauf stehende Motorboot WETTIN. Es erhielt

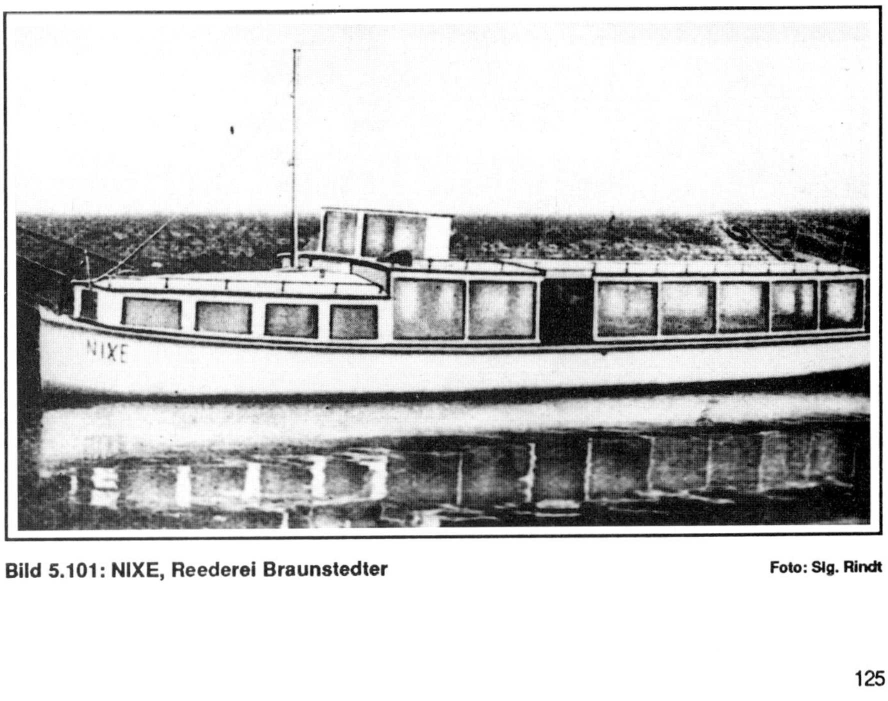


**Bild 5.101: NIXE, Reederei Braunstedter** **Foto: Slg. Rindt**

**Bild 5.102: Passagiermotorschiff LIBELLE der Reederei Braunstedter als HÖFCHEN auf dem Kriebsteinstausee, 1981** **Foto: Reichenbach**

wieder den inzwischen zur Tradition gewordenen Namen ANNA-GERTRUD (III).

Die nachfolgenden Jahre brachten Steigerungen in den Passagierzahlen, die insbesondere bei der Firma Braunstedter zu einer Erweiterung der Kapazitäten führte. Im Frühjahr 1937 wurde die NIXE angekauft. Zwei Jahre später kam die LIBELLE in Fahrt.

Der am 1. September 1939 ausgebrochene 2. Weltkrieg brachte einen starken Einschnitt in die Bernburger Personenschiffahrt, wenn aber auch noch nicht gleich ihre völlige Aufgabe. SACHSEN-ANHALT, JOH. BRAUNSTEDTER, NIXE und LIBELLE wurden schon einige Tage vor Kriegsausbruch wegen der einsetzenden Treibstoffbewirtschaftung stillgelegt. Lediglich Franz Neubert war es gelungen, die IRENE und die ANNA-GERTRUD (III) in Fahrt zu halten. So wurde die ANNA-GERTRUD (III) im Jahre 1941 für insgesamt 26 Fahrten nach Kustrena eingesetzt. Die IRENE war im gleichen Jahr an 53 Tagen im Pendelverkehr zum Parforcehaus in Fahrt. 1942 war damit dann aber auch Schluß.

Neubert wollte den Personenverkehr durch Umstellung seiner beiden Fahrzeuge auf Treibgas aufrechterhalten, war aber wegen Brand- und Explosionsgefahr abgelehnt wurde. Mehrere Versuche, die zuständige Behörde umzustimmen, blieben erfolglos.

**Bild 5.103: IRENE um 1950** **Foto: Slg. Schwarz**

**Bild 5.104: SAALEFEE (I) um 1950** **Foto: Slg. Schwarz**

**Bild 5.105: GIEBICHENSTEIN der Reederei Boas, Halle/S.; 1947 - 1949 in Bernburg stationiert** Foto: Slg. Schroder

**Bild 5.106: GIEBICHENSTEIN als MITTWEIDA 1981 auf dem Kriebsteinstausee** Foto: Reichenbach

Der Neubeginn erfolgte kurz nach Kriegsende. Schon am 8. August 1945 bat Joh. Braunstedter Wwe. um Genehmigung für die Aufnahme von Fahrten. Noch im selben Monat nahm das 1939 von Braunstedter angekaufte Fährboot LAZI seine Fahrten zwischen Schloßfähre und dem nordöstlichen Ende des Aderstedter Durchstiches auf.
Die Hauptaufgabe der Bernburger Personenschiffahrt lag jetzt allerdings nicht in Spazierfahrten, sondern in der Durchführung eines regelmäßigen Personen- und z. T. auch Expreßgutverkehrs. Von den in Bernburg beheimateten Schiffen beteiligte sich aber vorerst nur die SACHSEN-ANHALT hieran. Alle anderen Fahrzeuge befanden sich infolge der langen Liegezeit in einem solch schlechten Zustand, daß sie generalüberholt werden mußten. Das einst führende Unternehmen Joh. Braunstedter Wwe. eröffnete zwar als erstes den Personenverkehr, war aber substantiell nicht mehr in der Lage, seine alte Stellung wieder einzunehmen. Die LIBELLE war 1943 verkauft worden und NIXE sowie JOH. BRAUNSTEDTER waren nicht einsatzbereit. Die bei Kriegsende beschädigte NIXE verkaufte man und die Instandsetzungsarbeiten an der JOH. BRAUNSTEDTER zogen sich über das nächste Jahr hin. Im Winter 1946/47 war das Fahrzeug nach dem Eisaufbruch bei Hochwasser auf die Töpferwiese getrieben worden. Infolge des anschließenden schnellen Rückganges des Wassers blieb es auf dem Trockenen liegen. Braunstedter war es finanziell nicht mehr möglich, die Situation zu bewältigen. Man verkaufte das einstige Flaggschiff an einen Berliner Eigner. Das verbliebene Motorboot LAZI war nur noch bis 1950 im Einsatz. Die Reederei Braunstedter hatte als Personenschiffahrtsunternehmen damit aufgehört zu existieren.
Inzwischen war aber mit Heinz Riedel ein junger und engagierter Mann in der Bernburger Personenschiffahrt auf den Plan getreten. Er hatte von Neubert die IRENE übernommen und führte ab Juni 1946 Fahrten zwischen Alsleben und der Saalemündung durch. Schon nach wenigen Monaten legte er sich mit der SAALEFEE (I) ein weiteres Motorboot zu. Während er mit der IRENE in den regelmäßigen Linienverkehr eingebunden war, wurde die SAALEFEE (I) nur für Ausflugsfahrten verwendet.

**Bild 5.107: Transport der Weimann'schen LIBELLE zum Hohenwartestausee** Foto: Slg. Schwarz

**Bild 5.108: ANNA-GERTRUD (III) nach 1950**

Foto: Slg. Schwarz

**Bild 5.109: SACHSEN-ANHALT nach 1950**

Foto: Slg. Schwarz

Die ANNA-GERTRUD (III) nahm nach einer Generalreparatur ebenfalls 1947 wieder ihren Dienst auf.
Die Situation in der Bernburger Passagierschiffahrt hatte sich nach den Kriegs- und Nachkriegsjahren bald wieder normalisiert, wenn auch mit erheblichen Bestandsänderungen. Allerdings wurden die Schiffseigner und Fahrgäste auch bald mit den veränderten gesellschaftlichen Verhältnissen konfrontiert. So legte die "Deutsche Zentralverwaltung des Verkehrs in der Sowjetischen Besatzungszone / Generaldirektion Schiffahrt" im April 1946 für alle verbindliche Fahrpreise fest. Der Fahrgast hatte 6 Pfennig pro Kilometer zu zahlen, bei einem Mindestpreis von 25 Pfennigen.
Am 5. Januar 1949 erfolgte ein Erlaß der Generaldirektion Schiffahrt, der besagte: *"Sämtliche Passagierschiffe sind bis zum 1.4.1949 zu streichen, eventuell zu verglasen, in sauberem, den kulturellen Ansprüchen der Menschen entsprechenden Zustand zu versetzen. Schiffsführer, die dazu nicht bereit sind, wird das Schiff entzogen und durch die GD Schiffahrt bewirtschaftet."* Alle Schiffseigner erfüllten diese Auflagen.
An der am 8. Dezember 1947 gegründeten Saale-Personen-Schiffahrt e.G.m.b.H., Halle/S. waren auch die beiden Bernburger und Nienburger Schiffseigner Neubert und Luxenius beteiligt. Innerhalb dieser Gemeinschaft und des weiter betriebenen Liniendienstes verkehrte die GIEBICHENSTEIN der Reederei Boas, Halle/S. 1949 auf der Strecke Alsleben - Bernburg. Die infolge der Zeitumstände durchgeführte Verlagerung des Linien- und Berufsverkehrs auf der Saale wurde bis Ende 1949 durchgeführt. Im darauffolgenden Jahr standen alle Schiffe wieder dem Ausflugsverkehr zur Verfügung.
1950 kam mit der LIBELLE in Alsleben ein Passagiermotorboot in Fahrt. Der Eigner Max Weimann hatte sich ein beschädigtes Sturmboot der ehemaligen Wehrmacht für seine Zwecke beschafft und umgebaut. Seine Absicht, einen täglichen Schnellverkehr Alsleben - Halle/S. durchzuführen, konnte er allerdings nicht verwirklichen. Die LIBELLE bediente in den Sommermonaten hauptsächlich die Linie Alsleben - Kloschwitz - Wettin. Daneben gab es auch Fahrten nach Bernburg und Halle/S.. Hier war für die Fahrgäste - oftmals Schulklassen - der Hallische Zoo das Ziel. Aus wirtschaftlichen Gründen gab Weimann seine Motorbootsfahrten aber im September 1952 schon wieder auf und verkaufte die LIBELLE auf die Saalestauseen.
Von den ab Bernburg fahrenden Unternehmen entwickelte sich die Reederei Riedel am dynamischsten. 1953 kaufte Riedel die ab Halle/S. verkehrende SAALETAL (II). Er sah wohl die zu erwartende mangelhafte Auslastung ab Bernburg vorher und ließ das Schiff deshalb auf seiner alten Strecke weiterfahren. Im Jahr darauf stieß er die SAALEFEE (I) ab, aber vermutlich mit der Absicht, sich baldmöglichst ein größeres Fahrzeug für den Bernburg-Verkehr zuzulegen. Die Gelegenheit hierzu bot sich 1957 nach dem Weggang Herbert Grundmanns aus Weißenfels. Riedel übernahm die dortige FREIHEIT (II) unter der Maßgabe, weiterhin Passagierschiffahrt ab Weißenfels zu betreiben. Das tat er dann allerdings nur ein Jahr, und ab 1958 stand dem Bernburger Publikum mit dem inzwischen in SAALEFEE (II) umbenannten Schiff ein größeres Fahrzeug zur Verfügung. Da er kurz vor Saisonende 1957 die kleine IRENE verkauft hatte, blieb die Kontinuität gewahrt.
Das Jahr 1958 brachte der Bernburger Personenschiffahrt aber auch spürbare Abgänge. Die Eigner Luxenius und Neubert gaben die Personen-

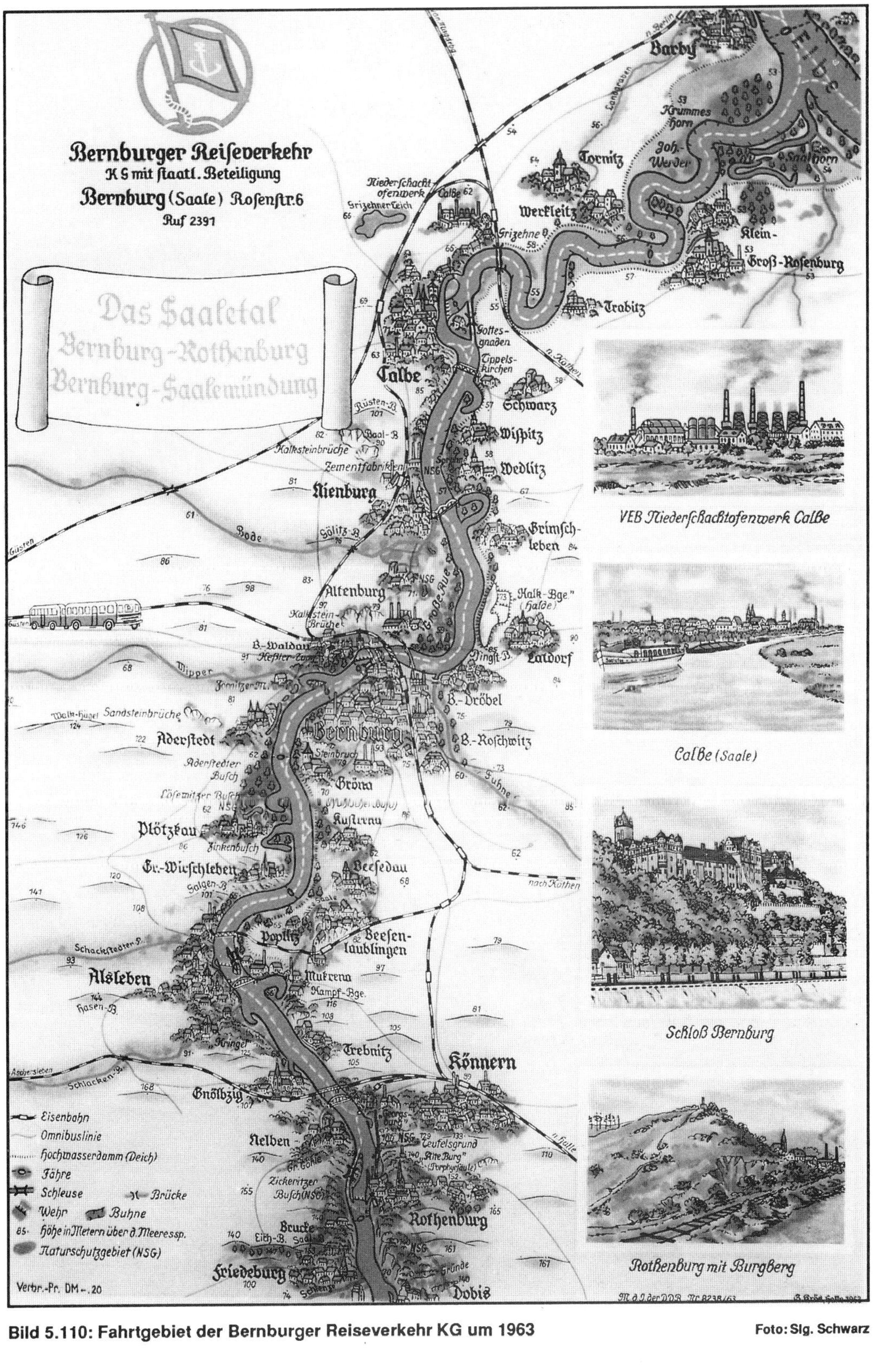

**Bild 5.110: Fahrtgebiet der Bernburger Reiseverkehr KG um 1963** Foto: Slg. Schwarz

**Bild 5.111: SAALEFEE (II) um 1964 in Bernburg** Foto: Krieg

**Bild 5.112: MERSEBURG (2. Form) im Heimatort Bernburg, 1972** Foto: Krieg

**Bild 5.113: Wrack der MERSEBURG an Land, 1980** Foto: Krieg

**Bild 5.114: SAALETAL (II) war bis Oktober 1987 für den VEB Naherholung Bernburg in Fahrt** Foto: Krieg

schiffahrt auf, so daß nur Heinz Riedel mit der SAALEFEE (II) übrigblieb. Es sollte sich dann aber zeigen, daß dieses eine Schiff das Passagieraufkommen völlig bewältigen konnte. An diesen Verhältnissen änderte sich bis Saisonschluß 1960 nichts. Die Reederei Heinz Riedel hatte zwar noch im Februar die MERSEBURG von Otto Kretsch, Halle/S. übernommen, aber auch dieses Schiff verstärkte nur seine Hallischen Kapazitäten. Dieser Ankauf wurde aus Mitteln der Investbank Aschersleben finanziert, denn im Sommer d. J. wurde staatliche Beteiligung aufgenommen und sein Unternehmen in eine Kommanditgesellschaft umgewandelt. Nur wenige Monate später verließ Heinz Riedel die DDR. Ab März 1961 wurde der VEB Kraftverkehr staatlicher Gesellschafter und die Reederei firmierte jetzt als Bernburger Reiseverkehr KG.

Das neugestaltete Unternehmen hatte in Bernburg allerdings keinen guten Auftakt. Der Motor der SAALEFEE (II) war defekt. 1961 konnte deshalb keine Personenschiffahrt betrieben werden. Nach Überwindung großer Schwierigkeiten stand das Schiff dann aber wieder ab Juni 1962 dem öffentlichen Verkehr zur Verfügung.

Im Winter 1963/64 wurden die Schiffe der Bernburger Reiseverkehr KG einer Landrevision unterzogen, bei der festgestellt wurde, daß an sämtlichen Fahrzeugen umfangreiche Reparaturen notwendig seien. Aus Kostengründen beschränkte man sich hierbei auf SAALETAL (II) und MERSEBURG. Die SAALEFEE (II) wurde verkauft.

Die MERSEBURG wurde zwischenzeitlich bei der Werft Robert Otto KG in Nienburg völlig umgebaut. Das Aussehen des Schiffes änderte sich dabei stark. Zu Saisonbeginn 1964 stand den Bernburgern ein modernisiertes und über ausreichend Plätze verfügendes Motorschiff zur Verfügung. Der Einsatz erfolgte hauptsächlich zwischen Bernburg und Wettin mit Stationen in Alsleben, Könnern / Georgsburg, Rothenburg, Friedeburg und Kloschwitz.

Ab 1. Januar 1973 veränderte sich wiederum die Firmenbezeichnung. Der Schiffahrtsbetrieb wurde dem VEB Naherholung Bernburg angeschlossen.

Es war abzusehen, daß die MERSEBURG in den nächsten Jahren aus dem Verkehr gezogen werden mußte. 1972 wurde deshalb ein Neubau (sogenannte "Stadtbezirks-Klasse") beim VEB Schiffswerft Mukrena bestellt. Der Vertrag mußte allerdings Ende 1974 wegen fehlender Finanzen storniert werden.

1975 wurde vom VEB Stadtwirtschaft Bernburg mit den Fähren PIONIER, BERNBURG und EINHEIT zusätzlich deren Betrieb übernommen.

Die MERSEBURG kam mit Saisonende 1977 außer Dienst, konnte aber noch bis 1980 vom VEB Naherholung Bernburg als schwimmende Gaststätte betrieben werden.

Die SAALETAL (II) beendete mit Saisonschluß 1976 ihre Fahrten ab Halle/S., um von nun an dem Bernburger Publikum zur Verfügung zu stehen. Damit gab dieses Unternehmen seinen Dienst ab Halle/S. endgültig auf.

Die SAALETAL (II) versah 1977 zusammen mit der MERSEBURG und nach deren Außerfahrtsetzung von nun an lange Jahre den Ausflugsverkehr ab Bernburg. Dabei war abzusehen, daß auch für dieses Schiff über kurz oder lang die Einsatzgrenze erreicht war. Es entsprach nicht mehr den Anforderungen an ein zeitgemäßes Passagierschiff, so war z. B. die Antriebsanlage zu laut. Aus diesem Grund wurde Anfang 1986 bei VEB Yachtwerft Berlin ein Ersatzbau vom bewährten Typ Bifa-III (lang) bestellt. Ende 1987 konnte das auf den Traditionsnamen SAALEFEE (III) getaufte Schiff von der Werft übernommen werden und schon am 23. Januar 1988 seine Eröffnungsfahrt ab Bernburg unternehmen.

Seit 1991 ist die traditionsreiche Reederei Heinz Riedel in der Bernburger Schiffahrt wieder aktiv. Allerdings kaufte man nicht die in kommunalem Besitz befindliche SAALEFEE (III) an, sondern baute mit der aus Halle übernommenen SAALETAL (III) ex KOSMOS ein Konkurrenzunternehmen auf.

**Bild 5.115: SAALEFEE (III) vom Typ Bifa III-lang**

**Foto: Rickmann**

**MERKUR**
Typ: PDS oder GDS ? / Bj: / Werft:
Antrieb: 1 .z.fEM / ca. 12 PSi; 1 K; 1 S
Bes: / Pass: ca. 100
Marketenderdampfer [1] auf Oberelbe, Heimatort Schandau; 8.1880 Charter durch Bernburger Konsortium unter Leitung Ing. Huss; 8.8.1880 erste Fahrt in Bernburg; Ende 1880 zurück; Verbleib ?

**Huß'sches Heckraddampferprojekt**
Typ: PDHR / Planungsjahr: 1880
Lüa: 28,30 / Lpp: 25,16 / Büa: 4,40 / T,b: 0,52
Antrieb: 1 2z2fEM / 16 PSi; 1 K; 2 HR; 2 R
Bes: ca. 4 / Pass: 100 / Fracht: max. 15 t / BA: Stahl
basierte auf Erfahrungen MERKUR-Einsatz; Werftangebot für 24 000 M lag vor; nicht realisiert

**NEPTUN**
Typ: PDS / Bj: 1881 / Werft: vermutl. Raum Magdeburg
Lüa: 20,00 / Büa: 5,00 / B. d. Rümpfe: 1,50 / T,l: 0,28 / T,b: 0,46
Antrieb: 1 3z1fEM / Feodor Siegel, Schönebeck [2] ; 1 K / 10 atü;
1 axiale 9 m lange Antriebswelle mit 7 6flügl. Schrauben; 2 R (?)
Bes: / Pass: 140 / BA: Doppelrumpfschiff; Rümpfe aus Eisen, Aufbauten aus Holz, durchgehendes Deck; Vorschiff offen mit Sonnensegel; Salon auf Achterschiff
Neubau für Saale-Dampfschifffahrtsgesellschaft Rienecker-Grauel-Plötz, Bernburg; 9.7.1881 in Bernburg; 11.7.1881 Fahrtaufnahme; Antrieb nach wenigen Tagen beschädigt, ca. 1.8.1881 Reparatur in Buckau, danach Fahrten in Magdeburg; 26.8.1881 Fahrten ab Bernburg; Sommer 1882 noch im Einsatz; Verbleib ?

**Schule'sches Motorboot**
Typ: PMS / Bj: / Werft:
4.1894 Fährmann A. Schule, Bernburg; Verbleib ?

**Müller'scher Dampfer I**
17.6.1894 von Schiffseigner Fritz Müller zu Sonderfahrten in Bernburg angezeigt; Herkunft u. Verbleib ?

**Müller'scher Dampfer II**
--> Müller'scher Dampfer I

**PRINZ HEINRICH** --> S. 115

**FORTUNA**
Typ: PDS / Bj: / Werft:
Tf: 9
Antrieb: .z.fEM / 18 PSi
Bes: / Pass: 70
vermutl. nach 1900 durch Fa. Schule, Bernburg als Ersatz für PRINZ HEINRICH angekauft; bis ca. 1909 in Fahrt; Verbleib ? ; Identität mit FORTUNA --> S. 81 erscheint möglich

**HOHENZOLLERN**
Typ: PDS / Bj: / Werft:
Lüa: 17,50 / Büa: 4,10 / T,b: 1,40 / Tf: 25
Antrieb: .z.fEM / 4 PSi
Bes: / Pass: 130 / BA: Stahl
ca. 1906 durch Firma Schule, Bernburg angekauft; bis 1915 in Fahrt; Verbleib?

**MÖVE**
Typ: PMS / Bj: 1909 / Werft: Ed. Höpner, Hamburg-Steinwärder
Lüa: 12,00 / Büa: 2,30
Antrieb: 1 .z.tBM / Daimler - . / 12 PSe; 1 S; 1 R
Bes: ca. 2 / Pass: ca 45
25.5.1919 durch Gustav Wilhelm Aßmann, Calbe angekauft; 10.1924 Vereinigte Zuckerfabriken Malchin - Teterow, Trocknerei u. Sägewerk GmbH, Malchin; Verbleib ?

---

1) vermutl. zur Versorgung der durchgehenden Frachtschiffahrt
2) Vgl. Gebhard, L. "Die Dreicylinder-Maschine von Feodor Siegel in Schönbeck/E." in Zeitschrift des VDI Bd. 24 Berlin 1880 S. 589 ff

**JOH. BRAUNSTEDTER**
Typ: PMS / Bj: 1925 / Werft: Nultsch
Lüa: ca. 15 (1925); 24,00 (193 . ) / Büa: 4,00 / T,l: 0,70 / T,b: 1,10 / Tf: 27,1 (1925); 25,2 (1930)
Antrieb: 1 .z.tM /34 PSe (1925); 1 6z4tDM / Deutz - . / 60 PSe (1930); 1 S; 1 R
Bes: ca. 2 - 3 / Pass: 75 (1925), 180 (193 . ) / BA: Stahl
Neubau für Joh. Braunstedter, Wwe., Bernburg; 1928 kurzzeitige Fahrten ab Weißenfels; 193. Totalumbau / Verlängerung; 9.1939 bei Schiffswerft Robert Otto, Nienburg/S. auf Land; 12.3.1947 Franz Hamann jr., Berlin-Spandau, UWE; ungesichert: 1954 z. T. beim Bau PMS IRENE (Wiese-Werft, Berlin-Spandau) verwendet

**ANNA GERTRUD (I)**
Typ: (PDS --> ) PMS / Bj: 1896 / Werft: Howaldt (304)
Lüa: 20,00 / Büa: 4,20 / T,b: 1,20 / SH: 1,53
Antrieb: 1 2z2fEMmA / 60 PSi (1896); 1 K / 6 atü (1896); 1 2z2tGDM / Junkers - 2 HK 130 / 70 PSe (1926); 1 S; 1 R
Bes: ca. 3 / Pass: ca. 180 / BA: Stahl
Neubau PRINZ EITEL FRIEDRICH für Heinrich Dietrichsen, Kiel; 5.1896 Anker-Schiffswerft u. Rhederei GmbH, Rummelsburg; 14.3.1900 Rhederei-Gesellschaft Dortmund; 22.8.1906 Rhederei und Handelsgesellschaft Overdick und Mittrop, Dortmund; 8.8.1908 Caspar Mittrop, Dortmund-Meckinghoven; 21.1.1925 Adolf Wille, Wahrenberg/Elbe, ALTMARK; 4.3.1926 Franz Neubert, Bernburg, ANNA GERTRUD (I); auf Dieselantrieb umgerüstet; 31.5.1930 Hermann Köppen, Caseburg (Kreis Usedom-Wollin); KASTOR; 1945 in Lübeck; 1946 in Minden; 19.1.1948 Faßbender, Lübeck, weiterhin Einsatz ab Minden; Winter 1948 - 1952 Restaurationsschiff; 19 . . CASTOR; Winter 1954 Max Torges, Minden; 6.9.1971 Jubiläumsfahrt zur 75jährigen Indienststellung; 1976 Abbruch bei Büsching & Rosemeyer, Minden

**Lindenberg'sches Motorboot**
Typ: PMS / Bj: / Werft:
Lüa: 9,00 / Büa: 2,30 / T: 0,32
Antrieb: 1 .z.tM / 12 PSe; 1 S; 1 R
Bes: 1 / Pass: 35 / BA: Holz
1928 Ankauf durch Staßfurter Fischhändler Lindenberg für Fahrten auf Bode; 4.1928 Überführung Hamburg - Nienburg, weiter über Land nach Staßfurt; 12.5.1928 Probefahrt; 17.7.1932 Eigner während einer Fahrt tödlich verunglückt; Verbleib ?

**ANNA-GERTRUD (II)**
Typ: PMS / Bj: 1911 / Werft: Howaldt (542)
Lüa: 25,60 / Lpp: 23,33 / Büa: 5,42 / BaSp: 5,00 / T,l: 0,55 /T,b: ca. 1,10 / SH: 1,59 / V: 77 BRT, 38 NRT / Tf: 28,9 (1930); 15 (1933)
Antrieb: 2 2z.tGM/Bolinder - . / 2 x 35 = 70 PSe (1911); 2 6z4tDM / Deutz - . / 2 x 60 = 120 PSe (1923); 2 S; 2 R
Bes: 4 / Pass: 200 / BA: Stahl
Neubau ALBERT BALLIN für Wyker Dampfschiffs-Rhederei GmbH, Wyk (Föhr), US-Signal: LNHC; 14.5.1911 Probefahrt; lief unter Reichspostflagge, schlechtes Seeschiff; 1919 A/S Moens Dampskipsselskab, Stege (Dänemark), STEGE, US-Signal: NBQR; 1930 Karl Grammersdorf, Kiel; 27.3.1930 Franz Neubert, Bernburg, ANNA-GERTRUD (II); 6.4.1932 Lina Fablansson, Bernburg; 9.5.1933 Fritz Pietsch, Juodkrante / Schwarzort (Memelgebiet), SCHWARZORT; 24.10.1942 Hans Lucke, Pillau; 13.5.1943 Willi Beisker, Hamburg, nach Waren (Müritz) überführt; nach 1945 nicht eingesetzt; 1950/51 beim Wasserstraßenamt Waren abgewrackt

**SACHSEN-ANHALT** 3-137, P-701
Typ: PMS / Bj: 1927 / Werft: Hitzler (430)
Lüa: 21,00 / Büa: 4,50 / SH: 1,45 / Tf: 43 (1927)
Antrieb: 1 .z.tDM / Jastram - . / 45 PSe (1927); 1 .z.tDM / Deutz - . / 90 PSe (1935); 1 S; 1 R
Bes: 2 / Pass: 120 (1927), 200 (1935), 220 (1946) / BA: Stahl
Neubau MARTHA für Peter Heinrich Bardowicks, Bardowick; 15.5.1930 Gebr. Luxenius, Nienburg/S., SACHSEN-ANHALT; 26.8.1939 stillgelegt; Anfang 1946 Wiederaufnahme Personenverkehr; 25.10.1958 DSU Dresden, TORGAU; 1977 außer Dienst; 1.1.1978 Werkstattschiff; 1979 abgewrackt

**IRENE** 3-145
Typ: PMS / Bj: 1915 / Werft: , Berlin-Rummelsburg
Lüa: 14,20 / Büa: 2,90 / T: 0,38 / Tf: 12,2 (1949); 13,3 (1957)
Antrieb: 1 4z.tM / 15 PSe (1915); 1 .z.tOM / NSU - . / 40 PSe (ca. 1932);

1 2z2tDM / Junkers - . / 45 PSe; 1 S; 1 R; v: 18
Bes: 1 - 2 / Pass: 76 (1931), 74 (1932), 50 (19 . . ), 66 (19 . . ) / BA: Stahl
Fährboot der Fa. Adolf Lübeck, Berlin; 1932 Franz Neubert, Bernburg; Frühjahr 1939 Treibgasantrieb; 21.6.1942 Fahrteinstellung; 1945/46 Heinz Riedel, Bernburg; 28.8.1957 Rat der Stadt Krakow; 24.9.1964 Rat der Stadt Grabow; 8.1977 Privateigner; 1989 vorhanden

**GERMANIA** --> S. 118

**ANNA-GERTRUD (III)** --> S. 117

**NIXE**
Typ: PMS / Bj: 1929 / Werft: , Amsterdam
Lüa: ca. 18 / Büa: ca. 3 / T,l: 0,60 / T,b: 0,80 / Tf: 10
Antrieb: 1 6z4tDM / MAN - . / 60 PSe; 1 S; 1 R
Bes: ca. 2 / Pass: 98 / BA: Stahl
Neubau STROPP für unbekannten Eigner; 4.9.1929 Kreis Moers, KREIS MOERS NR. 8, Heimatort Orsoy; 11.2.1937 Gebr. Luwen, Schiffahrts- und Handelsgesellschaft, Duisburg-Ruhrort, NIXE; 5.4.1937 Henriette Braunstedter, Bernburg; 9.1939 bei Grieseler-Werft, Mukrena auf Land; 1945 bei Sprengungen beschädigt; nach Reparatur nach Berlin, dort ZMS; Verbleib?

**LIBELLE**
Typ: PMS / Bj: 1927 / Werft: Kelling, Erkner
Lüa: 12,42 / Büa: 3,15 / T: 0,80 / SH: 1,02 / Tf: 11
Antrieb: 1 4z4tOM / Ford - . / 40 PSe; 1 S; 1 R
Bes: ca. 2 / Pass: ca. 80 / BA: Stahl
1939 im Märkischen Raum von Joh. Braunstedter Wwe., Bernburg angekauft; 9.1939 aufgelegt; 15.8.1943 Omnibusbetrieb Otto Kontny, Grimma, GATTERSBURG; nicht in Fahrt; 1950 Rumpf verlängert; 1.1.1951 an Motorbootsbetrieb Talsperre Kriebstein vermietet, HÖFCHEN; 1.1.1953 in Charter Rat des Kreises Hainichen; 13.1.1969 in Charter VEB (K) Naherholung Talsperre Kriebstein; 5.1972 Zwangsverkauf; 24.10.1983 Rat der Gemeinde Schlaiz (Muldestausee), MULDESTAUSEE, später MULDEPERLE; nicht in Fahrt; 1984 abgewrackt

**LAZI** 2-F-691, 11 M 63-13, 15 M 21-41
Typ: PMS / Bj: 1925 / Werft: Mukrena
Lüa: 14,00 / Büa: 2,20 / T,l: 0,20 / T,b: 0,40 / SH: 0,65 / Tf: 6,5; 3,9 (1950)
Antrieb: 1 1z.tDM / Deutz - . / 5 PSe (1925); 1 1z.tDM / Güldner - . / 11 PSe (ca. 1946); 1 S; 1 R; v: 8
Bes: 1 / Pass: 72 (1946), 39 (1954) / BA: Stahl, Holz
Fährboot für Walter Schule, Bernburg; ca. 1939 Joh. Braunstedter Wwe., Bernburg; 8.1945 erste Passagierfahrten nach 2. Weltkrieg; 1950 an Badeanstalt Dessau (KWU Dessau) vermietet; später an Stadt Dessau verkauft; 1954 DSU Dresden - Fahrgastschiffahrt Saalburg; um 1965 Privateigner

**SAALEFEE (I)** 3-148
Typ: PMS / Bj: 1932 / Erbauer: Gebr. Hoßbach, Nienburg/S.
Lüa: 8,00 (1932); 14,00 (1948) / Büa: 2,20 / T,l: 0,30 / T,b: 0,97 / Tf: 8 (vor Umbau 1948); 15,8 (nach Umbau 1948)
Antrieb: 1 4z.tOM / Breuer - 4 BG / 30 PSe (19 . . ); 1 .z.tDM / Junkers - . / 20 PSe; 1 S; 1 R; v: 12
Bes: 2 / Pass: ca. 50 (vor Umbau 1948), ca. 70 (nach Umbau 1948) / BA: Stahl
Sportboot der Erbauer; 1946 Heinz Riedel, Bernburg; 1948 bei Gallendin & Haffner, Bernburg verlängert; 1.10.1954 Vermögensverwaltung des FDGB mbH, 7. OKTOBER, Heimatort Zechliner Hütte; 2.10.1956 Bootsvermietung Alfred Sengebusch, Waren (Müritz); Winter 1956/57 Um- und Neuausbau; keine Zulassung für geplanten Einsatz auf Tiefwarensee; aufgelegt; 1968/69 Hans Hartel, Waren (Müritz); auf Müritz überführt, Rumpf ca. 4 m gekürzt; Einsatz als privates Sportboot geplant, aber nicht realisiert; ca. 1970 abgewrackt

**GIEBICHENSTEIN** --> S. 117 (Bj: 1912)

**LIBELLE** 3-292, P-226
Typ: (Stubo --> ) PMS / Bj: 1944 / Werft:
Lüa: 15,40 / Büa: 3,20 / T: 1,01 / Tf: 7,6 (Abmessungen nach Umbau zum PMS)
Antrieb: 2 .z.tOM / Maybach - . / 2 x 250 = 500 PSe (1944); 1 .z.tDM / 40 PSe (Bb.) + 1 .z.tOM / 50 PSe (Stb.) (1950); 1 .z.tDM / 35 PSe (1951, eine Seite in Ballast); 2 .z.tDM / MWM - H 3 A / 45 PSe (19 . . ); 2 S; 2 R
Bes: ca. 2 / Pass: 75 / BA: Holz
"schweres Pionier-Sturmboot 42" für Wehrmacht (Heer) gebaut; 1945 beschädigt in Norddeutschland; 1947/48 Max Weimann, Alsleben; ohne Motor und Heck beschädigt übernommen; bis 1950 Reparatur und Umbau auf Grieseler-Werft, Mukrena; 9.1952 Max Zorn, Saalburg; Winter 1952/53 Überführung auf Hohenwartestausee; 1961 VEB Kraftverkehr Schleiz, Abt. Schiffahrt; 1970 außer Dienst, abgewrackt

**SAALEFEE (II)** --> S. 76

**MERSEBURG** --> S. 118

**Projekt "Stadtbezirksklasse"** (Typschiff FONTANE, Bj: 1972)
Typ: PMS / Bj: - / Werft: Mukrena
Lüa: 39,44 / Büa: 5,08 / T,b: 1,55 / SH: 1,81
Antrieb: 2 6z4tDM / DMW Schönebeck - 6 VD 14,5 / 2 x 104 = 208 PSe; 2 S; 1 R; $v_{höchst}$: 28; $v_{Dienst}$: 12-15
Bes: 3 + . Wirtschaftspers. / Pass: 365 / BA: Stahl
1972 durch VEB Naherholung Bernburg bestellt; Ende 1974 aus finanziellen Gründen storniert

**PIONIER** 15 M 21-7
Typ: MF / Bj: 1957 / Werft: , Aken
Lüa: 9,12 / Büa: 1,92 / T: 0,48 / SH: 0,73 / Tf: 2
Antrieb: 1 .z.tM / 6 PSe; 1 S; 1 R
Bes: 1 / Pass: / BA: Stahl
Stadtreinigung Bernburg; 1.1.1975 VEB Naherholung Bernburg; 1976 außer Dienst; für einen Kindergarten auf Land gesetzt; 1988 abgewrackt

**BERNBURG** 15 M 21-104
Typ: MF / Bj: 1958 / Werft: , Aken
Stadtreinigung Bernburg; 1.1.1975 VEB Naherholung Bernburg; ca. 1980 außer Dienst; 1981 abgewrackt

**EINHEIT** 15 M 21-98
Typ: MF / Bj: 1966 / Werft: Mukrena
Lüa: 14,36 / Büa: 4,20 / T: 0,42 / SH: 1,04
Antrieb: 1 2z2tGDM / DMW K.-M.-Stadt - . / 27 PSe (1966); 1 4z4tDM / DMW Cunewalde - . / 45 PSe / 33 kW (19 . . ); 1 S; 1 R
Bes: 1 / Pass: 130 / BA: Stahl
Stadtreinigung Bernburg; 1.1.1975 VEB Naherholung Bernburg; zeitweise Ausflugsfahrten; 1990 Stadt Bernburg; 1992 in Fahrt

**SAALEFEE (III)** P-178
Typ: PMS / Bj: 1987 / Werft: Yachtwerft (56)
techn. Daten --> STADT MAGDEBURG S. 120
Typ Bifa III-lang; 3.1.1986 Auftragsvergabe durch VEB Naherholung Bernburg; 1.9.1987 Kiellegung; 14.11.1987 Stapellauf; 29.12.1987 Werftübergabe; 15.-16.1.1988 Überführung; 23.1.1988 Eröffnungsfahrt auf Saale; 1990 Stadt Bernburg, Sport- und Freizeitamt; 1992 in Fahrt

**SAALETAL (III)** --> S. 119

# 6. Schiffahrt in Leipzig

Von den rechtsseitigen Nebenflüssen der Saale wurde lediglich auf der Weißen Elster und der Pleiße Schiffahrt betrieben. In der Neuzeit reduzierte sich dies auf die Stadt Leipzig, gelangte dabei aber nie zu wirklicher Bedeutung.
Es besteht die Vermutung, daß die Weiße Elster schon in vorgeschichtlicher Zeit und später dann im 10. Jahrhundert als Schiffahrtsweg gedient hat. Auch auf der Pleiße lassen sich schon zwischen dem 7. und 9. Jahrhundert Schiffahrtsaktivitäten belegen. Hauptsächlich transportierte man Baustoffe, deneben wurde auch geflößt.
Mitte des 19. Jahrhunderts gewann die Schiffahrt auf der Weißen Elster wieder eine gewisse Aktualität. Der Leipziger Rechtsanwalt Dr. Karl Heine, der sehr viel für die Entwicklung des Leipziger Westens tat, wollte einen Verbindungskanal zwischen Weißer Elster und Saale schaffen. Schon 1851 ließ er den ersten Transportkahn für die Weiße Elster bauen. 1856 wurde an der Nonnenstraße mit dem Bau des von der Elster abzweigenden Kanals begonnen. Dabei stand allerdings vorerst nicht die Verbindung zur Saale, sondern die erweiterten Möglichkeiten des Baustofftransportes für Heines Ausbaupläne im Vordergrund. 1862 besaß er schon 16 Kähne zum Transport von Ziegelsteinen und Kohle, sowie zur Abfuhr des Heues von den Auenwiesen.
Dr. Heine war ein fortschrittlicher Mann, der seine Pläne mit moderner Technik verwirklichte. War schon die Idee und die Ausführung des Kanal-Baues außergewöhnlich, so war die Einführung der Dampfkraft vorerst auf der Weißen Elster ein weiterer zukunftsweisender Schritt. 1862 bestellte er seinen ersten kleinen Schleppdampfer, den er PRIMUS nannte. Das Schiff kam 1863 in Fahrt. Mit der COLUMBUS folgte im gleichen Jahr noch der nächste Schlepper. In anhängenden Kähnen wurde dann auch bald an Sonn- und Feiertagen eine Personenschiffahrt eröffnet. Dr. Heine war bestrebt, diesen Passagierverkehr zu erweitern und bestellt daraufhin ein Personendampfschiff. Im April 1864 werden Schiffskörper, Maschine, Kessel usw. von der Otto Schlick Maschinen- und Schiffsbau Anstalt, Dresden Neustadt nach Leipzig geliefert und dort zusammengesetzt. Der auf den Namen NEPTUN getaufte Dampfer fuhr am 25. Juni 1864 als Spitzenschiff bei der feierlichen Eröffnung des Kanals bis zur König-Johann-Brükke. Dort landeten die Festgäste und Heines 500 Arbeiter unter Musik und Böllerschüssen.
Der Personenverkehr auf der Elster und dem Kanal erfolgte über viele Jahre, schlief dann allerdings ein. Erst im Jahre 1890 wurde er durch die Leipziger Westend-Baugesellschaft wieder eröffnet. Am 13. Mai nahmen COLUMBUS und NEPTUN mit Anhängerkähnen wieder ihre Fahrten an Sonn- und Feiertagen auf. Hierzu wurde sogar der sächsiche Finanzminister geladen. Vorerst entwicklete sich das Unternehmen recht günstig. Allein bis zum 28. September wurden 33.663 Personen befördert. Die Fahrgastzahlen gingen dann allerdings langsam wieder zurück. 1896 mußte der Personenverkehr aufgegeben werden. Die neu eingerichteten Straßenbahnverbindungen mit ihren billigen Preisen hatte den Reiz des Neuen und führten zur Abwanderung der Fahrgäste.
Die Wiedereröffnung der Personendampfschiffahrt im Jahre 1890 stieß auf Widerstand des Fischers Franz Raue, der auch einen Gondel- und Sandbaggerbetriebe unterhielt. Er sah eine Konkurrenz für seinen Gondelverkehr. Im Sommer 1903 brachte Raue dann aber schließlich selbst ein Motorboot in Fahrt. Die Fahrten gingen von seiner Einsteigestelle am Schreberbad auf der Elster bis Schleusig. Nach dem 1.Weltkrieg motorisierte er gemeinsam mit seinem Sohn Fritz, der dann auch bald das Geschäft übernehmen sollte, den Stechkahn LAHN.
Die Personenmotorschiffahrt in größerem Rahmen begannen aber erst Anfang der 30er Jahre durch Fritz Raue. 1931 nahm sein VS LEIPZIG (VS = Vergnügungsschiff) die Fahrten durch den Elsterflutgraben mit den Stationen Rennbahn und Linie zum Connewitzer Holz auf. Dieses Motorboot fand beim Publikum Anklang, so daß Fritz Raue ab 1936 mit dem Neubau VS SACHSEN ein zweites Fahrzeug einsetzte. Um die Fahrten während des 2. Weltkrieges aus Treibstoffmangel nicht einstellen zu müssen, verlegte man im Elsterflutgraben ein Drahtseil, an dem das Schiff über eine Winde gezogen wurde. Damit war dann 1943 aber auch Schluß, denn Raues Motorboote waren bei Bombenangriffen beschädigt worden. Bald nach Beendigung des 2. Weltkrieges setzte Fritz Raue die VS LEIPZIG und VS SACHSEN nach den notwendigen Reperaturen wieder in Fahrt. Als Hilfsfahrzeug legte er sich für sein

**Bild 6.1: Dampfschiffe im Karl-Heine-Kanal in Plagwitz, in der Mitte NEPTUN mit Passagierkähnen, ganz rechts PRIMUS oder COLUMBUS** **Foto: Museum Leipzig**

**Bild 6.2: Plakat zur Eröffnung der Heine'schen Dampfschiffahrt Leipzig - Plagwitz**

Foto: Museum Leipzig

**Bild 6.3: Zeitgenössische Darstellung eines Heine'schen Schleppdampfers**

Quelle: Koch

**Bild 6.4: VS LEIPZIG in den 30er Jahren** **Foto: Slg. Dexheimer**

Unternehmen noch das Motorboot ELSTER zu. Seine Fahrten auf der alten Strecke führte er bis ca. 1960 durch. Infolge Verschlammung des Elsterflutgrabens war aber die Tauchtiefe so gering geworden, daß er auf die Weiße Elster ausweichen mußte. Bis 1962 unterhielt er noch zwischen Klingerbrücke und Schleußig seine Passagierlinie. Aus Altersgründen gab er schließlich sein Geschäft auf.

Den Leipzigern stand neben den beiden Raue`schen Schiffen ab Mitte der 30er Jahre auf dem Elsterstausee aber noch eine weitere Möglichkeit der Zerstreuung und Erholung auf Schiffen zur Verfügung. Zum Hochwasserschutz der Stadt Leipzig und zur Reinigung des Elsterflutbeckens wurde zwischen 1933 und 1935 im Raum Bösdorf - Knauthain - Knautkleeberg der Elsterstausee angelegt. Er hatte eine Länge von 1700 m und war 800 m breit. Die Tiefe betrug 2 bis 5 m. Von Anfang an war geplant, dieses Gebiet als Erholungsgebiet mit Strandanlagen, Bootsstationen und Kaffeehäusern auszubauen.

Der Bürgermeister der Gemeinde Bösdorf kaufte 1935 zwei Motorschiffe an und brachte sich als LEIPZIG I und SACHSEN II in Fahrt. Der Versuch glückte, das Publikum sprach hierauf positiv an. Bald konnte mit der HINDENBURG ein drittes Motorboot seinen Dienst aufnehmen. Bemerkenswert ist, daß diese Fahrzeuge mit einer zusätzlichen Segelausrüstung bestückt waren.

Der Ausbruch des 2. Weltkrieges beendete dann allerdings vorerst bald die Rundfahrten auf dem Elsterstausee. Nach 1945 übernahm die Bäderverwaltung der Stadt Leipzig (später VEB Städtische Bäder Leipzig) die Schiffe. Aber nur LEIPZIG I, inzwischen umbenannt in FREUNDSCHAFT nahm die Fahrten wieder auf. SACHSEN II und HINDENBURG mußten abgebrochen werden. Als Ersatz kaufte man aber 1950 ein ehemaliges Fährboot an und brachtes als IMMER BEREIT in Fahrt.

**Bild 6.5: VS SACHSEN an Anlegestelle Klingerweg, 1959** **Foto: Golzsch**

**Bild 6.6: Passagiermotorschiffe um 1937 auf dem Elsterstausee; v.l.n.r.: HINDENBURG, SACHSEN II, LEIPZIG I** **Foto: Slg. Golzsch**

Durch Ausbau des Braunkohlentagebaues Zwenkau wurde der Elsterstausee in den Jahren 1973/74 drastisch verkleinert. Die Personenschiffahrt verlor dadurch erheblich an Reiz. Das verbliebene Motorschiff IMMER BEREIT wurde aus diesem Grund 1977 aufgelegt und schließlich 1982 abgebrochen. Die FREUNDSCHAFT war schon 1964 aus dem Verkehr gezogen worden. Damit endete auch dieses Kapitel Leipziger Schiffahrt. Nur an einer Stelle des Leipziger Stadtgebietes, auf dem Auensee, befindet sich noch ein kleines Motorfahrzeug. Der Auensee ist ein Produkt des Baues des Leipziger Hauptbahnhofes. Der benötigte Kies wurde hier gebaggert und so entstand über die Jahre dieser See. Heute hat er eine Größe von ca. 250.000 m² und ist bis zu 14 m tief. 1909 begannen von Seiten der Wahren-Bernecker-Grundstücksgesellschaften die Projektierungsarbeiten für den Ausbau als Erholungsgebiet. Die Genehmigung hierfür wurde schließlich bald erteilt und es kam zur Gründung der Lunapark-Gesellschaft mbH. 1912 wurde der Lunapark feierlich eröffnet. Den Gästen wurde viel geboten: Strandbad, Gondelstation, mehrere Restaurants, Hippodrom, Miniatureisenbahn usw.. Ein Jahr darauf hatte sich der See weitgehend aufgefüllt und 1914 wurde schließlich die Genehemigung zum Betreiben eines Motorbootes für 50 Personen erteilt. Es war vermutlich bis Mitte der 30er Jahre in Fahrt. Erst um 1956/57 konnten mit dem kleinen Motorfahrzeug WIKING wieder Rundfahrten aufgenommen werden. Dieses Motorboot, das 1958 in WELTFRIEDEN umbenannt wurde, ist noch heute in Fahrt.

**Bild 6.7: FREUNDSCHAFT ex LEIPZIG I 1963 auf dem Elsterstausee** **Foto: Golzsch**

Bild 6.8: IMMER BEREIT 1963 auf dem Elsterstausee

Foto: Golzsch

Bild 6.9: WELTFRIEDEN ex WIKING 1988 auf dem Leipziger Auensee

Foto: Golzsch

**PRIMUS**
Typ: ZDS / Bj. 1863 / Werft: Dresden-Neustadt (1)
Lpp: 8,79 / BaSp: 1,20 / T: 0,46 /SH: 0,90
Antrieb: 1 1z1fEM / 8 PSi; 1K / 2 atü; 1 S; 1 R
Bes. ca. 2 / BA: Eisen
Neubau für Dr. Karl Heine, Leipzig; 1890 nicht mehr in Fahrt; Verbleib ?

**COLUMBUS**
Typ: ZDS / Bj. 1863 / Werft: Dresden-Neustadt (2)
Lpp: 9,95 / BaSp: 1,80 / T: 0,70 / SH: 1,07
Antrieb: 1 1z1fEM/ 10 PSi; 1 K/ 3 atü; 1 S; 1 R
Bes: ca. 2 / BA: Eisen
Neubau für Dr. Karl Heine, Leipzig; bis mindestens 1896 in Fahrt; Verbleib?

**NEPTUN**
Typ: PDS/ Bj: 1864 / Werft: Dresden-Neustadt (4)
Lpp: 15,76/ BaSp: 3,00 / T: 0,79 / SH: 1,60
Antrieb: 1 1z1fEM/ 15 PSi; 1 K/ 4 atü; 1 S; 1 R
Bes: ca. 2 / BA: Eisen
Neubau für Dr. Karl Heine, Leipzig; bis mindestens 1896 in Fahrt; Verbleib?

**Raue'sches Motorboot**
1903 Franz Raue, Leipzig; vermutl. nur kurzzeitig Passagierfahrten; Verbleib?

**LAHN**
Typ: motorisierter Stechkahn/ Erbauer: Franz Raue, Leipzig
nach 1. Weltkrieg für Erbauer im Personenverkehr; Verbleib ?

**VS LEIPZIG** P-713
Typ: PMS / Bj: 1930 / Werft: . , Berlin-Stralau
Lüa: ca. 20 / Büa: ca. 4 / T: 1,00 / Tf: 21
Antrieb: 1 .z.tOM/ 50 PSe (1930); 1 .z.tDM/ 30 PSe (1932); 1S; 1R
Bes: ca. 2 / Pass: 108 / BA: Stahl, Holz
1931 Fritz Raue, Leipzig; 1943 bei Luftangriff beschädigt; nach 1945 wieder in Fahrt; nach 1962 aufgelegt; ca. 1970 abgewrackt

**VS SACHSEN** P-712
Typ: PMS/ Bj: 1936/ Werft: Exquisitwerft
Lüa: ca. 19/ Büa: ca. 4 / T: 1,00 / Tf: 28,2
Antrieb: 1 6z4tDM/MAN - . / 55 PSe; 1S; 1R
Bes. ca. 2 / Pass: 104 / BA: Stahl
Neubau für Fritz Raue, Leipzig; 1943 bei Luftangriff beschädigt; nach 1945 wieder in Fahrt; nach 1962 aufgelegt; ca. 1965 abgewrackt

**ELSTER**
Typ: Arbeitsboot
nach 1945 von Fritz Raue, Leipzig ohne Antriebsanlage angekauft; 1962 aufgelegt; 1970 abgebrochen

**LEIPZIG I --> FREUNDSCHAFT** 3-172, P-...
Typ: PMS / Bj: . / Werft:
Lüa: ca. 12,5 / Büa: ca. 3,5
Antrieb: 1 .z.tDM; 1S; 1R
Bes. ca. 2 / Pass: 84 (19 . .), 94 (19 . .) / BA: Stahl
1935 Gemeinde Bösdorf; erstes PMS auf Elsterstausee; zusätzliche Segelausrüstung; 9.1939 aufgelegt; nach 1945 wieder in Fahrt; ca. 1950 Einbau Steuerhaus, leichtes Verdeck, FREUNDSCHAFT; 1964 nach Schiffswerft Bad Schandau; ca 1973/74 verkauft; Verbleibt ?

**SACHSEN II**
Typ: PMS
1935 Gemeinde Bösdorf; zusätzliche Segelausrüstung; 9.1939 aufgelegt; nach 1945 abgewrackt

**HINDENBURG**
Typ: PMS / Pass: ca. 15
1935 Gemeinde Bösdorf; zusätzliche Segelausrüstung; 9.1939 aufgelegt; nach 1945 abgewrackt

**IMMER BEREIT** 3-171, P-237
Typ: PMS / Bj: 1904 (n.a.A. 1924) / Werft: . , Hamburg-Finkenwerder
Lüa: 12,84 / Büa: 2,76 / T,l: 0,71 / T,b: 1,10 / SH: 1,45 /Tf: 8,3 ; 7,6
Antrieb: 1 2z2tGDM/ Junkers - 2 HK 65 / 20 PSe (19 . .); 1 .z4tDM/DMW K.-M.-Stadt - 2 NZD 9/12 / 24,5 PSe (1976); 1 S; 1 R
Bes: ca. 2 / Pass: 40 (19 . .), 34 (19 . .) / BA: Stahl
1950 Städtische Bäder Leipzig; bis 1977 auf Elsterstausee in Fahrt; 1982 abgewrackt

**Lunapark-Motorboot**
Typ: PMS / Pass: ca. 50
1914 Lunaparkgesellschaft für Auensee; bis 1935 in Fahrt; Verbleib ?

**WIKING --> WELTFRIEDEN** 4M21-83; P-233
Typ: PMS / Bj: 1945 / Werft: . , Parchim
Lüa: 10,80 / Büa: 2,62 / T: 0,53 / SH: 0,78 / Tf: 3,4
Antrieb: 1 .z.tDM / 12,5 PSe / 9,2 kW; 1 S; 1 R
Bes: ca. 2 / Pass: 34 / BA: Stahl
1956/57 in Mecklenburg durch VEB Bäderverwaltung Leipzig angekauft; 1958 WELTFRIEDEN; 19 . . VEB Städtische Bäder Leipzig; 1990 Rat der Stadt Leipzig, Sport- und Bäderamt, Bootsbetrieb Auensee; 1991 in Fahrt

# 7. Schiffe und Boote der Wasserbauinspektionen und ihrer Nachfolger

Der schiffbare Teil der Saale befand sich im 19. und bis ins das 20. Jahrhundert hinein auf preußischem und anhaltischem Gebiet. Die Regierung der preußischen Provinz Sachsen unterhielt in Naumburg und Halle/S. Wasserbauinspektionen, die wiederum zur Elbstrombauverwaltung in Magdeburg gehörten.
Der Königlichen Wasserbauinspektion Naumburg unterstand die ganze Unstrutstrecke und die Saale bis Merseburg. Der daran anschließende Flußabschnitt bis zur anhaltischen Grenze wurde von der Wasserbauinspektion Halle/S. verwaltet. Die Saalestrecke um Bernburg gehörte zum Bereich der Herzoglich Anhaltischen Wasserbauverwaltung in Dessau, während die Aufgaben auf der wiederum anschließenden preußischen Strecke bis zur Mündung direkt von Magdeburg aus wahrgenommen wurden.
Die Bezeichnung dieser Institutionen wechselten später mehrmals. Als der Ausbau des Mittellandkanal-Südflügels in Angriff genommen wurde, wurden zusätzliche Wasserstraßenneubauämter bzw. Kanalbauämter in Merseburg und Bernburg gegründet.
Diese Institutionen, die auch strompolizeiliche Aufgaben zu erfüllen hatten, benötigten Bereisungen-, Aufsichts- und Schleppfahrzeuge. Vor Einführung der Dampfkraft auf Saale und Unstrut fanden die Strombereisungen auf antriebslosen Kähnen oder einfach zu Pferde am Ufer entlang statt.
Eine erste Bereisung mit einem Dampfboot läßt sich 1872 nachweisen. Vom 11. bis 14. Juli 1872 überführten der Steuermann Ulrich und der Maschinist Kohlstech das Fahrzeug von Bernburg nach Merseburg. Zwischen dem 22. und 27. Juli befuhr der Königliche Regierungs- und Baurat Sasse damit Saale und Unstrut bis Artern. Das Fahrzeug war offensichtlich sehr klein, denn die Teilnehmer ließen sich in einer anhängenden Gondel schleppen. Weitere Bereisungen sind im April/Mai 1873 und im Jahre 1875 oberhalb Weißenfels und auf der Unstrut nachweisbar. Das Dampfboot gehörte einem Herrn Leutzsch.
1878 bestellte die in Merseburg residierende Königliche Preußische Provinzialisierung den ersten sogenannten fiskalischen Dampfer für Saale und Unstrut. Man war offentsichtlich bestrebt, von Anmietungen unabhängig zu werden und auch den Einsatz freier disponieren zu können. Der preußische Staat spielte mit dem Bau der ANNA, so war das Schiff getauft worden, eine gewisse Vorreiterrolle. Während die bis dahin aufgetauchten Dampfer nur relativ kurzzeitige Einzelerscheinungen darstellten, wurde nun ein regierungseigenes Schiff ständig hier stationiert. Die erste größere Bereisung fand im Juni 1879 statt. Die ANNA befuhr dabei die ganze Strecke der schiffbaren Saale und Unstrut. Ihr späterer Einsatz beschränkte sich dann allerdings hauptsächlich auf die Unstrut und die Saale oberhalb Merseburg.
Die Wasserbauinspektion Halle/S. war vermutlich durch die praktische Demonstration der ANNA schnell zu der Erkenntnis gekommen, daß auch ihre Aufgaben durch Einsatz eines Dampfschiffes leichter zu bewältigen wären. Noch 1879 stellte sich den entsprechenden Antrag bei der übergeordneten Behörde. Bis zur tatsächlichen Auftragsvergabe sollten aber noch Jahre vergehen. Vorerst war man sich noch nicht einig, ob das neue Fahrzeug ein Holz-oder Eisenbau werden sollte. Schließlich entschied man sich wegen der zu erwartenden geringeren Reparaturanfälligkeit für ein eisernes Boot. Das Schiff konnte im Herbst 1883 als HALLE (I) übernommen werden. Ab 1885 wurde es, z.T. gemeinsam mit der ANNA für die jährlichen Strombereisungen eingesetzt. Es zeigten sich allerdings bald, daß sich dieses Fahrzeug wegen seiner offenen Bauweise und dem relativ kleinen Brennstoffvorrat doch mehr für den lokalen Hallischen Bereich eignete.
Die Wasserbauinspektion bemühte sich um ein größeres und repräsentativeres Fahrzeug, das für längere Streckenbereisung besser geeignet war. Da um 1889 der Verkauf des Hallischen Personendampfschiffes HOHENZOLLERN anstand, übernahm man dieses Fahrzeug. Von nun an erfolgten die Bereisung von Artern bis zur Saalemündung nur noch mit der HOHENZOLLERN.
Ab 1892 wurde für die ANNA Ersatz gefordert. Im April 1896 konnte die Königliche Wasserbauverwaltung den Neubau UNSTRUT (I) übernehmen. Anfang Mai traf das Fahrzeug in seinem neuen Stationsort Freyburg/U. ein und löste die ANNA ab.
Kurz vor der Ablieferung der UNSTRUT (I) lief auch der Ersatzbau für die

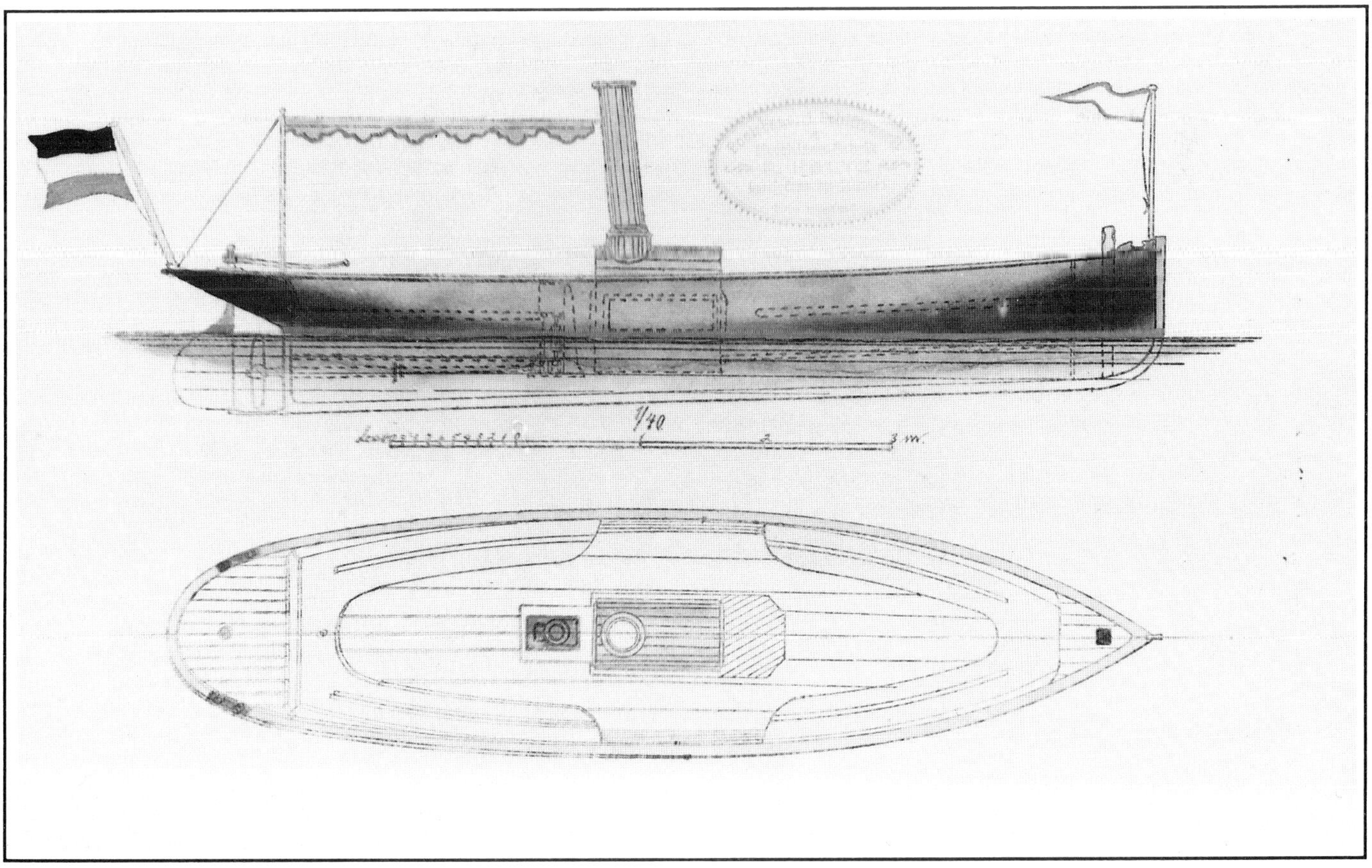

**Bild 7.1: Bereisungsboot HALLE (I), Generalplan** **Foto: Slg. Schwarz**

HOHENZOLLERN vom Stapel. Man war bei der Wasserbauinspektion Halle/S. offensichtlich zu der Ansicht gelangt, daß die HOHENZOLLERN nur eine Zwischenlösung sein könne. Das Schiff war mit seiner geringen Antriebsleistung nicht in der Lage, die für den Wasserbau notwendigen Schleppfahrten durchzuführen. Auch dürfte die hölzerne Bauart Probleme gebracht haben. Alle anstehenden Forderungen sollten mit einem Neubau befriedigt werden. Das neue Schiff, ein Doppelschrauber, das den Namen SAALE (I) erhielt, wurde ihnen vollauf gerecht. Es war mit Unterbringungsmöglichkeiten für längere Strombereisungen versehen. Den Notwendigkeiten des Schleppereinsatzes entsprechend war es mit zwei Verbundmaschinen ausgerüstet, die auf jeder Welle 40 PSi entwickelten. Die SAALE (I) war von nun an für Jahrzehnte das "Arbeitstier" unter den fiskalischen Fahrzeugen auf der Saale. Die Wasserbauinspektion war jetzt nicht mehr auf Fremdleistungen, z.B. für das Schleppen der Bagger und Baggerprähme durch Kettendampfer angewiesen.

Im Regierungsbezirk Merseburg befanden sich zu dieser Zeit die Dampfbagger BISMARCK (1869/Stettiner Vulcan, Stettin), MOLTKE (1879/Sächs. Dampfschiff-u. Maschinenbauanstalt, Dreden-Neustadt), MOLCH (1881/Stettiner Vulcan, Stettin), MAYBACH (?/Gebr. Schulz, Mainz) und der Greifbagger GREIF (1884/?) auf der Saale im Einsatz.

Die SAALE (I) erfüllte strompolizeiliche Aufgaben, wurde aber auch, um ihren wirtschaftlichen Einsatz zu gewährleisten, zu Schleppeinsätzen an Privatfirmen vermietet. 1896 unternahm das neue Schiff seine erste Saalebereisung, damals noch mit der HOHENZOLLERN zusammen, die anschließend außer Dienst stellte. In den darauffolgenden Jahren wurden die jährlichen Bereisungen dann hauptsächlich mit der SAALE (I) durchgeführt, wobei man z.T. aber auch abschnittsweise die Fahrzeuge wechselte. Im Jahre 1900 wurde die Unstrut und der Saaleoberlauf mit der UNSTRUT (I) befahren, ab Gimritz-Schleuse in Halle ging es mit der SAALE (I) bis Calbe weiter, wo von der dortigen Schleuse schon der Raddampfer FREYA (1889/Sachsenberg, Roßlau) der Elbstrombauverwaltung bereitlag, auf dem man die restliche Straße bis Saalhorn zurücklegte. Es kam aber auch vor, daß die Bereisung mit Fahrzeugen der Elbreedereien durchgeführt wurden. 1906 befuhr man die Strecke unterhalb Halle mit dem Dampfer FLOSSHILDE (1900/Kette-Werft, Dresden) der KETTE, wobei dies gleich mit einer Revision der Kettendampfer verbunden wurde.

Vorest kamen zur fiskalischen Saale/Unstrut-Flotte keine neuen Schiffe mit Eigenantrieb hinzu. 1913 befand sich das Dampfboot HALLE (I) in solch desolatem Zustand, daß eine Ausbesserung nicht mehr lohnend erschien. Ein Ersatzbau war notwendig. Das Wasserbauamt Halle orientierte dabei von vornherein auf ein Motorfahrzeug. Schon am 30. Juni 1914 konnte das MERSEBURG getaufte Stromaufsichtsboot übernommen werden. Das neue Fahrzeug sollte vorerst bei Vorarbeiten für eine Hochwasser- und Deichregulierung zwischen Bad Dürrenberg und Halle Verwendung finden, sowie in den Sommermonaten zeitweilig in Merseburg stationiert sein, während die HALLE (I) bis auf weiteres für den Strompolizeidienst im Bereich Halle im Einsatz bleiben sollte. Aus der geplanten Außerdienststellung der HALLE (I) wurde aber infolge des inzwischen ausgebrochenen 1.Weltkrieges nichts. 1916 wurde es als "noch verwendungsfähig" bezeichnet und mit einem entsprechenden Aufwand schließlich sorgar bis ca. 1930 in Fahrt gehalten.

Die MERSEBURG nahm zusammen mit der HALLE (I) und der SAALE(I) auch wichtige Aufgaben wahr, die im Blickfeld der Öffentlichkeit erschienen, wie z.B. Sicherungsaufgaben bei Rudergatten oder beim alljährlich stattfindenden Hallischen Laternenfest, das seit eh und je mit einem Bootskorso verbunden war.

Für den anhaltischen Teil der Saale stand der Bereisungsdampfer ANHALT der Anhaltischen Wasserbauverwaltung zur Verfügung. Das Schiff wurde nach Bedarf von der Elbe zur Saale verlegt.

Im Raum Calbe war bis dahin noch kein Fahrzeug stationiert. 1925 beorderte die Elbstromverwaltung das Motorboot ALAND nach dort.

In den Jahren 1931/32 wurden HALLE(I) und UNSTRUT(I) durch gleichnamige Neubauten ersetzt, deren Einsatzgebiete auch erhalten blieben.

Der Anfang der 30er Jahre in Angriff genommene Ausbau des Mittellandkanal-Südflügels, in den die zuständigen Wasserbauämter mit ihrern Kapazitäten voll eingebunden wurden, stellte neue und höhere Anforderungen an deren Schiffspark. Neben neuen Baggern, Prähmen, Wohnbooten usw. mußten vorallem zusätzliche Schleppkapazitäten geschaffen werden.

1936 wurde dem Baubezirk Bernburg das Bereisungsboot ALK zugeführt. Im gleichen Jahr folgte mit der Barkasse BODE ein Neubau vom bewährten 13 m - Typ der Berliner Anker-Werft. Weniger Glück hatte man mit den Schleppbarkassen LUCHS und ILTIS, die in den Jahren 1937/38 angeschafft wurden. Für Schlepparbeiten waren sie zu schwach. Ebenfalls in den Jahren 1937/38 wurden noch die Schleppbarkasse ELSTER für das Kanalbauamt Merseburg und das Bereisungsboot KÖNNERN (I) für die Strommeisterei Könnern in Dienst gestellt.

Im März 1939 konnte auch die Schleppbarkasse CALBE (I) für den Baubezirk Calbe, der dem 1938 gegründeten Wasserstraßenamt Bernburg unterstand, übernommen werden. Auch diesem Fahrzeug lag die Konzeption der 13 m - Barkasse zu Grunde.

Inzwischen bereiteten die alten Fahrzeuge SAALE (I) und MERSEBURG dem Wasserbauamt Halle/S. immer mehr Probleme. Der Einsatz der SAALE (I) war über die Jahrzehnte hinweg sehr zufriedenstellend gewesen. Nach 1930 kam man aber zu dem Schluß, daß die wirtschaftlichen Bedingungen nicht mehr gegeben seien. Der Verbrauch von 300 bis 400 kg/h Steinkohle erschien im Verhältnis zur Leistung als zu groß. Weiterhin waren Schiffskörper und Kessel in solch schlechtem Zustand, daß das Schiff schließlich 1937 verkauft wurde.

1936 wurde für die SAALE (I) ein Ersatzbau gefordert. Bei der Konzipierung des Neubaues traten die Vorbereitungen Deutschlands auf den 2. Weltkrieg zu Tage. Da man zukünftige Beschaffungsschwierigkeiten bei Dieselkraftstoff befürchtete, orientierte man auf Dampfantrieb. Ende März 1939 traf der NAJADE getaufte letzte Dampferneubau in Halle ein.

Der am 1. September 1939 ausgebrochene 2.Weltkrieg verlangte bald von vielen deutschen Wasserstraßenämtern seinen Tribut. Für die geplante Landung in England, die unter Decknamen "Aktion Seelöwe" stattfinden sollte, wurde ein umfangreicher Schiffspark, bestehend aus See- und Binnenschiffen, requiriert. Das Wasserstraßenamt Halle und seine Strommeistereien mußten 1940 die Schiffe HALLE (II), LUCHS, ELSTER, KÖNNERN (I), ILTIS und CALBE (I) über das Wasserschutzpolizeikommando in Magdeburg an die Kriegsmarine abliefern. Die Wasserstraßenämter bemühten sich bald um die Rückgabe. Es kam 1942 zu einer entsprechenden Vereinbarung zwischen dem Generalinspekteur für Wasser und Energie und dem Oberkommando der Kriegsmarine (OKM). Ein Teil der Schiffe war auch schon für eine Rückgabe vorbereitet worden. Am 19. Juni 1942 wurde durch das OKM aber ein Gegenbefehl erlassen, der das Schicksal der Fahrzeuge endgültig besiegelte.

Diese schlagartige Verringerung der vorhandenen Schlepp- und Bereisungskapazitäten nötigte das Wasserstraßenamt Halle, seine ihm verbliebenen Mittel neu zu ordnen bzw. selbst für Ersatz zu sorgen. Nach Abgabe der CALBE (I) wurde in Barby die Schleppbarkasse FRITZ beschlagnahmt, die bis 1942 in den Bereichen Bernburg und Calbe fuhr.

Die NAJADE blieb wegen ihrer für Kriegszwecke ungeeigneten Antriebsanlage von einer Beschlagnahme durch die Kriegsmarine verschont. Ende 1944 war sie das einzige noch im Einsatz befindliche Bereisungsfahrzeug auf der Saale. Anfang 1945 konnten dann aber nur noch Fahrten in Halle und der näheren Umgebung unternommen werden, da kaum noch Kohle vorhanden war. Im März 1945 ereilte den Dampfer sein Schicksal. Er wurde bei einem Bombenangriff auf Halle im

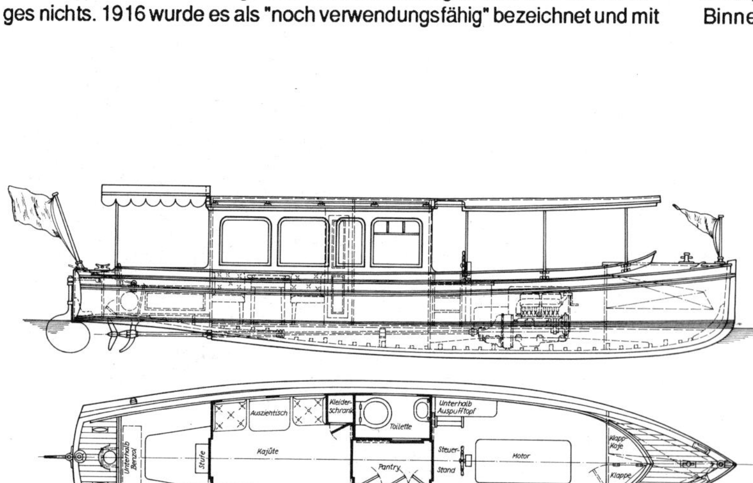


**Bild 7.2: Stromaufsichtsboot MERSEBURG, Generalplan** Zeichnung: Lang

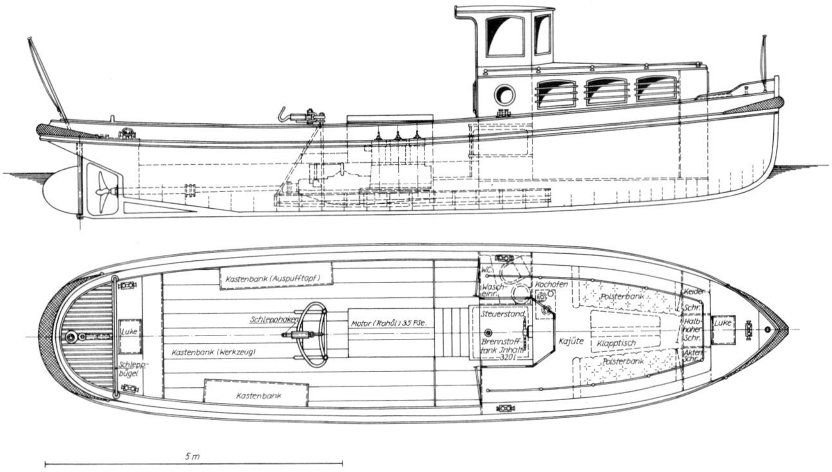


**Bild 7.3: Schleppbarkasse HALLE (II), Generalplan** Zeichnung: Lang

**Bild 7.4: Motorschlepper UNSTRUT (II)** Foto: Slg. Schwarz

**Bild 7.5: Dampfbagger auf der Saale**

**Foto: Slg. Schwarz**

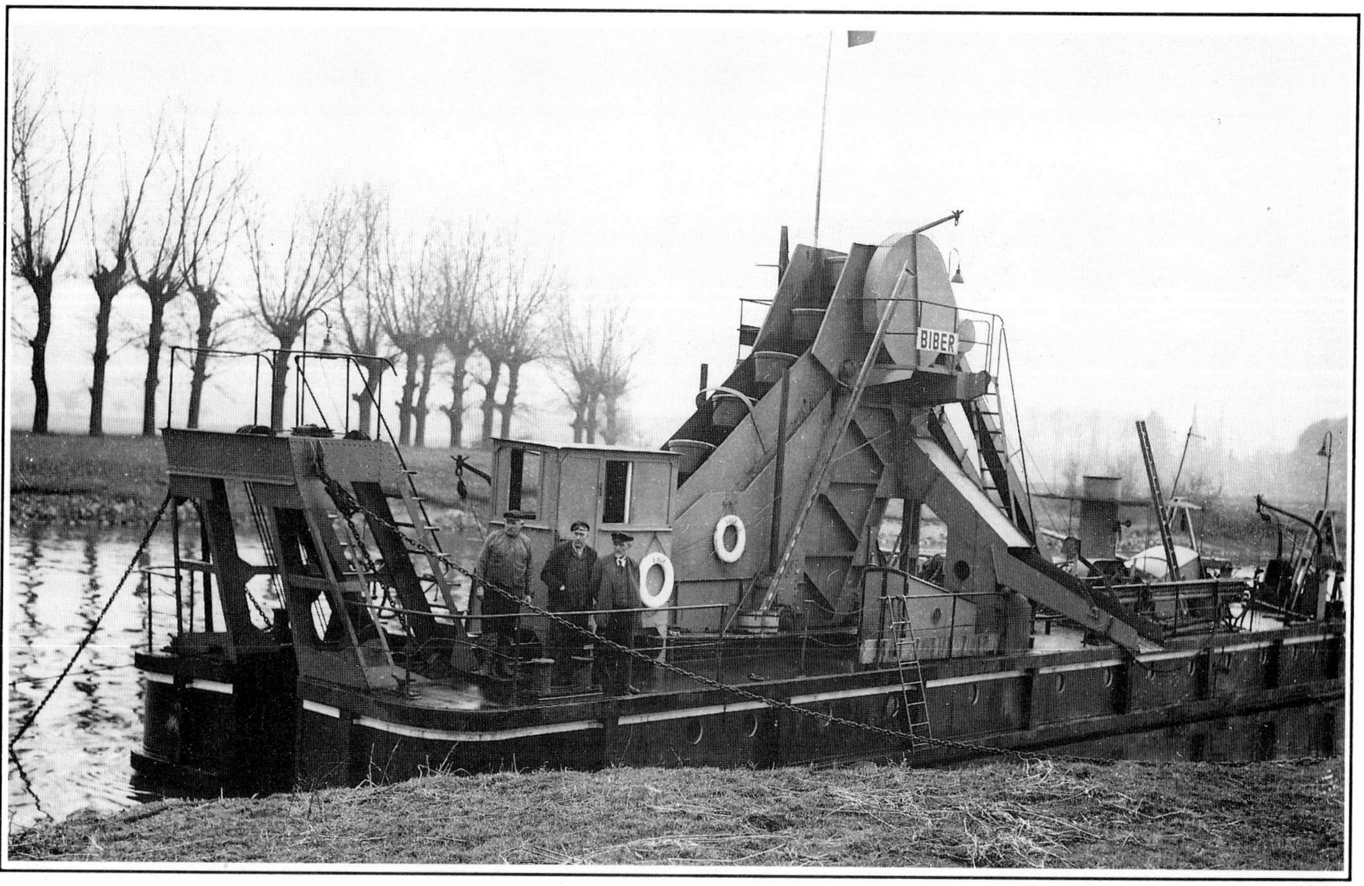


**Bild 7.6: Eimerkettenbagger BIBER, 1937 bei Weserwerft GmbH Minden gebaut**

**Foto: Slg. Schwarz**

**Bild 7.7: Schleppbarkasse ILTIS** Foto: Slg. Schwarz

Sophienhafen versenkt.

Am 8. Mai 1945 waren den Wasserstraßenämtern Halle/S. und Bernburg nur noch die Boote MERSEBURG, ALK, UNSTRUT (II) und BODE verblieben. Hiervon war die MERSEBURG nur bedingt fahrbereit und bei der ALK war der Motor stark beschädigt. Kapitän Maravjow, der sowjetische Bevollmächtigte für Saale und Unstrut, forderte die umgehende Reparatur der beiden Boote. Nach Überwindung verschiedener Schwierigkeiten standen bald alle Fahrzeuge wieder bereit.

In den folgenden Jahrzehnten blieben die Aufgaben dieser Schiffe weitgehend identisch. Der Fahrzeugbestand wechselte öfter, auch durch Austausch mit anderen Wasserstraßenämtern. Er wurde mehr und mehr den Anforderungen moderner Technik angepaßt.

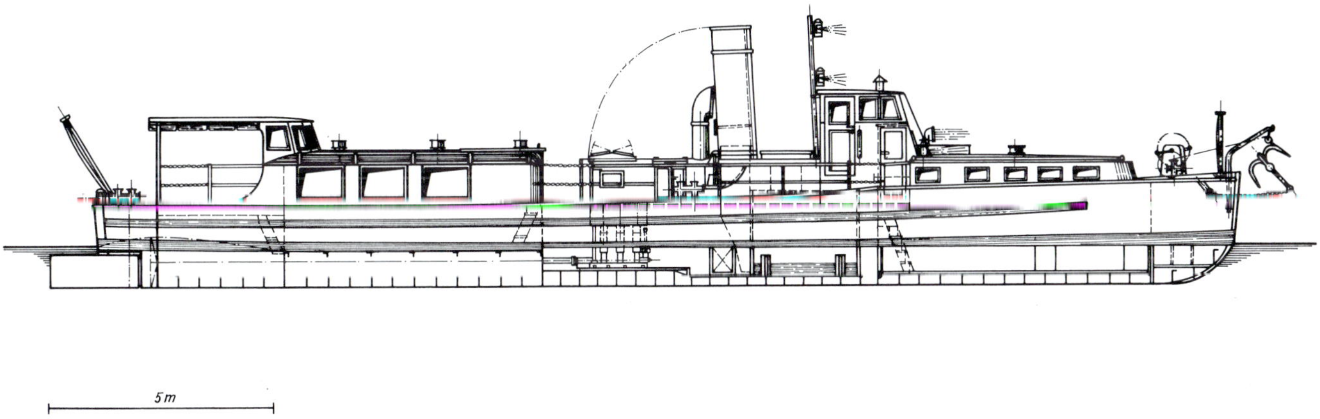


**Bild 7.8: Bereisungsdampfschiff NAJADE, Generalplan** Zeichnung: Lang

**Bild 7.9: Motorschlepper BERNBURG (1. Form)** Foto: Slg. Schwarz

**Bild 7.10: Motorschlepper BERNBURG (2. Form), im Hintergrund Schuber 2517 beim Brückenbau in Bernburg 1986** Foto: Krieg

**Leutzsch'es Dampfboot**
mindestens 1872-1875 für Eigner Leutzsch (Artern?) auf Saale und Unstrut; verschiedentlich für Strombereisungen von Kgl. Preußischer Provinzialregierung, Merseburg angemietet; Herkunft u. Verbleib?

**ANNA**
Typ: BDS/ Bj: 1878/ Werft: Dresden-Neustadt (78)
Lpp: 12,50 / BaSp: 2,26 / T,l: 0,65 / T,b: 1,00 / SH: 1,20
Antrieb: 1 1z1fEM/12 PSi; 1 K/ 7 atü; 1 S; 1 R; v: 12
Bes. 3/ Pass: . / BA: Stahl
erstes fiskalisches Dampfschiff auf Saale und Unstrut (Baukosten 10 000 M); 1896 durch UNSTRUT (I) ersetzt, vermutl. abgewrackt

**HALLE (I)**
Typ: BDS / Bj. 1883 / Werft: Holtz (385)
Lüa: 8,00 (1883): 8,40 (1928) / Büa: 2,20 (1928) / BaSp 1,85
T,b: 0,65
Antrieb: 1 1z1 fEMmA/ 4 PSi; 1 K/6 atü; 1S; 1R; v:10
Bes: 2 / BA: Stahl
Neubau 1879 durch Wasserbauinspektion Halle/S. beantragt; 1.8.1883 Vertragsabschluß; 12.10.1883 vorl. Übernahme in Oevelgönne (Baukosten: 3750 M); 1885,1887 Saalebereisungen, sonst strompolizeiliche Aufgaben im Bez. Halle; ca. 1930 außer Dienst; vermutl. abgewrackt

**HOHENZOLLERN** -> S. 115

**ANHALT**
Typ: BDS / Bj: 1893 / Werft: Dresden-Neustadt (308)
Lpp: 13,00 / BaSp: 3,00 /T: 0,70 / SH:1,20
Antrieb 1 2z2 fEM / 25 PSi; 1 K / 8,5 atü; 1 S ; 1R
Bes: ca. 3 / Pass: . / BA: Stahl
Neubau für Herzogl. Anhaltinische Wasserbauerwaltung, Dessau; auf anhalt. Elbe- u. Saalestrecken in Fahrt; Verbleib ?

**UNSTRUT (I)**
Typ: BDS / Bj: 1896 / Werft: Holtz
Lüa: 12,00 / Lpp: 11,20 / BaSp: 2,20 / T: 0,45 / Tf: 2,6 (1896)
1 2z2fEMmA/ 20 PSi; 1K/ 10 atü; 1 S; 1 R; v: 12,6
Bes: 3 / Pass: 5 / BA: Stahl
14.12.1895 in Auftrag als Ersatzbau für ANNA; 25.4.1896 Probefahrt (Baukosten: 11 990 M); in Freyburg stationiert; 1932 außer Dienst; vermutl. abgewrackt

**SAALE (I)**
Typ: BDS / Bj: 1896 / Werft: Holtz
Lüa: 22,42 (1896); 24,12 (1933) / Lpp: 22,04 / BaSp: 4,00 / T,l: 0,78 (1933) / T,b: 0,84 (1896) / Tf: 20,1 (1896); 20,9 (1933)
Antrieb: 2 2z2fEMmA/ 2 x 40 = 80 PSi; 1 K/ 10,5 atü; 2 S; 1 R; v: 16,2
Bes: 4 / Pass: 35 /BA: Stahl
15.4.1896 als Ersatzbau für HOHENZOLLERN vom Stapel (Baukosten: 29.700 M); 26.6.1937 August Scherft, Magdeburg; 24.1.1940 Bergungsfirma Erwin Knuth, Lauenburg; bei Werft C.Heidelmann, Lauenburg auf Dieselantrieb umgerüstet; 24.10.1942 vorläuf. Vertrag des OKM mit Fa. Erwin Knuth, Straßburg i.Elsaß zum Einsatz im Schwarzen Meer (Bergung des am 10.6.1942 in Sewastopol versenkten sowjet. Zerstörers SVOBODNIJ); 1943 Schwarzmeer-Schiffahrt GmbH, Hamburg; 5.9.1943 Seetransportstelle Sewastopol; +10.5.1944 Sewastopol

**MERSEBURG -> HALLE (III)** 2-M-581; 2-M 17-2
Typ: SAB / Bj: 1914/ Werft: Remmers, Bootskörper im Unterauftrag von "Roland"-Werft Vertens & Co., Hemelingen
Lüa: 11,07/ Lpp: 10,90/ Büa: 2,44 / BaSp: 2,26 / T,b: 0,60 / SH: 1,08 /Tf: 3
1 4z4tOM/Lloyd - IV B 16/20 PSe (1914); 1 4z2tGDM/Junkers- 2 HK 65 / 16 PSe (1939); 1S; 1R; v: 15 (1914); 10 (1939)
Bes: 1-2 / Pass: 12/ BA: Stahl
18.3.1914 in Auftrag als Ersatzbau für HALLE (I) ; 30.6.1914 Probefahrt; 1951 HALLE (III); 1962 an Privateigner in Berlin; Verbleib ?

**ALAND**
Typ: SAB / Bj: 1916 /Werft: Bühnemann
Lüa: 8,50 / Lpp: 8,30 / Büa: 1,80 /BaSp: 1,58 / T,b: 0,45 / SH: 0,72 /Tf: 2
Antrieb: 1 2z.tOM/Hanomag-Lloyd-./16 PSe; 1S; 1R; v: 15
Bes: 1/ Pass: ./ BA: Holz
1924 vom WSA Wittenberge nach Calbe verliehen; 1925 dort fest stationiert; Anfang 1939 Maschinenamt (Staatswerft) Magdeburg-Rothensee; Verbleib?

**HALLE (II)**
Typ: MB/ Bj: 1931 / Werft: Anker
Lüa: 13,00/ Lpp: 11,65/ Büa: 3,06/ BaSp: 2,80/ T: 0,79 / SH: 1,50/ Tf: 8
Antrieb: 1 3z2tDM/ Deutz-SPMD 122/ 35 PSe; 1S; 1R; v: 16
Bes: 2/ Pass: 20/ BA: Stahl
18.5.1931 als Ersatzbau für HALLE(I) in Berlin übernommen (Baukosten: 18.660 RM); Sommer 1940 KM für "Seelöwe"; Artillerie- u. Flakkompanie Harderwijk; +2.9.1944

**UNSTRUT (II)**
Typ: ZMS / Bj: 1932/33 / Werft: Teltow-Werft (58)
Lüa: 13,00 / Büa: 2,80 / T: 0,65 / Tf: 6,9
Antrieb: 1 4z4tDM/MAN - . / 45 PSe (1933); 1 4z4tDM/DMW Leipzig - 4 NVD 21/ 90 PSe (195.); 1S; 1R
Bes: ca. 2/ BA: Stahl
Ersatzbau für UNSTRUT (I); 1951 zeitweise beim WSA Berlin; ab 197. ohne Motor an Land; 1974 Privateigner in Halle/S.; 1989 in Fahrt

**ALK -> FREYBURG -> ALBATROS** 2-D-289, 2-M-289, 2 M 27-1
Typ: BMS / Bj: 1930 / Werft: Gollmitz, Niederlehme b. Königswusterhausen
Lüa: 10,00/ Lpp: 9,95/ Büa: 2,30/ BaSp: 2,10/ T,l: 0,58/ T,b: 0,65/ SH: 1,35/ Tf: 4,6
Antrieb: 1 3z.tDM/ Deutz-SPMD 117/ 35 PSe; 1S; 1R
Bes: ca. 2/ Pass: . / BA: Stahl/Holz
mindestens seit 1936 im Baubezirk Bernburg; 1942-1947 kaum im Einsatz; um 1950 in Freyburg, FREYBURG; 1955 Strommeisterei Merseburg, ALBATROS; 1959 Pionierorganisation, in Merseburg auf Land; 19.. abgewrackt

**BODE** 2-D-651, 2-M-651, 2 M 27-5
Typ: MB/ Bj: 1936/ Werft: Anker
Lüa: 13,00 / Büa: 3,10 / BaSp: 2,80/ T,l: 0,58/ T,b: 0,65/ SH: 1,50
Antrieb 1 3z2tDM/ Deutz - SPDM 122/35 PSe; 1S; 1R
Bes: ./ BA: Stahl
1936 in Baubezirk Bernburg in Dienst; 1942 Baubezirk Calbe; um 1950 zeitweise WSA Tangermünde; 1956 abgegeben; 19.. Wasserstraßenbau Magdeburg; 5.1982 VEB Meliorationsbau Frankfurt/Oder, BT Beeskow

**LUCHS**
Typ: MB / Bj: 1937 / Werft: Boizenburg
Lüa: 14,80 / Büa: 3,62 / BaSp: 3,40 / T: 0,80 / SH: 1,54 / Tf: 16
Antrieb: 1 3z.tDM/ Humboldt-Deutz - SA 4 M 317/60 PSe; 1S; 1R; v: 13
Bes: . / BA: Stahl
1936 Neubauauftrag für Strommeisterei Könnern; 3.7.1937 in Boizenburg übernommen; 29.4.1940 KM für "Seelöwe", C 114 Mo;
Marine-Hafen-Abteilung Calais; 24.4.1942 6.Flotten-Stammabteilung; 24.2.1943 Saloniki, später Schwarzes Meer, G 3111 (31. Geleitflottille); (+) 10.5.1944 westl. Sewastopol

**ELSTER**
Typ: BMS / Bj: 1937 / Werft: Sachsenberg (1079)
Lüa: 14,00 / Büa: 2,80 / T: 0,65 / SH: 1,50
Antrieb: 1 .z.tDM / 45 PSe; 1S; 1R; v: 13,5
Bes: ca. 2 / BA: Stahl
für WSA Halle/S. in Dienst; 1940 KM für "Seelöwe", B 90 Mo; 194. Hafenkommandant Ijmuiden; Verbleib ?

**KÖNNERN (I)**
Typ: BMS / Bj: 1938 / Werft: Siebert
Lüa: 13,12 / Büa: 3,03 / BaSp: 2,70 / T,b: 0,70 /SH: 1,35
Antrieb: 1 .z4tDM/MWM - G.S. 215 V/ . PSe; 1S; 1R; v: 15
Bes: ca. 2 / Pass: . / BA: Stahl
20.9.1938 für Strommeisterei Könnern in Dienst; 1940 KM für "Seelöwe"; letzte nachweisbare Kostenerstattung durch KMD Stettin vom 30.9.1944; Verbleib ?

**ILTIS**
Typ: MB / Bj: 1938 / Werft: Boizenburg (Auftrag an Mahr, Ablieferung durch Thomsen)
techn. Daten --> LUCHS S. 147
4.1938 Auftragserteilung; 12.1938 Ablieferung; Sommer 1940 KM für "Seelöwe", C 201 Mo; später 12. Lehr-Flottille; Verbleib ?

**NAJADE**
Typ: BDS / Bj: 1939 / Werft: Nobiskrug (502)
Lüa: 24,30 / Büa: 4,54 / BaSp: 4,20 / T,b: 0,82/ SH: 1,70 / FH: 3,20
Antriebe: 2 3z3fEMmOK / 2 x 55 = 110 PSi; 1K / 16 atü; 2S; 1R; v: 16,2
Bes: 5 / Pass: . / BA: Stahl
17.3.1939 in Rendsburg übernommen; 29.3.1939 in Halle/S.; Ende 1944 als letztes Fahrzeug des WSA Halle/S. im Einsatz; + 3.1945 Halle-Sophienhafen, Bombentreffer, Vorschiff völlig zerstört; 20.3. - 2.4.1946 gehoben, nach Magdeburg überführt; in Sülzemündung erneut gesunken; Sommer 1946 durch Fa. Cornelius van der Kuil, Magdeburg gehoben, Eigentum; ausgeschlachtet, abgewrackt

**CALBE (I)**
Typ: MB / Bj: 1938/39 / Werft: Hitzler (484)
Lüa: 13,00 / Büa: 2,80 / SH: 1,50
Antrieb: 1 .z.tDM/ 40 PSe; 1S; 1R; v: 13,5
Bes. ca. 3 / BA: Stahl
8.3.1939 für Baubezirk Calbe in Lauenburg übernommen; Sommer 1940 KM für "Seelöwe", B 277 Mo; 194. Hafenkommandant Boulogne; letzte nachweisbare Kostenerstattung durch KMD Stettin vom 31.3.1945; Verbleib ?

**FRITZ**
Typ: MB / Bj: ca. 1928 / Werft:
1 .z.tDM / 50 PSe; 1S; 1R
9.8. 1940 von Bernau, Barby durch WSA Bernburg gechartert; 23.4.1942 nach Motordefekt außer Dienst; 12.6.1943 an Eigner zurück; Verbleib ?

**Tab. 7.1: Nach 1945 in Dienst gestellte Schlepp- und Bereisungsfahrzeuge auf Saale und Unstrut**

| Typ | Name | Bauj. | Bauwerft | Lüa | Büa | T | Antrieb | Einsatz von | bis |
|---|---|---|---|---|---|---|---|---|---|
| SAB | KÖNNERN (II) ex FORTUNA | - | - | 13,86 | 2,45 | 0,60 | .z.tDM / 45 PSe | 1948 | ca. 1953 |
| -> ZMS | -> SAALE (II) | | | | | | .z.tDM / 85 PSe | | |
| SAB | DESSAU | - | - | - | - | - | - | 1949 | - |
| ZMS | EINHEIT | 1927 | Wollheim | 12,46 | 2,58 | 0,76 / 1,04 | 3z4tDM / 70 PSe | ca. 1955 | 1977 |
| SB | FORTSCHRITT | 1956 | Mukrena | 6,58 | 2,07 | 0,58 | 2z4tDM / 20 PSe | 1956 | 1977 |
| SAB | CALBE (II) | - | - | - | - | - | .z.tDM / 40 PSe | ca. 1956 | 1962 |
| ZMS | BERNBURG | 1958 | Mukrena | 12,70 | 3,30 | 0,90 | 4z4tDM / 90 PSe | 1958 | 1991 i. F. |
| SAB | BARBARA | - | - | - | - | - | 3z2tDM / 36 PSe | ca. 1959 | 1962 |
| ZMS | SAALE (III) | 1960 | Yachtwerft | 14,20 | 3,47 | 0,88 / 1,10 | 4z4tDM / 90 PSe | 1960 | 1982 |
| ZMS | MEISSEN | 1960 | Yachtwerft | 14,20 | 3,47 | 0,88 / 1,10 | 4z4tDM / 90 PSe | 1972 | 1991 i. F. |
| ZMS | HALLE (IV) | 1973 | Yachtwerft | 15,25 | 3,80 | 0,95 | 6z4tEM / 108 PSe | 1973 | 1991 i. F. |
| SAB | LOTOS | 1975 | Müggel-Spree | 5,50 | 2,07 | 0,42 | 2z2tOM / 45 PSe | 1975 | 1983 |
| SAB | WETTIN | 1976 | Königstein | 12,35 | 3,14 | 0,75 | 6z4tDM / 76 PSe | 1976 | 1984 |
| SAB | NIENBURG | 1978 | Königstein | 12,35 | 3,14 | 0,75 | 6z4tDM / 76 PSe | 1978 | 1991 i. F. |

# 8. Schiffsnamensregister

Das Register beinhaltet alle im Text erwähnten Schiffsnamen. Bei gleichen Namen wurden Baujahr, Typ, Eigner oder Heimatort als Unterscheidungskriterium zusätzlich herangezogen. Abbildungen sind in kursiv angeführt.

# 9. Quellenverzeichnis (Auswahl)

Archivalien

Archiv des Wasser- und Schiffahrtsamtes Magdeburg, Außenstelle Halle/S.

Akte 204 Betr. Technische Flotte 1954-1961
Akte 347 Betr. Strombereisung der Saale im Braukreis Merseburg 1872-1875
Akte 503 Betr. Anlage einer Dampfschiffahrt auf der Saale 1880-1881
Akte 542 Betr. Concessionierung der Motorboote und Dampfschiffe für den Personenverkehr 1900-1922
Akte 543 Betr. Private Dampf- u. Motorschiffe 1880-1909
Akte 544 Betr. Privat-Dampfschiffe 1909-1911
Akte 545 Betr. Privat-Dampfschiffahrt 1911-1922
Akte 546 Betr. Privatdampfschiffahrt 1923-1936
Akte 547 Betr. Personenschiffahrt 1936-1950
Akte 548 Betr. Personenschiffahrt 1950
Akte 549 Betr. Kontrolle der Fahrgastschiffahrt und Quartalsmeldung der Personenschiffsreedereien 1949-1951
Akte 677 Betr. Registerunterlagen der techn. Flotte des WSA Halle 1946-1952
Akte 1353 Betr. Schiffsfahrzeuge 1896-1925
Akte 1370 Betr. Beschaffung eines Pertroleumbootes für die Strompolizei auf der Saale 1892-1897
Akte 1371 Betr. Beschaffung eines neuen Bereisungsbootes SAALE 1909-1924
Akte 1374 Betr. Verdingung eines Benzolkraftbootes 1914-1917
Akte 1375 Betr. Motorboot MERSEBURG 1923-1949
Akte 1382 Betr. Dampfboot HALLE 1879-1936
Akte 1388 Betr. Ersatz Dampfboot HALLE 1930-1940
Akte 1392 Betr. Bereisungsdampfer NAJADE 1938-1946
Akte 4084 Betr. Personenschiffahrt und Anlegestellen 1941-1950
Akte 4486 Betr. Schriftverkehr über Motorboote 1932-1936

Staatsarchiv Magdeburg, Außenstelle Oranienbaum

Akte 3 X. 11. Nr.86 Staatsministerium Dessau
Betr. Saaleschiffahrtsangelegenheiten sowie die Regulierung des Fahrwassers der Saale und Beseitigung sonstiger Hindernisse 1872-1932
Akte Abt.VIIIa Nr. 128 I Abt. des Inneren, Dessau
Betr. Personenbeförderung mit Schiffen auf der anhalt. Elbe, Saale und Mulde 1880 - 1898
Akte Abt. VIIIa Nr. 128 II Abt. Inneren, Dessau
Betr. Personenbeförderung mit Schiffen auf ... 1906-1911
Akte Abt. VIIIa Nr. 128 III Abtr. des Inneren, Dessau
Betr. Personenbeförderung mit Schiffen auf ... 1912-1924
Akte Rep. 13 Tit. XII Nr. 18 Wasserbauverwaltung Dessau
Betr. Dampfschiffahrt auf der Saale zu Bernburg 1880

Stadtarchiv Leipzig

Akte Cap. 23 No. 87 Betr. Dampfschifffahrt auf der Elster 1893

Binnenschiffahrtsregister der Amtsgerichte

Alsleben, Barby, Berlin-Mitte (neu), Bernburg, Brandenburg, Calbe, Dannenberg, Dortmund, Dresden, Duisburg-Ruhrort, Fürstenberg/Meckl., (Aufstellung Neubauten), Fürstenberg/Oder (neu), Genthin, Halle/S., Hamburg, Havelberg, Koblenz, Kiel, Königsberg i. Pr., Könnern, Leipzig, Lübeck, Magdeburg, Malchin, Meissen, Memel/Klaipeda, Meppen, Merseburg, Naumburg, Querfurt, Rheinberg, Schönebeck/Elbe, Seehausen (Altm.), Stralsund (neu), Weißenfels, Zehdenick

Baulisten der Werften:

J.G. Hitzler Schiffswerft und Maschinenfabrik, Lauenburg/Elbe
Schloßwerft R.Holtz, Harburg
Howaldtswerke AG, Kiel-Dietrichsdorf
J.W.Klawitter, Danzig
Gustav Koch, Stettin
Werft Nobiskrug GmbH, Rendsburg
Stettiner Oderwerke AG, Stettin (einschließlich Vorläufer)
August Pahl, Hamburg
H.Paucksch AG/ Abt. Schiffbau,Landsberg/Warthe
Reiherstieg Schiffswerfte & Maschinenfabrik, Hamburg
Gebr. Sachsenberg AG, Roßlau
Teltow-Werft, Berlin-Zehlendorf
Dresdener Maschinenfabrik & Schiffswerft Übigau Act.-Gesellschaft, Dresden (einschließlich Vorläufer)
Gebr. Wiemann, Brandenburg/Havel
Caesar Wollheim - Werft und Reederei, Cosel b.Breslau

Zeitschriften/ Tageszeitungen:

Die Bautechnik, Berlin Jg. 1930-1939
Das Schiff, Berlin Jg. 1913-1933
Stadt- und Landbote, Calbe Jg. 1919
Hallische Zeitung, Halle/S. Jg. 1861-1883
Hallisches Tageblatt, Halle/S. Jg. 1873
Saale-Zeitung, Halle/S. Jg. 1880-1932
Generalanzeiger für Halle und den Saalkreis (später Hallische Nachrichten), Halle/S. Jg. 1889-1932
Merseburger Correspondent, Merseburg Jg. 1894-1922
Merseburger Kreisblatt (später Merseburger Tageblatt), Merseburg Jg. 1898-1932
Naumburger Kreisblatt (später Naumburger Tageblatt), Naumburg Jg. 1897-1932
Staßfurter Zeitung, Staßfurt Jg. 1928-1932
Weißenfelser Kreisblatt (später Weißenfelser Tageblatt), Weißenfels Jg. 1881-1932

Literatur:

Bastian, Werner "Die Saale als Verkehrsweg - die geschichtliche Entwicklung der Saaleschiffahrt, ihre heutige Lage und ihre Zukunftsaussichten"; Rechts- und Staatswiss. Dissertation Halle/S. 1923
Blunck, Jürgen "Geschichte der Alsterschiffahrt" Husum 1985
Denkschrift über die Schiffahrtsstraße der Unstrut und Saale von Artern bis zur Einmündung der Saale in die Elbe" Drucks. d. Preuß. H.d.A., III. Sess., 14. Legisl.-Per., Nr. 19
Düntzsch, Helmut "In Krippen wurde der erste Elbdampfer Sachsens gebaut" in Sächsicher Heimatkalender 1986
Düntzsch, Helmut und Sigbert Zesewitz "Die Schiffahrtsgesellschaften auf der Elbe" in Sächsiche Heimatblätter 5/1985
Düsing "Mitteilungen über die Saale und ihre Schiffahrt" in Zentralblatt der Bauverwaltung, Berlin 1906
N.N. "Die Elbe und Saale" Sonderdruck aus dem XI. Internationalen Schiffahrts-Congress, Berlin 1902
N.N. "Der Elbstrom, sein Stromgebiet und seine wichtigsten Nebenflüsse" Bd. I-III, Tabellenbd., Berlin 1898
Faist, Helmut "Zur Geschichte der Saaleschleuse Bernburg" in Binnenschiffahrt Nr. 18, Berlin 1988
Groggert, Kurt "Personenschiffahrt auf Spree und Havel" Schriftenreihe des Museums für Verkehr und Technik Berlin Bd. 10, Berlin 1988
Gröner, Erich "Die deutschen Kriegsschiffe 1815 - 1945" Bd. 6 Koblenz 1989
Hubert, Miroslav und Michael Bor "Osobni Lode na Vltave 1865-1985" Praha 1985
Kludas, Arnold "Hundert Jahre HADAG-Schiffe 1888-1988" Herford 1988
Koch, Theodor "1888-1938 Leipziger Westend Baugesellschaft Leipzig" Leipzig 1938
Mackowsky "Der Kanal Leipzig-Torgau-Berlin" Eilenburg 1932
Markmann, Fritz "Die deutschen Wasserstraßen" Heidelberg, Berlin, Magdeburg 1938
Mitteilungen der Elbstrombauverwaltung Ausg. II-VII, Magdeburg 1905-1935
N.N. "Der Mittellandkanal" Herausg. Reichsverkehrsministerium Berlin 1938
Meyer, Günther "Schiffahrtsabteilung des FECH/Fluß- und Küstenschiffe" unveröffentl. Liste, Berlin 1985
Natzschka "Der Elsterstausee und die Elster-Luppe-Regulierung"

Sonderdruck Nr. 1 des Leipziger Beobachter, Leipzig 1936
Neuß, Erich "Die Entwicklung des halleschen Wirtschaftlebens vom Ausgang des 18. Jahrhunderts bis zum Weltkrieg" Beiträge zur mitteldeutschen Wirtschaftsgeschichte und Wirtschaftskunde Heft 2, Halberstadt 1924
Opel, Julius v. "Denkschrift die Einführung der Drahtseil-Schifffahrt auf der Saale betreffend" Halle/S. 1871
Reetz, Volker "50 Jahre Personenschiffahrt auf dem Bleilochstausee" Ziegenrücker Hefte 4, Ziegenrück 1984
Rehberg, Max "Zur Geschichte der Dampfschiffahrt auf den märkischen und angrenzenden Wasserstraßen" in Schiffbau-Schiffahrt-Hafenbau Bd. 42/43, Berlin 1941/42
Remme, Jürgen "Die Güterschiffahrt auf der Saale und Unstrut" in Moderne Wirtschaftsgestaltung Heft 5, Bonn 1918
Richter, Jürgen und Kurt Harland "Schweriner Personenschiffahrt - von den Anfängen bis zur Weißen Flotte" Veröffentlichungen des Stadtarchives Schwerin NF. Heft 17, Schwerin 1982
Rindt, Hans "Die 'Weiße Flotte' Dresden - aus der Geschichte der Oberelbe-Fahrgastschiffahrt" in Deutsches Schiffahrtsarchiv 3/1980 Schriften des Deutschen Schiffahrtsmuseums Bd. 12 Oldenburg, Hamburg, München 1980
Rindt, Hans und Heinz Trost "Dampfschiffahrt auf Elbe und Oder, den Berliner- und Märkischen Wasserstraßen" 2.Aufl. Lauenburg 1983
Rühlmann, M. "Ueber den Bau eisener Schiffe und insbesondere den der Dampfschiffe in Deutschland" in Mittheilungen des Gewerbe-Vereins für Hannover 1872
Schmidt, Erich "Die Unstrut als Verkehrsweg" Schriften des Seminars für Verkehrswesen an der Martin-Luther-Universität Halle-Wittenberg Nr. 17, Halle/S. 1939
Schönfeldt, Peter "Die Hamburger Seebäder- und Fährschiffe 1945-1973" Hamburg 1973
Schwarz, Bernd "SCHWALBE - vom Alsterdampfer zum Saaleschlepper" in Panorama maritim Nr. 26, Herford 1991
Statistik des Deutschen Reiches Bd. 7, 63 /NF. Bd. 36, 70, 149, 192, 265, Berlin 1874-1914
Stieler, Franz "Das untere Saalegebiet - das Saaletal zwischen Rothenburg und Bernburg" in Bernburger Heimathefte 3, Bernburg 1956
Szymanski, Hans "Die Anfänge der Dampfschiffahrt in Niedersachsen und in den angrenzenden Gebieten von 1817 bis 1867" Schriften der Wirtschaftswissenschaftlichen Gesellschaft zum Studium Niedersachsens e.V. NF Bd. 67, Hannover 1958
Trost, Heinz "Die Lauenburger Personendampfer" Lauenburger Hefte zur Binnenschiffahrtsgeschichte 2, Lauenburg 1987
Ulrich, August "Alsleben als Mittelpunkt in der Entwicklung der Saaleschiffahrt" in "1000 Jahre Stadt Alsleben a.d. Saale" Alsleben 1936
Wehlmann, Ernst-Wilhelm "Zeittafel über die tausendjährige Geschichte der Saaleschiffahrt" 2.Aufl., Alsleben 1986
Zesewitz, Sigbert und Helmut Düntzsch, Theodor Grötschel "Kettenschiffahrt", Berlin 1987